U0027790

# 利瑪竇的記憶宮殿

# The Memory Palace of Matteo Ricci

史景遷
Jonathan D. Spence
黃中憲——譯

# 目次

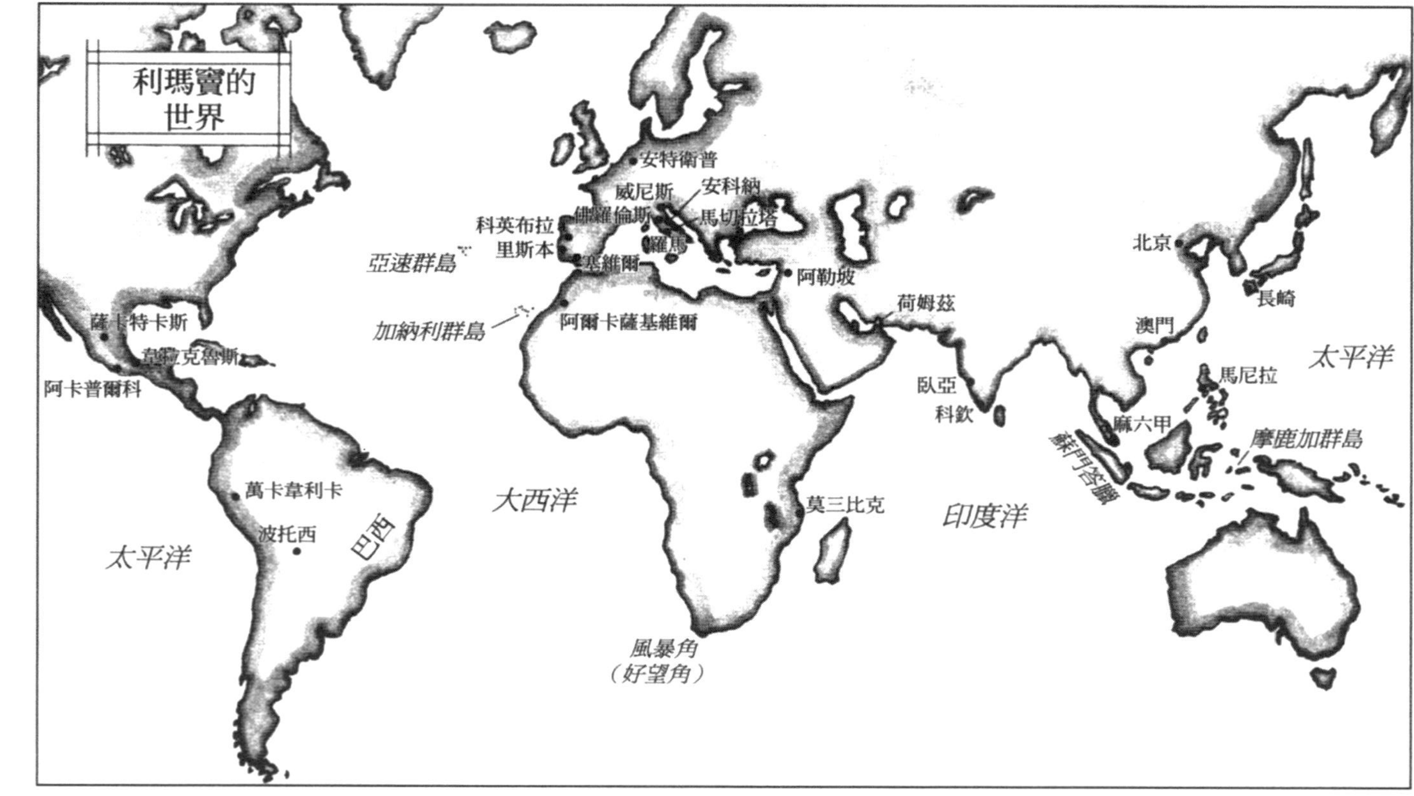
利瑪竇的
世界
安特衛普
威尼斯
安科納
佛羅倫斯
馬切拉塔
科英布拉
羅馬
里斯本
塞維爾
亞速群島
阿勒坡
荷姆茲
北京
長崎
加納利群島
阿爾卡薩基維爾
薩卡特卡斯
韋拉克魯斯
澳門
太平洋
阿卡普爾科
馬尼拉
臥亞
科欽
麻六甲
蘇門答臘
摩鹿加群島
萬卡韋利卡
大西洋
莫三比克
印度洋
波托西
巴西
太平洋
風暴角
（好望角）

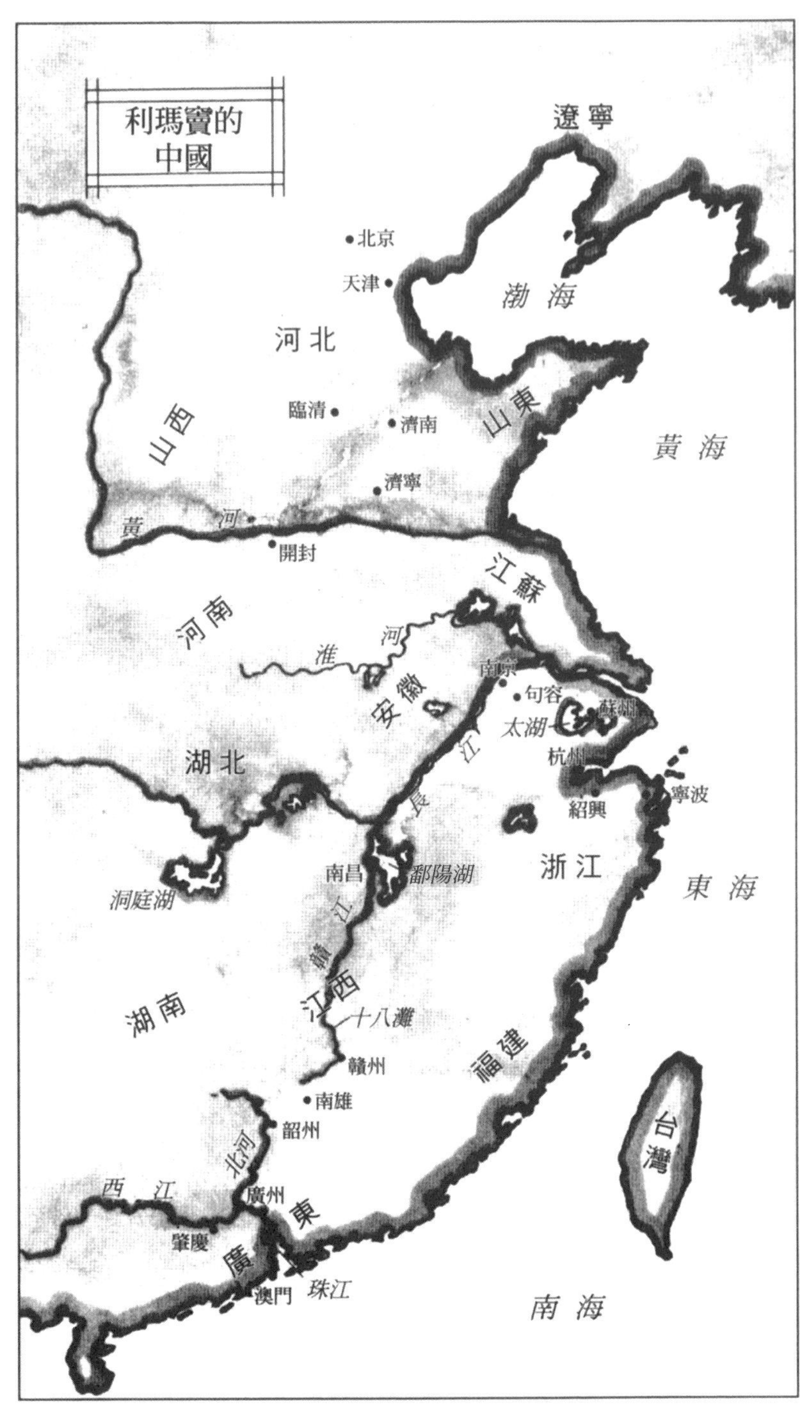
利瑪竇的
中國
遼寧
北京
天津
渤海
河北
臨清
濟南
山西
山東
黃海
濟寧
黃
河
開封
江蘇
河南
淮
河
南京
句容
安徽
蘇州
太湖
杭州
長
江
湖北
寧波
紹興
南昌
鄱陽湖
浙江
東海
洞庭湖
贛
江
江西
湖南
十八灘
福建
贛州
南雄
韶州
台灣
北河
西
江
廣州
東
肇慶
廣
澳門
珠江
南海

# 誌謝

感謝許多人助我完成此書。我一再求教於耶魯大學歷史系許多同事，而他們全都不厭其煩開心且好心回應我。我未一一列出他們的名字，希望他們接受我在此向所有人一併致上感謝之意。也希望耶魯大學惠特尼人文學科中心（Whitney Humanities Center）的成員接受我以同樣做法表達對他們的感謝之意，本書初稿就在該處寫成。我要感謝該處所有人給我的指導和鼓勵。

耶魯大學其他系的許多同事，也為此書貢獻了寶貴意見，其中尤其要感謝 Herbert Marks、Wayne Meeks、Thomas Green 適時提供寶貴建議。要感謝 Egbert Haverkamp-Begemann 和 Jennifer Kilian，以及紐約大都會美術館版畫與照片部門職員助我找到利瑪竇的四幅版畫，在該部門指導下，我終於拿到兩件原作。Leo Steinberg 在解釋方面幫了我。在一次令人難忘的午餐時，Charles Boxer 為我勾畫了赴臥亞、澳門的路線。

也要感謝耶魯大學以下圖書館之館員不斷的協助：貝內克珍本圖書館（Beinecke Rare

Book Library）、神學院圖書館（Divinity School Library）、藝術圖書館（Art Library）、史特林紀念圖書館（Sterling Memorial Library）。還要感謝那些從加州大學柏克萊分校、芝加哥大學、康乃爾大學、哈佛大學，從劍橋大學圖書館，從馬切拉塔（Macerata）市立圖書館（Biblioteca Comunale），提供珍貴資料之副本的人，而在馬切拉塔市立圖書館，Aldo Adversi和Piero Corradini，提供了至關重要的協助。

一九八三年初，我在洛斯加托斯（Los Gatos）中國耶穌會史研究中心（China Jesuit History Project）度過讓我獲益良多的一個星期，該中心主任耶穌會神父 Joseph Costa 和圖書館長耶穌會神父 Carrol O' Sullivan 給了我殷勤款待，芝加哥的 Theodore Foss、修士 Michael Grace，以及三位耶穌會神父 George Ganss、Christopher Spalatin、Peter Hu、William Spohn，都給了我有益的建議，耶穌會神父 Edward Malatesta 也一再好心的給了我有益的意見。

我特別要感謝以下諸人助我將葡萄牙文、義大利文、拉丁文、中文的資料譯成英文：Carla Freccero、Claudia Brodsky、鄭培凱（Cheng Pei-kai）、康樂（K'ang Le）、陳若水（Ch'en Jo-shui）、Sylvia Yü、余英時。多人辛苦看懂我難懂且煩人的草稿，但在此我要特別感謝吃了最大且最久苦頭的打字員，初稿打字員 Katrin van der Vaart 和二稿打字員 Elna Godburn。

張充和特別為此書的利瑪竇四個記憶形象寫了書法，我要感謝她的書藝高超和有顆敏感的心。古根漢紀念基金會獎助金（John Simon Guggenheim Memorial Fellowship）的頒授，使我有時間擬出此書的基本計畫和從事初步研究，為此我要感謝該基金會的理事。Michael Cooke、Jeanne Bloom 和耶穌會神父 Malatesta 校讀了初稿，Harold Bloom、Robert Fitzgerald、Hans Frei、John Hollander 校讀了二稿，我要向他們都致上謝意。Elisabeth Sifton，一如先前的兩次，在每個階段仔細校讀了所有文稿，使我更有信心繼續下去。很高興此書在她的心血挹注下問世。

第一章 ——

# 打造宮殿

一五九六年，利瑪竇教中國人如何打造記憶宮殿，說宮殿的大小取決於想要記住之東西的多寡：最宏大的宮殿會由數百座形狀、大小各異的建築構成；利瑪竇說，「建築愈多，效果愈好」，但也說毋須一下子就大興土木打造宏偉巨構。可先建小宮殿，或建一座寺院、一組官衙、一座公共旅店或商人集會所之類較平凡的建築。如果希望一開始先蓋更小的建築，那可蓋一間簡單的接待廳、一座亭子，或一間畫室。如果想要個人的小空間，不妨就使用亭子的一角，或寺院裡的一座神壇，乃至衣櫃或長沙發之類家常的東西。[1]

概述此一記憶法時，他解釋道，這些宮殿、亭子、長沙發是要記在腦海裡的東西，而非由「真材實料」打造的有形物件。利瑪竇說，要建構出這類便於記憶的處所，有三大方法可選。首先，可取材於現實世界，也就是從人所曾置身過的建築或人所曾親眼見過且在腦海裡想起的物件取材。其次，完全憑空想出虛構的處所，靠想像力構思出任何形狀或大小的東西。第三，打造出半虛半實的處所，例如一棟自己所非常熟悉的建築，而且想像在該建築的後牆開一扇門作為通往新空間的捷徑，或想像在該建築的中央蓋一座樓梯，通往原本並不存在的更高樓層。

在腦子裡構想這些處所，其真正的用意係為構成人類總體知識的形形色色概念提供儲存空間。利瑪竇寫道，應該對每個想要記住的東西賦予一個形象，給每個這類形象指定一個位置，讓該形象安然待在那兒，直到人準備靠記憶將其再拿出來利用為止。這一整套記憶法，只有在形象待在指定位置且人能立即想起它們的存放之處的情況下才管用，因此，顯而易見的，倚賴人所非常熟悉且人絕不可能忘掉的真實處所，似乎最容易上手。但利瑪竇認為不然。因為，人是靠增加處所的數量和可儲存在那些處所之形象的相應數量來增強記憶。因此，中國人應竭力衝破一道難關，即憑空想像出虛構的處所，或創造出半虛半實的處所，藉由不斷練習和複習，使虛構的空間終於「彷若真實之地且絕不會遺忘」，以把那些處所永遠牢記在腦海裡。[2]

中國人很可能會問，這套記憶法最初如何演化出來，利瑪竇早料到會有此一問，於是概述了西方的古老傳說：透過精確布局來訓練記憶的方法，出自希臘詩人賽莫尼底斯（Simonides）之手。利瑪竇解釋道（以他所能想到最接近此詩人名字讀音的漢字譯出他的名字）：

古西詩伯西末泥德嘗與親友聚飲一室，賓主甚眾，忽出戶外，其堂隨為迅風摧崩，飲眾悉壓而死，其屍齏粉，家人莫能辨識。西末泥德因憶親友坐次行列，乃一一記而別之，因悟記法，遂創此遺世焉。[3]

此後千百年，這個記住事物先後順序的技能得到進一步闡發，成為有一套規則可循的方法；到了利瑪竇的時代，它已成為把人對俗世學科、宗教學科的所有知識予以條理化的方法，而利瑪竇是天主教傳教士，因此希望隨著中國人開始看重他的記憶力，會繼而問起使這類奇事得以發生的那個宗教。

為爭取到這個向中國讀書人展現其記憶法的機會，利瑪竇不遠跋涉而來。他是義大利人，一五五二年生於山城馬切拉塔（Macerata），一五七一年在羅馬成為耶穌會見習修士，在神學、人文學科、科學方面受過廣泛訓練，繼之以在印度、澳門見習五年後，他於一五八三年進入中國傳教。一五九五年落腳於江西南昌這個繁榮的行政、商業中心，那時他已嫻熟漢語。[4]一五九五年底，他以中文寫出一本書，展現他對自己語言本事的新信心。這本書（《交友論》）集結了西方談友誼的格言，內容取自多位古希臘羅馬時代作家和早期基督教教會神父的著作。他把此手稿呈給住在南昌的明朝王爺，該王爺常邀利瑪竇至他的王府參加酒宴。[5]與此同時，他正開始和當地中國學者討論他的記憶理論，講授他的記憶法。[6]他對記憶宮殿的描述，可見於一本談記憶術的小書。這本書係他於次年以中文寫成，贈給江西巡撫陸萬垓和陸巡撫的三個兒子。[7]

利瑪竇所欲傳授記憶術的陸家，位居中國社會的頂端。陸巡撫本人是個聰穎且富有的學者，此前在明朝歷任多項官職。他對中國知之甚詳，因為此前已被派去過西南邊陲、東海岸、北部為官，而且在中國行政體系的三大領域——司法、財政、軍事——都表現卓著。這時，身為巡撫，他已來到其官場生涯的巔峰，正用心培養其三個兒子，以讓他們取得功名；他本人在二十八年前以優異成績考中進士，和當時所有人一樣清楚通過科考取得功名是在帝制中國揚名立萬、發財致富的最穩妥之路。[8]因此，我們可以幾乎百分之百確定，利瑪竇主動表示願教巡撫兒子先進的記憶法，讓他們較有機會通過考試時，心裡在想著他們會在如願後投桃報李，利用他們剛贏得的威望推動天主教傳教事業。

但巡撫的兒子考試成績優異，似乎並非因為利瑪竇的記憶術，而是憑藉中國一再複習、背誦的老方法，或許還得益於有助於記憶的詩和琅琅上口的押韻歌（中國盛行的記憶法之一）。[9]誠如同年更晚時利瑪竇在寫給耶穌會總會長克勞迪奧・阿夸維瓦（Claudio Acquaviva）的信中所說的，巡撫的長子用心讀了這本談記憶法的書，但利瑪竇也向他的一位知己說：「這些規則的確是記憶的法門，但得有絕佳的記憶力才得以運用它們。」[10]而在寫給義大利某友人的信中，利瑪竇論道，南昌的中國人「個個欣賞此法的精妙，但並非個個都願費心去學」。利瑪竇最初就是和這個友人一起寫下打造記憶宮殿的法門。[11]

利瑪竇本人認為打造記憶宮殿沒有什麼古怪或特別困難之處。他從小習於記憶宮殿，還有其他各種把學校所傳授的知識牢牢記在腦裡的技法。此外，這些技法係利瑪竇在羅馬耶穌會學院上修辭學、倫理學時基本的課程之一。把記憶宮殿的構想傳授給利瑪竇者，大概是學者西普里亞諾・索阿雷斯（Cypriano Soarez）。他談修辭、文法基本教程的教科書《修辭術》（*De Arte Rhetorica*），係一五七〇年代耶穌會學生的必讀教材。[12]在此書中，索阿雷斯先是帶領讀者認識古典用法和句子結構的基本原則，介紹比喻和隱喻、借喻、聲喻、轉喻、諷喻、反語、誇張的例子，然後介紹記憶布局法。他認為記憶布局法係賽莫尼底斯所創，稱它是修辭之源。他指出此法如何將事物和詞各歸其位，可用於「無限多」的詞語。學生應練習創造出多種生動形象，為這些形象安排好位置：氣派的建築或宏闊的教堂會是最佳。[13]

但如此籠統的建議無法讓人全盤掌握記憶法，乃至它們背後的原理。利瑪竇大概是從其他數個學者那兒學到具體的細節，而普林尼（Pliny）大概會是其中之一。利瑪竇在學校讀過他的《自然史》（*Natural History*），在一五九六年論記憶法的書中，把《自然史》中談過去記憶大師的段落譯成中文。[14]他學習的對象，大概還有西元前一世紀和西元一世紀的幾位作家，例如拉丁文修辭學著作《給赫倫尼烏姆》（*Ad Herennium*）的作者，或在談雄辯術的手冊裡寫到記憶法的昆體良（Quintilian）。這些書詳細介紹如何打造記憶建築和供放在那些建築裡的形象。誠如《給赫倫尼烏姆》作者所說明的：

接著，我們應該建立一種可記得最久的形象，而如果能做到以下任何一點，就可如願：建立盡可能鮮明搶眼的形象；建立不多或不含糊、但有效果的形象；賦予這些形象格外的美感或獨一無二的醜陋；替其中某些形象打扮上王冠或紫色斗篷之類的，以使形象更加顯著；或者把形象醜化，比如沾上血污或用泥巴弄髒，或抹上紅漆，以使其外觀更加搶眼，或使形象變得滑稽，因為如此一來也會使我們更易記住。[15]

這段話特別有力，因為整個中世紀期間都認為《給赫倫尼烏姆》出自望重士林的西塞羅之手。

昆體良進一步闡發此主題，說明了要用哪種處所來儲存人所已挑選的形象：

第一個想到的東西，可以說就擺在前院；第二個，不妨擺在起居室；剩下的，照應該的順序擺在蓄水池（impluvium）周邊，不只要交託給臥室和接待室，甚至要交託給雕像之類東西。如此一來，一旦需要想起某些事，可立即依序走訪這些地方，要它們的保管者交出它們，因為看到每個地方，就會想起每個地方的細節。因此，要想起的事物再怎麼多，所有事物都像手牽手的舞者與他者相連，而且絕不會搞錯，因為它們前後相接，除了初期把不同點記住這件事要費心外，完全不費事。以上所述一棟房子裡的做法，可如法炮製於公共建築、長途旅行、城市的防禦土牆，乃至圖畫上。或者甚至自行憑空想像出這類地方。16

雖有上述說明，這套方法還是讓今人覺得難以參透，太過抽象。但如果暫時岔開，從現代情境著眼，或許就能更清楚利瑪竇如何藉由創造出形象組合來使中國人對他的記憶理論感興趣。這些組合在一塊的形象，安置在定位，透過觀念的結合或某個具體的記憶法則，會立即依序產生所要的資訊。不妨想像今日一個要接受口試的醫學系學生，口試官要審查她對骨骼、細胞、神經的了解程度。這個學生腦海裡有個完整的記憶之城，在這城裡，區、街、巷、屋排列整齊，裡面含有她至目前為止在課堂上所習得的所有知識；但面對口試官時，她完全不關注歷史、地質學、詩學、化學、機械學的區，而是把注意力全擺在軀體巷的三層樓生理學屋。她每晚學習時所一直在創造的自成一格的、有力的、能喚起記憶的形象，在這棟屋子的不同房間裡各安其位——在牆邊、窗子之間、椅子上、床上、桌上。三個問題有待她解決：她必須說出上肢各個骨骼的名稱、以減數分裂方式做細胞分裂的各個階段、通過顱骨上眼窩組織的各條神經的順序。她迅即想到二樓的上軀體骨骼房間，從那房門進去的第三個位置上，有個身著亮眼鮮紅外套的加拿大皇家騎警騎在馬上，有個上了鐐銬、一臉沮喪的人拴在馬鞍的尾鞦上；她的思緒一下子就從那裡轉到位於地下室的細胞室，在那裡，暖氣爐附近，站著一個身形魁梧但有著可怕傷疤的非洲戰士，一臉無法形容的無聊表情，但他的一雙大手抓著一位美麗非洲女孩的上臂；同樣迅速的，這個學生的思緒飛到頂樓的顱骨室，在那裡，有個豐乳肥臀的性感裸女，斜躺在裝飾有法國國旗圖案的床罩上，她的小拳頭緊握著一把皺巴巴的美鈔。這個學生很快就找到這三個問題的答案。騎警和其俘虜的形象，立即讓她想起「*Some Criminals Have Underestimated Royal Canadian Mounted Police*」（有些罪犯低估了加拿大皇家騎警的本事）這句話，而其每個詞的頭字母，則正確點出人體上肢的各個骨骼：scapula（肩胛骨）、clavicle（鎖骨）、humerus（肱骨）、ulna（尺骨）、radius（橈骨）、carpals（腕骨）、metacarpals（掌骨）、phalanges（指骨）。第二個形象，*Lazy Zulu Pursuing Dark Damosels*（懶祖魯人追求黑姑娘），使這個學生想起以減數分裂方式做細胞分裂的各個階段：leptotene（細線期）、zygotene（偶線期）、pachytene（粗線期）、diplotene（雙線期）、diakinesis（終變期）。第三個形象，*Lazy French Tart Lying Naked In Anticipation*（一臉期待裸身躺著的慵懶法國妓女），則讓這個學生依序想起顱骨上眼窩組織的神經，即lacrimal（淚腺神經）、frontal（前額神經）、trochlear（滑車神經）、lateral（側面神經）、nasociliary（鼻睫神經）、internal（內部神經）、abducens（外展神經）。[17]

在中世紀或文藝復興晚期，類似的記憶法大概會有不同的重點，而且形象會符合當時的環境。有人發現，早在五世紀時，哲學家馬提亞努斯．卡佩拉（Martianus Capella）就寫道，賽姬（Psyche）出生時收到最討人喜歡的禮物，包括「一輛轉動飛快的車」——贈送此物是墨丘利（Mercury）的主意——「她可乘坐此車以驚人速度四處走，但『記憶』金鏈條將它綁住，使它難以隨心所欲」。這些金鎖鏈是記憶的鎖鏈，代表智力和想像力所施加於人心、具有穩定作用的力量；它們並非要用來隱喻任何靜態平衡說。[18]卡佩拉把賽姬描寫為修辭學的記憶形象，說她具有「如此豐富的詞彙，貯存了如此巨量的記憶和回憶」，掌管她領地裡的記憶，對一千多年後的利瑪竇和其同時代人來說，這形象想必還是鮮明如在眼前。以下是五世紀時修辭學的形象：

一個身材最高且充滿自信的女子，美麗絕倫的女子；戴頭盔，頂著花冠，氣質高貴；雙手所持的武器，若非用於防身，就是用於傷害其敵人，本身泛著閃電般的光芒。她臂下的衣服被袍服蓋住，袍服以拉丁式穿法披覆她的雙肩；袍服上飾有各種發亮的圖案，展現它們的所有形象，她胸下纏著一條腰帶，腰帶上飾有顏色最罕見的珠寶。

她袍服上的每樣裝飾——光芒、圖案、形象、色彩、珠寶——都意指修辭上的各種裝飾，會被把她牢記在心的學生永遠記住。[19]而這個光彩耀眼的「修辭學」形象和可怕的「偶像崇拜」形象，對比何其完美。五世紀神學家暨神話學家富爾根蒂烏斯（Fulgentius）賦予了「偶像崇拜」外貌，然後，十四世紀僧人里德瓦爾（Ridevall）把她更新為琅琅上口、便於記憶的拉丁詩。因為「偶像崇拜」被描寫成妓女，她頭頂上方有個喇叭在大聲宣告她的狀況。在必須討論偶像崇拜這個主題時，把她從其休息地叫來，立刻會讓人想起神學爭論的要點：她是個妓女，因為她的不貞已背棄上帝，與偶像私通；她又盲又聾，因為富爾根蒂烏斯告訴我們，第一尊偶像是某個兒子死後，奴隸為他造的像，用以減輕兒子父親的傷痛，而且她對要人揚棄這類迷信的純正信念，既看不到，也聽不到。[20]

人在自己腦海的記憶宮殿裡可保留多少這類形象，或曾試圖保留多少這類形象？利瑪竇於一五九五年隨興寫到，他曾瀏覽過四百至五百個非特意安排的漢字，然後把這些漢字倒背出來，中國友人說他只要看過一遍，就能背出眾多中國典籍的內容。[21]但這樣的本事不是特別驚人：與他同時代但年紀較大的佛朗切斯科．帕尼迦羅拉（Francesco Panigarola），可能在羅馬或馬切拉塔教過利瑪竇記憶術——帕尼迦羅拉寫了本談記憶法的小冊子，該書的手寫草稿如今仍存放於馬切拉塔圖書館——而他在佛羅倫斯的熟人，說他能遊走於十萬個記憶形象之間，每個形象在他腦海裡各有固定位置。[22]利瑪竇搬出談記憶法的前人書籍的看法，告訴巡撫陸萬垓，記憶術的關鍵法門，在於每個建築裡供存放形象之地方的順序：

你的諸多地方一旦都依序就定位，你就能穿過大門開始走。往右轉，從那裡走去。一如寫書法從頭寫到尾，一如魚兒結成井然有序的群體在水裡游動，每樣東西在你腦子裡也一一就定位，所有形象隨時可供你去拿來想起你要想起的東西。如果你要用的（形象）甚多，那就蓋上數百或數千個建築；如果只要用到一些，那就蓋一間接待廳，將其分割成四個空間。[23]

佛朗西絲．葉茨（Frances Yates）談中世紀、文藝復興時期記憶理論的著作《記憶術》（*The Art of Memory*），旁徵博引，包羅廣泛，在該書中，她思索「基督教化的人為記憶法會是什麼樣的記憶法」，遺憾於「談記憶法的著作，總是給了規則，但鮮少說明規則的具體應用，也就是說鮮少制訂出讓記憶形象各就其位的體系」。[24]利瑪竇的中文版記憶體系無法完全填補這些空白，但的確讓我們了解在遙遠的地球另一端傳統記憶體系可如何得到信持。

此外，在其談記憶法的中文書中，利瑪竇留下一組清楚的形象，每個形象各就其位，並依序得到描述。第一個形象是兩名在扭打的武士，第二個是來自中國西部的一個部落女，第三個是個在收割穀物的農民，第四個是個懷抱著孩子的女僕。利瑪竇認為打造記憶體系，一開始要簡單，而他身體力行，選擇把這些形象放在一房間的四個角落。這個房間是接待廳，頗大的正式空間，有柱子支撐，我在此書以此房間作為一窺記憶宮殿之堂奧的入門。陸巡撫或任何正在讀利瑪竇記憶法著作的初學者，可在腦海裡輕鬆跟著他走完這第一趟記憶散步；我們可看到他們一起走到門前，進入此廳，向右轉，一一仔細打量這些形象。[25]

但人一旦熟稔此法，就不再只能選擇蓋擁有愈來愈多房間和特殊用途房間的建築了，而是可以藉由把愈來愈多形象放進既有建築裡來增加這些建築的內容物。此做法的唯一可慮之處，在於空間裡的東西可能變得太凌亂，使人的腦子無法輕易攫取其中的所有形象。但有了這點提防，人可以把家具放進此房間裡，把金質或玉質的小飾物擺在供重要場合使用的桌子上，把牆壁塗上耀眼的顏色。[26]利瑪竇說也可以使用特定的「圖畫」來使人想起這些形象，一如一世紀時昆體良所極力主張的，或一五六二年盧德維科・多爾切（Ludovico Dolce）建議對古希臘羅馬神話有興趣的學生記住提香某些作品的所有細部時心裡所想的。[27]利瑪竇清楚知道生動插圖如何有助於記憶，他的信表明他不只知道赫羅尼莫・納達爾（Jeronimo Nadal）的《福音書注釋》（*Commentaries on the Gospels*）之類的宗教書，而且在中國時還隨身帶著一本納達爾的此書，在寫給人在義大利的友人的信中說他覺得此書無比管用。《福音書注釋》有大量的木版畫插圖，耶穌會士出版此書，旨在使基督生平的每個重要時刻鮮明刻印在觀者腦海裡。[28]

一如利瑪竇為其接待廳留下四個記憶形象，他也留下四幅宗教圖，每幅圖各有他親筆寫的圖說，其中三幅圖附有他本人的注解：加利利海邊的基督和彼得、在以馬忤斯

（Emmaus）的基督和兩個門徒、在天使面前變瞎倒下的所多瑪城之人、抱著嬰兒基督的聖母瑪利亞。這些圖畫得以保存至今，要歸功於利瑪竇與出版商暨硯台鑑賞家程大約的友誼。一六〇五年，在北京，經一共同友人的介紹，利瑪竇認識了程大約。那時程大約就要出版中國書法、墨譜圖集《程氏墨苑》，很想把西方藝術、書法也編入其中，於是請利瑪竇共襄盛舉。利瑪竇自謙道西方文化只有「千分之一」會令博學的中國人感興趣，但還是同意此事，於是，隔年，他的四幅圖，連同他的題辭，出現在程大約的精美之作裡。[29]這類宗教圖的用意，可以很篤定的說，係為了把聖經裡撼動人心之故事的局部情節深印於中國人腦海，不管這些故事來自基督生平的片段，還是來自〈創世紀〉裡的類似情事。如果把這些圖像記憶形象那樣予以嚴謹有序的安排，它們可用來補強記憶宮殿本身的儲存、檢索機制。

利瑪竇似乎對其記憶體系的效用甚有自信，但在他於一五七八年搭船前往東方之前許久，這些結構物在歐洲已開始遭到質疑。一五三〇年代，科內利烏斯·阿格里帕（Cornelius Agrippa）對巫術和科學煉金術感興趣，卻還是在其《藝術與科學的虛幻性、不確定性》（*Of the Vanitie and Uncertaintie of Artes and Sciences*）中寫道，他覺得人本有的記憶力被記憶術所打造出的「荒謬形象」弄鈍；試圖往腦袋填進不堪負荷的無限量資訊，往往「導致精神失常和瘋狂，而非深刻且確切的記憶」。在人們這種賣弄知識的舉動裡，阿格里帕看到某種幼稚的愛現心態。在一五六九年問世的此書英譯本裡，這種反感躍然紙上：「在眾人眼前展現自己所讀過的許多東西，係可恥之事，無恥之人才會做，那就像商人推銷他們的貨，但屋裡其實是空的。」[30]伊拉斯謨斯、梅蘭希通（Melanchthon）之類宗教思想家，認為這些記憶體系源於更早時的僧人迷信，認為這些體系毫無實用價值。[31]同樣在一五三〇年代，拉伯雷（Rabelais）使出其令人叫絕的嘲笑本事，戳破記憶術的效用。他說荷羅孚尼（Holofernes）教高康大（Gargantua）熟記當時最深奧的語法著作，還有班布里茲（Bangbreeze）、斯卡利瓦格（Scallywag）、克拉普特拉普（Claptrap）之類學者的所有注解。拉伯雷語重心長寫道，結果高康大的確把他所讀過的書「倒背如流」，「變得很有學問」，但有人想要從他那兒得到很有見地的看法時，已「再無可能從他那兒得到出自他自身的隻字片語，就和不可能從死驢身上聽到一聲屁一樣」。[32]至十六世紀底，法蘭西斯·培根雖然著迷於天生的記憶力組織、分析資料的能力，還是對人為記憶法發出毫不含糊的評論。他承認靠記憶訓練所能取得的成果，表面上看來的確令人驚嘆，稱那些成就是「驚人的表現」，但還是推斷這些方法基本上「沒用」。他寫道，「在我看來，只聽一遍就能背出許多名字或詞語的本事，就和雜技演員、走繃索演員、職業舞者的把戲一樣沒什麼大不了：一個是在思想上千篇一律，一個是在身體上千篇一律，徒有稀奇古怪，而無可取之處。」[33]

但利瑪竇時代的大部分天主教神學家，一如利瑪竇本人，面對這些不以為然的論點，不為所動。他們把重點擺在此體系的正面之處，儘管愈來愈多學術著作證實早期談記憶法的重要著作《給赫倫尼烏姆》其實非出自西塞羅之手，他們還是把該書列為他們課程的基本教材。[34]把記憶體系視為倫理學一部分，而非如先前所通常認為的，只是修辭學一部分的觀念，牢牢植入人心者，是托瑪斯·阿奎那（Thomas Aquinas）。在評注亞里斯多德作品的著作中，阿奎那描述了「實體形象」（corporeal similitudes）——也就是以實體形態呈現的記憶形象——在防止「難以捉摸的、精神性的東西」從靈魂脫落方面的重要性。怪的是為了使他使用記憶—地方體系的主張更站得住腳，阿奎那指出西塞羅在《給赫倫尼烏姆》裡說需要以「牽掛」（solicitude）心態對待我們的記憶形象；阿奎那把這解釋為我們應「以依戀之情堅守」我們的記憶形象，使我們得以把便於記憶的形象用於宗教儀式上和聖經上。其實，《給赫倫尼烏姆》說我們需要「獨處」（solitude）以便挑出我們的記憶形象，而非說需要「牽掛」，但數百年來這一點受到忽視。而阿奎那的疏失——諷刺的是他很可能是憑記憶引用「牽掛」一詞——強化了把記憶術視為引領「精神性意圖」之方法的基督教記憶法傳統。這一解釋流傳甚廣。例如，用記憶體系來「牢記天堂和地獄」一說，可說明喬托畫作裡的許多意象或但丁〈地獄篇〉的結構和細節，而且普見於十六世紀出版的許多書籍裡。[35]

在阿奎那時代和接下來的兩百年裡，出現欲透過喚起信徒的想像力來強化對基督教虔信之心的一整套文本傳統，其中有些最重要的文本，例如巴黎的威廉（William of Paris）的十二世紀《神聖修辭學》（*Rhetorica Divina*），向昆體良的著作尋找靈感。[36]薩克森的魯道爾弗斯（Ludolfus of Saxony），信教虔誠的十四世紀作家，其著作具有格外強烈的感染力，令日後的羅耀拉（Ignatius of Loyola）讀得愛不釋卷。魯道爾弗斯逼他的基督徒讀者如身歷其境般目睹耶穌受難情景，把他的話語打入讀者耳裡，就如打穿過基督身子的釘子：「在所有神經和血管都快要撐不住且骨骼和關節都因為猛暴的拉扯而脫臼後，他被釘在十字架上。他的雙手雙腳被粗糙且粗大的釘子硬生生穿過，傷害，皮和肉、神經和血管，還有骨頭韌帶，都受了傷。」[37]在這種「把使徒時代充塞於今時」的氣氛下，魯道爾弗斯能叫信徒進而「以某種虔誠的好奇心摸索著前進，觸摸就這樣為你而死的救世主的每個傷口」——魯道爾弗斯的著作參考了瑞典的布里姬特（Bridget of Sweden）的著作，而據布里姬特的說法，救世主身上的傷口有五千四百九十處。[38]魯道爾弗斯這位加爾都西會修士極力主張要時時把活躍的想像力用在基督上，「走在路上和站著不動時，坐著和躺著時，吃喝時，講話和沉默時，獨處時和與他人在一塊時」。[39]十五世紀中期，有個人針對女孩的宗教儀禮寫了本書，力促她們把聖經人物——包括基督——套上友人、熟人的臉孔，以便把聖經人物牢記在心裡。他要其年輕讀者把這些人物擺在自己心中的耶路撒冷裡，「為此挑一個你所非常熟悉的城市」。然後，每個女孩「獨自一人」待在寢室時，可作祈禱，藉由「緩緩走過一個又一個片段」，讓聖經故事重現眼前。[40]

這一生動重整記憶的做法，也是皈依後的羅耀拉為他於一五四〇年所創立的耶穌會發展出的那一整套紀律和宗教訓練法的基本要素之一。他在寫《神操》（*Spiritual Exercises*）的早期草稿時就在運用他的論點，八年後該書定稿問世。為使其追隨者身歷其境般感受聖經裡的故事，羅耀拉要他們五官並用去體會他們所思考的聖經故事情節。在最粗淺的階段，練習此法者會想起特定事件發生的實際場景，也就是羅耀拉所謂的「用想像力呈現該地」：[41]例如，基督從伯大尼到耶路撒冷赴難所走的那條路、他吃最後晚餐的那個房間、他被出賣的那座花園、耶穌受難後他母親瑪利亞等他的那棟房子。[42]羅耀拉說，在這些背景下，接下來可以藉由加入聽覺來更清楚呈現當時情景：「聽世人所說的話，聽他們彼此交談，發誓和咒罵。」再把聖父、聖子、聖靈這三位具神性之人所講的話與此相對照，聽他們說「我們來救贖人吧」。看過、聽過之後，接下來可以在記憶時動用其他三官：「聞聞那無法形容的香氣，嘗嘗神性的無盡甘甜。親吻這些人走過或坐過的地方，在那些地方逗留不去，始終努力從中獲益。」[43]如果說五官令人想起紛然雜陳的過去，把那過去——可以說掌握了過去的來龍去脈——帶到現在，肩負起使當下思索之事更富意義的責任者，係記憶、推理、意志這三種能力，尤以所思索的主題從傳統意義來看並非具體可見之物時為然，例如思索罪的意識時。羅耀拉說，這時，「浮現於腦海的，會是靠想像得出的一個想法，即靈魂被囚於會腐敗的軀體裡，整個自我，包括軀體和靈魂，注定要和動物一起生活在世上，猶如住在異鄉的人」。（這並非特意為傳教士而寫，但在利瑪竇於中國度過餘生，竭力找出閒暇時間來強化其精神生活時，利瑪竇對這段文字可想而知深有所感。）誠如羅耀拉所說的，這三種能力，每種都可以輪流上場，而由記憶帶頭：

憑藉記憶，我會想起第一個罪，天使的罪；接下來，我會用推理能力思索該罪；然後動用我的意志，竭力想起並思索這一切，以在我拿自己的許多罪和天使的一個罪相比較時，在自己心中生起無比的羞恥感：那個罪使天使墮入地獄；我犯了那麼多罪，我該下地獄多次。記憶的角色，則是想起天使蒙受天恩被創造出來，卻不願善用他們的自由意志去尊崇、順從他們的造物主和天主：他們因驕傲而吃了苦頭，原本蒙受天恩卻轉為不良居心，由天堂被推入地獄。以同樣方式使用我的推理能力，我會更詳細思考這一切：我運用意志力，竭力喚起應有的情感。[44]

每個練習此法的人反省自己的罪過時，把罪過放在最家居、最私人的環境裡去思索——看到不同時候自己所住過的諸多房子裡的自己，想起自己與他人的種種關係，思索自己所有過的服務職位或管人職位——於是得以從原本思索天使的第一罪，轉而在心中全面浮現基督和其部眾對抗魔鬼之軍隊的那場偉大精神戰役。[45]

魯道爾弗斯、羅耀拉極力鼓吹虔誠基督徒把對未經歷過之過去的這些「記憶」併入充滿靈性的現在一事，不只在呼應阿奎那，而且在呼應寫於利瑪竇出生七百年前的奧古斯丁的《懺悔錄》（*Confessions*），因為奧古斯丁說：「或許可以這麼說，『有三個時期；充滿過去事物的現在、充滿現在事物的現在、充滿未來事物的現在』。」[46]但與羅耀拉同時代的天主教徒擔心他或他的追隨者拿對神國有了特殊的洞察一說來支持自己的主張太過牽強。瓦倫西亞主教抱怨，《神操》幾無異於「賣弄玄虛」，係在當時盛行之光照派（Illuminists）觀念影響下寫成。[47]一五四八年六名神父聲稱透過這些操練他們能與上帝「直接」交流，結果被宗教法庭叫去審查：這些神父說「聖靈會降臨他們，一如聖靈過去降臨使徒」，而宗教法庭審判官不放心此一說法。[48]一五五三年，有些道明會修士甚至說羅耀拉是「臭名遠播的異端分子」，羅耀拉的友人納達爾（利瑪竇引介到中國的《默禱》一書的作者）氣不過，為他說話，堅稱羅耀拉的想法來自聖經，而非自己憑空胡謅。[49]在利瑪竇於中國傳教期間擔任耶穌會總會長的克勞迪奧·阿夸維瓦意識到這些爭議，刻意貶低羅耀拉的「運用感官」觀點，說它們是「很簡易的方式」，比不上較複雜的斂心默禱、祈禱做法。[50]

宗教體驗和所謂的法力始終難以判然兩分。有些學者晚近說宗教和魔法的關聯性始終存在於彌撒本身的言詞和咒語裡，存在於音樂、照明、葡萄酒，以及餅和葡萄酒變為聖體聖血（彌撒儀式最重要部分）一事裡。[51]利瑪竇在中國的經歷表明，公眾想當然耳的推斷他的本事來自法力。一五九六年十月十三日，他從南昌寫信給人在羅馬的總會長阿夸維瓦。他簡短交代了為了不只在南京住下、還要在該地買一間房子所經歷的艱苦談判，然後描述此時上門向他祝賀的許多中國傑出文人。他列出他所認為中國人登門祝賀的三個主要動機：相信耶穌會士能把水銀變成純銀；想學西方數學；很想學會他的記憶法。[52]把此事擺在利瑪竇當時歐洲的思辨、宗教大環境看，上述動機完全可信，當時，利瑪竇兼用記憶法和數字命理本事、神祕的半科學鍊金術，使嫻熟於此道的他有辦法左右自己的命運，從而反映傳統宗教的過人力量。切記，如果說利瑪竇的傳教生涯，從某個程度上說，只有把它放在天主教強勢反宗教改革的時空背景下，只有將其視為十六世紀後期在西班牙、葡萄牙戰艦火炮支持下展開的「歐洲擴張」的一部分，才說得通，把它放在更遠更古老的時空背景下，也說得通。這一更老的時空背景，從許多方面來看係屬於文藝復興之前，從當時往回延伸，經中世紀直至古典時代，直至基督教的神父和探求巫術、鍊金術、宇宙結構學、占星學的「術士」一起肩負撫慰人心之責的時代。[53]

一五四三至一五六三年奉羅馬教廷之命在特倫特公會議（Council of Trent）進行的那些漫長且複雜的辯論，或許解決了天主教會諸領袖所提出的一部分最棘手的難題。這些領袖鑑於自己對教會內部腐敗的切身認識，鑑於站在他們對立面的新教徒銳利的詰問，提出這些難題，但這些「解決之道」只及於少數人，其他人繼續抱持其與時代脫節的看法：於是，根據一五八四年被宗教法庭盤問的一位北義大利磨坊主的說法，上帝從已存在地水火風四元素的混沌狀態現身。審判官問：「誰推動此混沌？」磨坊主回道：「它自己推動自己。」[54]磨坊主還說：「我的心很崇高，盼望新世界到來。」解釋說他的不安大多因為他見到的異象：見到他從約翰．曼德維爾（John Mandeville）的非洲、中國遊記讀到的其他國度和人民。[55]這位磨坊主可以說具體而微體現了十六世紀所有繼續自行尋找意義的男女的心聲，因為不管是新教還是天主教的改革者，都想讓這些人相信他們能解釋那些侷限於一地但令人困惑的現象，比如不管是世界起源的終極奧祕，還是強烈的精神抑鬱、人畜災難性的猝死、珍愛之物的喪失或歉收之類的，但都未能如願。[56]

於是，人們依舊未把法術和宗教分得清清楚楚。這位磨坊主大力闡發他的四元素理論，最終，在他的看法裡，上帝成了風，基督成了地，聖靈成了水，火則自行肆虐各處。[57]比他窮的同時代人夢想著這樣一個世界：河川的堤岸以乳清乾酪製成，義大利式小方餃和杏仁蛋白軟糖如雨落下。[58]利瑪竇和其友人說他們未對東西施加什麼法力，但一五七八年乘船繞過好望角時，他們把來自羅馬逾越節蠟燭的蠟製成的小護身符丟進狂暴的海裡，一六〇一年在北京城外，利瑪竇始終隨身帶著來自聖地巴勒斯坦的幾粒土和一個小十字架。他相信這個十字架是用基督受釘刑的那座十字架的殘片所製成。[59]而在表面上宣稱「已改革過」的英格蘭，行法術的人甚多，在女王伊莉莎白在位期間的某個郡，有人證實鎮上每個人的方圓十英里範圍內都必有「術士」。[60]

在習於仔細觀天的時代，行星運行的每個階段、月亮的每一次漸盈、恆星的每次現身都受到仔細的追蹤觀察，而且就其對人世可能的影響，予以同樣仔細的剖析。受過教育的男女，可能既是虔誠的天主教徒，同時仍在心中為某個史家所謂的「未知的神祕星力」的另類體系留下空間，這些神祕星力「搏動」於他們的新柏拉圖式宇宙裡。[61]在許多這類體系裡，有個不言而喻的道理，即能把宇宙力和自己腦子的記憶本事合為一體者，具有特殊力量。在大體上依舊靠口述的文化裡，強大的記憶力依舊被視為理所當然，因而沒什麼了不起，甚至就窮人和文盲來說亦然。例如，蒙田談到一五八一年遊歷義大利時，在佛羅倫斯附近的田裡，有群農民一邊吹笛，一邊背出阿里奧斯托（Ariosto）的長長詩句，一旁有他們的女朋友。[62]但記憶力太強的人，也可能迅即使鄰居懷疑該人有法力，十六世紀中期法國南部的阿爾諾・迪・提勒（Arnaud du Tilh）就碰上這樣的事。[63]對莎士比亞戲劇的觀眾來說，懂得如何使用、強化記憶力，依舊是稀鬆平常的事。哈姆雷特殺掉奧菲麗雅的父親後，奧菲麗雅走到她哥哥萊爾特斯面前，哭道：「迷迭香，用來助人記憶；親愛的，求你記住。」這時，她不只是悲痛欲狂，還藉由搬出一個眾所信持的想法來堅定萊爾特斯的復仇念頭。這個想法見於當時許多談記憶法的著作，認為迷迭香是強化記憶力的靈丹妙藥。[64]

利瑪竇小時候，還在求學時，他家鄉馬切拉塔的神職人員受到幾項行邪術的指控，而這些指控可能和不當使用記憶術有關，但如今不清楚這些人究竟如何使用記憶術。[65]只知道整個十六世紀期間，在威尼斯、那不勒斯之類城市，有人特別用心打造「以占星術為中心的記憶法」，而且這些記憶法不只用於當地，還被那些創造出它們的熱心之士輸出到法蘭西、英格蘭等國。這些記憶法把諸多宇宙力組織成「記憶劇場」（memory theaters）、呈同心圓分布的圖表，或虛構的城市，以便直接請教並利用這些力量，使施行此術者成為具有極大法力潛力的「太陽占星家」。從義大利著名學者卡米洛（Camillo）一五四〇年代所打造的「劇場」，可看出其廣闊：前景處是一堆堆擺得錯綜複雜且裝滿西塞羅所有作品的小盒子；一排排的宇宙圖像升起，往遠處逶迤而去，這些宇宙圖像旨在呈現「從第一因經各個創造階段擴張的宇宙」，因此，場所主人會像是從高山俯視森林的人，最終能既了解個別的樹，也能了解森林全貌。誠如卡米洛所說明的：「把自己放在如此無與倫比的高處，不只起了幫我們將我們所交付給它的東西、言語、行為保存起來的作用，使我們得以在需要它們時立即找到它們，還給了我們真智慧。」[66]

這一智慧也未侷限於言詞世界或舞台。它循著許多小徑貫穿文藝復興時期的建築理論和建築實踐，在那時期的建築上，那些促成完美空間的「不可見線條」，藉由表達莊嚴或愛的想法賦予建築以意義，而人形的完美比例能靠宇宙力轉化為石頭。[67]這樣的智慧是文藝復興時期音樂的最重要部分，該時期的音樂承襲了據以把記憶力牢牢固著於旋律線裡的一個過程（記憶力最初表現在字母表和押韻上），而且在該過程中，音樂的兩個屬性——作為數字——神祕主義、作為科學——在嚴肅的理論家看來，能流入性力和新生的領域，不然就是能流入特定國際論述的領域。因此，克卜勒針對行星軌道作出了不起的發現且在皇帝魯道夫的宮廷埋首鑽研鍊金術士的作品之際，能得出以下解讀：把某音樂作品裡大三度的音程視為代表男性的性圓滿，把小三度視為代表願意接受男子的女性；[68]而尼科洛・維琴蒂諾（Nicolo Vicentino），在一五五五年談其新的六鍵盤大鍵琴（harpsichord）的著作《折疊式大鍵琴》（*archicembalo*）中，則寫道他的新樂器能奏出德語、法語、西班牙語、匈牙利語、土耳其語的音。「世上所有民族在其母語裡所用的屈折變化和音程，不只以全音和半音的形式進行，還以四分之一音，乃至更小的音程進行，因此，憑藉我們的大鍵琴的分度，我們能涵蓋世上所有民族。」[69]利瑪竇一五八二年在澳門第一次見到漢字時，同樣驚嘆於漢字的一項不可思議的潛力，即作為能超越語言固有之發音差異的普世形態的潛力。[70]

這些圖像和例子各不相干，卻能凸顯關於記憶之想法的多樣分殊和記憶所具有的力量和其能促成改變的力量——並存於被籠統稱之為反宗教改革時期的那段期間的力量。它們也使人難以相信，利瑪竇運用其記憶法和西方科學知識、他深厚的神學素養來勸中國人揚棄他們兼攝儒釋道的信仰時，會不注意到與他同時代的歐洲人所賦予記憶術的那些支配人和自然的力量。

在利瑪竇著作中保存下來的四個記憶形象，只是吊人胃口的點出其記憶宮殿裡所儲存之東西的豐富，一如其四幅宗教圖畫只代表他所欲讓中國人皈依之天主教的最重要組成部分的一小部分——天主教傳統圖像。但由於令人吃驚的竟有這麼多東西保存至今，由利瑪竇用心選出那些流傳至今的形象和圖畫，如今，輪到我上場時，我選擇以這八個距今遙遠的片段為核心鋪陳出此書。一六〇六年利瑪竇告訴程大約：「百步之遠，聲不相聞，而寓書以通，即兩人者睽居幾萬里之外，且相問答談論如對坐焉。」他說得沒錯，而且正是透過這些無意間倖存下來的片段，我們得以進入他的過去。我們可以很篤定的說，利瑪竇會認可此一做法，因為他也曾向程大約說：

> 百世之後人未生，吾未能知其何人，而以此文也，令萬世之後可達己意，如同世而在百世之前。先正已沒，後人因其遺書，猶聞其法言，視其丰容，知其時之治亂，於生彼時者無異也。[71]

對文藝復興晚期的人文主義者來說，生活在羅馬帝國盛期的人是此論說和行止的典範。那時，昆體良寫下其關於記憶法的著作，而利瑪竇的那組記憶形象以扭打的兩武士為開頭，那組圖畫以加利利海為開頭，此事正微微點出他對昆體良著作的熟悉：昆體良把戰爭和大海說成人透過矛、錨的形象而能記住的頭兩樣東西。[72]

跟著利瑪竇四處走時，我們應記住他的古典文化過去和他的中國現在之間的另一個關聯。羅馬時代談記憶法的最著名作品說，必須在長串的形象流裡，每隔五組或十組放進標記，不妨說是路標，例如放進一隻金手來提醒自己數字五，或放進名叫德西默斯（Decimus）之類的友人，使自己想起數字十。[73]利瑪竇藉由語言才華的展現，能把這個觀念整合進他的漢語形象流裡，能把它與他的最重要天主教目標——他的慧心巧思傾注的目標，即使中國人皈依——相結合，而漢語象形文字的本質，才使他得以展現其語言才華。他捨金手或名叫德西默斯的人不用，反倒建議中國人，每隔十個記憶地點，就放進漢字「十」這個記憶形象。[74]這個構想的絕妙之處，來自中國人用「十」這個字來表達其他許多東西或地方，十字兩線相交，一如在木框或十字路口所見。因此，七世紀就來到中國的最早期景教徒，以「十」來指稱基督的十字架，十三世紀入主中國的蒙古人把此用法立為定制，利瑪竇和十六世紀耶穌會士相繼採用。[75]於是，明朝中國人跟著利瑪竇穿過他的接待廳，走過他的圖畫，來到記憶宮殿深處時，引導他們者，不僅是十進位制的邏輯，還有十字這個符號本身不變的象徵意涵。

第二章——

# 第一個記憶形象：武士

利瑪竇決定以意為戰爭的漢字「武」為本，建立他記憶宮殿裡的第一個形象。為把「武」呈現為讀者會記住的記憶形象，他先把這個漢字從左上往右下斜切為兩半，由此產生兩個表意字，上面那個是「戈」，下面那個是「止」。如此切開這個漢字時，利瑪竇——有意或無意間——遵循了已沿襲將近兩千年的中國士子傳統。這個傳統使人得以在這個表示戰爭的漢字裡看出和平的轉機，不管那轉機的可能性有多渺小。[1]

利瑪竇汲取這兩個概念的意思，把它們重新

組合為一個相關的形象：一名武士，威武的化身，手持一根長矛，作勢要打敵人；另一名武士抓住前一武士的手腕，竭力阻止長矛刺下。

利瑪竇在其記憶法著作裡向中國人描述了，若要使這類形象真有助於記憶，該如何形成、安放、照亮這些形象。談到形象本身該依循的規則時，他說形象必須生動，不能太死氣沉沉，必須挑起強烈情緒，人物必須身著能清楚表明其社會地位和所從事之事業或職業的性質的衣服或制服。在複合形象裡，人物之間的差異必須誇大呈現，五官必須因歡喜或痛苦而扭曲；甚至顯得滑稽可笑或引人發噱，如果這麼做似乎明智的話；必須自成一格、與眾不同。[2]

至於形象要存放在哪裡，利瑪竇給了中國人另外一些規則。那地方必須寬敞，但不能塞太多形象，致使某個形象隱沒其中：知縣的衙門、熱鬧的市場，或擠滿學生的學堂，都不適合。照明必須明淨均勻，但不能亮到刺眼。空間必須乾淨、乾燥，有頂棚蓋著，以免形象表面有雨痕或露痕。空間應該位於一樓或二樓，勿顫巍巍擺在梁上或高踞在屋頂，以免難以抵達。腦海裡的眼睛應能暢行無阻遊覽過一個又一個形象，因此不同形象間的距離絕不應少於三呎，但也不應多於六呎。形象應安置牢固，勿固定在易遭突然的動作動到的不穩定處，例如絕不應吊在滑輪上或顫巍巍擺在車輪上。[3]

於是，利瑪竇按照這些規則構築他記憶宮殿的接待廳，並按照中國人尊南的傳統，使其坐北朝南。他進入大門，立即右轉。隨之，在此建築的東南角，他擺了兩個武士。把他們擺穩後，他就可暫時放著他們不管。這兩人會以打鬥姿態待在那裡，一方使勁想要殺死另一方，另一方則竭力自衛。只要利瑪竇不回來，他們就這麼待著。

✦ ✦ ✦

利瑪竇在馬切拉塔的童年係在戰火環繞下度過，處處可見暴力。在一五五〇、六〇年代他上學所走的那些石板小街上，阿拉萊奧納（Alaleona）、佩利卡尼（Pellicani）兩家的年輕子弟伺機向對方下毒手已有數年，兩家的世仇則始於一五二〇年代結下的梁子：有些人光天化日遭捅死，另有些人在做彌撒時遭殺害。滿手血腥或倒在血泊裡的人，不只這兩家，因為另有貴族死於蒙面殺手，或在報仇雪恨後逃至其他城市，在那裡避風頭或從軍打仗，直到結束漫長的流亡生涯為止。[4]

奇米內拉（Ciminella）家三人以一波手槍子彈了結佛朗切斯科・恰帕代利（Francesco Ciappardelli）的性命，使馬切拉塔的仇殺事件又多了一樁時，利瑪竇三歲大；一名本篤會修士在馬切拉塔殺掉佛洛里亞尼（Floriani）家一名成員時，他五歲；馬切拉塔市盛傳佛洛里亞尼家族一名十六歲子弟用刀殺掉咬掉他一耳的一名年輕男子時，他十一歲。在謀殺和打鬥頻傳之際，至少有和利瑪竇同姓（Ricci）的男女各一名丟掉性命，但如今不知他們是否是利瑪竇的近親。神職人員和城中耆老一再努力制止暴力，一五六八年利瑪竇離開馬切拉塔赴羅馬攻讀法律時，這類謀殺仍司空見慣。[5]

在馬切拉塔城外，農村窮人、從北方飽受戰火摧殘的城市逃來的難民、還在義大利土地上打仗的龐大傭兵部隊的逃兵，組成土匪幫，橫行鄉村，幾乎逍遙法外。為鼓勵士兵殺土匪或抓土匪，各種賞金出爐，馬切拉塔市檔案顯示，監獄收容空間，以及可用來向俘虜拷問的訊問室，愈來愈需要。[6]但這些侷限於當地的作為不足以平定匪亂，一五六八年管轄此區域的教皇使節雇來軍隊掃蕩鄉村，挨家挨戶搜查、登記後，才大體上恢復秩序[7]（馬切拉塔位於義大利中部構成教皇領地的那個條狀領土上，由梵蒂岡的使節與馬切拉塔本地官府共管）。即使如此，幾年後，在馬切拉塔鄉村走動仍不安全，儘管某些史料說信使傳信速度驚人，與羅馬的聯繫還是緩慢且不穩定。[8]

馬切拉塔鎮某些軍官無視法紀包庇搶匪和殺人者，為贓物提供存放基地，使情勢更加黯淡。如果他們和一五五四年的上尉佛朗切斯科·德維科（Francesco De Vico）一樣被揭發、逮捕、處死，只要善用該城一道法令，他們就能保住性命、重拾自由，乃至保住犯罪所得。依據該法，該城自由民只要本人或其友人交出殺害的土匪，就能得到赦免。於是，馬切拉塔的史家利貝羅·帕齊（Libero Paci）寫道：「德維科（得以）再度成為受尊敬的市民，靠其劫掠所得享有最長的壽命。」利瑪竇在馬切拉塔度過他整個成長歲月期間，德維科的確在該城過著優渥日子，最終於一五八四年去世，那時利瑪竇已在中國一年。[9]

馬切拉塔是教皇管轄區的重要城市之一，無法奢望不受教皇的政治作為波及，不管是在國際還是在當地的政治作為皆然。一五五五年教皇保祿四世和豪族科隆納（Colonna）家族的鬥爭儼然要波及馬切拉塔時，該城人心惶惶，深怕戰爭降臨，但隔年，教皇保祿和以那不勒斯王國為大本營控制南義大利的西班牙人的紛爭日益升高，導致西班牙將領阿爾瓦（Alva）公爵進入教皇領地，先前的戰爭恐慌隨之變得無關緊要。為因應此威脅，教皇保祿向馬切拉塔徵兵，該城市民終於留意到防禦外人進犯之事，買來一百枝火繩槍充實軍械庫，把長矛分發給當地民兵，把附近河邊的一座老磨坊塔改闢為堡壘，雇了一名軍事建築師為該城的防禦工事擬出主計畫。[10]教皇保祿欲與法國結盟以反制西班牙勢力，馬切拉塔人奉命為法軍備好補給，並修補法軍會行經的道路，把役畜和補給送到前線。吉斯（Guise）公爵統領的法軍一五五七年三月來到中義大利，兵力為一萬兩千步兵和六千騎兵。四月上旬期間吉斯人在馬切拉塔，他的到來未引發事端。在他未能拿下羅馬東南方奇維帖拉（Civitella）一地由西班牙人據有的戰略要塞後，他於五月再度來到馬切拉塔，而這次他的到來，當地民心就較驚恐，因為此時大家認為阿爾瓦的西班牙部隊會緊隨其後過來。但十二月和平降臨，馬切拉塔免於西班牙王腓力二世麾下一位驍將的攻擊。這位將領二十年後在尼德蘭率軍肆虐的恐怖名聲，會和吉斯公爵在法國宗教戰爭時迫害異己、兩面作風的名聲一樣響亮。[11]

馬切拉塔內遭歐洲當前亂局波及，外有虎視眈眈的鄂圖曼帝國穆斯林軍隊。馬切拉塔的貿易和經濟命脈，既繫於西邊的羅馬市場，也繫於東方，並以附近亞德里亞海的富裕港市安科納（Ancona）為出海口和東方貿易，時時存有土耳其人可能來犯的憂患意識。一五四〇年代，馬切拉塔人必須出錢強化自己城市還有安科納的防禦，一五五一年，利瑪竇出生前一年，出現土耳其人可能攻擊沿海地區的新威脅，教皇使節因此下令將馬切拉塔十八至四十歲有資格服兵役的男子全員造冊，神職人員也不能豁免。[12]這類集結天主教徒抗擊穆斯林威脅的作為，讓人想起四百年前十字軍遠征引發的激情，但在十六世紀中期，宗教激情並未總能凌駕國際外交活動，於是，法蘭西人一五四四年時和神聖羅馬皇帝查理五世作對，很爽快的向鄂圖曼人表示，只要土耳其艦隊能向西班牙施壓，願讓鄂圖曼人使用土倫港為冬季泊地；同樣的，一五五六年，教皇保祿四世面臨阿爾瓦公爵對羅馬和教皇國的威脅，遣密使見法國國王，請求其幫忙找來土耳其艦隊，以打斷西班牙在地中海的軍需運送。[13]

在此亂世，馬切拉塔局面的詭譎多變，由一五六〇年代中期的情勢可見一斑；那時，隨著鄂圖曼帝國軍方改變政治立場，外交作為跟著有相應的改變，亞德里亞海遭土耳其人攻擊的威脅隨之重新燃起。馬切拉塔市民急欲重建其不堪一擊的城牆，為此，不再向安科納提供資金，以籌得重建經費，儘管安科納防禦的強固攸關馬切拉塔本身的存亡。一五六六年夏土耳其人攻擊沿海城鎮加爾加諾（Gargano），雖然該鎮位於南方有段距離處，還是近到讓馬切拉塔人體認到威脅的確存在。馬切拉塔成為一支應急部隊的基地，該部隊有步騎兵四千人，進城後塞滿城中全部五家客棧，不得不把部分士兵安置在當地隱修院，而這些隱修院因這些額外訪客的到來，發了筆意外之財。在其他時候，馬切拉塔市民參與防守馬爾他島，或在匈牙利的戰場上與鄂圖曼統治者蘇萊曼的部隊交手；有些人響應教皇要馬切拉塔每百個登記戶出四名划槳手的命令，在地中海艦隊的槳帆並用大木船上服役；有些人在諸多戰線上征戰，遭土耳其人俘虜，淪為奴隸——較幸運者被家人贖回。[14]

利瑪竇年輕時，軍事技術日新月異，戰術隨之得有相應的改變。經過改良且變得較輕的火器，改變了步兵、騎兵間的關係，使結為一體的步兵方陣成為攻擊主力，方陣裡的火槍手（重新裝彈時有長矛兵保護）能擊退任何傳統式騎兵衝鋒。誠如十六世紀某英格蘭兵法家所指出的：「過去，士兵常打肉搏戰，但當今之世，已很少見；因為如今，子彈橫飛，主宰戰場（有成排堅守崗位的長矛兵作堅強後盾），在肉搏戰開打之前，只要陣中有最英勇、最有本事的火槍手，通常就意味著勝券在握，或最起碼大多意味著勝利在望。」[15]「肉搏」因此變少，但密集操練和技術訓練的需要，使那些願意為戰爭奉獻生命的職業士兵，享有相對於應召入伍的鄉下兵更大的回報：西班牙正規軍士兵開始擅長於這種作戰方式，德意志諸公國和瑞士的傭兵成為從尼德蘭到非洲到義大利等地許多軍隊的骨幹。這些傭兵為錢打仗，有時給其所通過的鄉村帶來很大禍害：馬切拉塔的新城牆第一次接受考驗，不是在土耳其人來犯時，而是在一五六六年春共四千兩百名瑞士傭兵的軍隊經過時。那不勒斯王國的西班牙人雇用這批傭兵，以在土耳其人來犯時更能守住那不勒斯，但馬切拉塔人顯然擔心他們攻擊行經的城鎮，緊閉城門。從馬切拉塔市這種恐慌的反應來看，這些可能站在他們那一邊的人，似乎就和他們要打的敵人一樣可怕。[16]

面對諸多威脅，馬切拉塔人於一五五〇年代後期順應當時大勢之所趨求助於一名軍事建築師。隨著火炮射程和準度提升，攻城戰變得較複雜，舊防禦工事讓位給新款的堡壘。這種堡壘呈五角形，牆面平滑，五角的每一角築有往外突出的稜堡，從而得以憑藉交叉火力，取得最廣的無死角火力覆蓋區。義大利軍事設計師在當時歐洲最富盛名，各大城爭相網羅其中最優秀者：造形優美的現代堡壘，不只為防守而設，還取代主教座堂，成為一城威望的表徵。[17]但隨著奇貨可居，這些設計師當然抬高自己身價，馬切拉塔人發現他們中意的設計師，佛羅倫斯專家巴斯蒂亞諾（Bastiano），索要昂貴的一年合約，大為苦惱。[18]

利瑪竇很清楚這些趨勢，於是和當時人一樣把作戰視為科學活動，而體現他長期思索戰爭心得的最長篇幅文章——寫於一六〇七年他在中國已二十餘年時——非常適切的出現在他所漢譯的歐幾里德《幾何原本》的引言裡。漢譯《幾何原本》是他最受矚目的學術成就之一，在該引言中，利瑪竇寫道，數學方面的精確，對軍官，比對農民、政治家、醫生或商人，更為要緊。數學不好，將領懂得再多，再怎麼英勇，也成不了事。誠如利瑪竇所總結的，軍隊必須力求精確出於三大原因：

首先，優秀的將領必須估算其取得兵馬糧秣補給的可能性，計算征途的所有要素——要走的距離、涉及移動難易的地形種類、所部安然通過該地形的機率。其次，要估算調度其部隊的最佳方式：編成圓形以使其兵力顯得少，編成號角形以使其兵力顯得多，或編成月牙形以包圍敵人，或編成楔子狀，以徹底擊潰敵人。第三，必須弄清楚所有攻防武器在諸多不同情況下的效用，探索每種改善它們的方式，在技法上不斷推陳出新。因為凡是仔細讀過諸國歷史記載者，都知道發展出新進攻武器者，若非在戰場上得勝，就是在防守時不讓敵人越雷池一步。[19]

但這段文字讓人覺得利瑪竇對戰爭的看法，比他實際的想法更加自滿，決定論性質更濃。歐洲戰爭技術的新發展——以及或許，隨著葡萄牙人、西班牙人把新式大炮和艦炮帶到遠東，亞洲境內有點類似的發展程度——帶來令人難以避開的新駭人兵器。在其《幾何原本》引言中，他讚譽戰爭方面對創新的追求，但在一段悲觀的文字中，他說此追求本身必然導致生靈塗炭。他把此觀點放在談人類存在歷程的哲學性對話中來闡明，這篇哲學對話初寫於一六〇一年他差不多剛抵達北京時，一六〇八年間重刊：

> 人類之中，又有相害，作為凶器，斷人手足，截人肢體，非命之死，多是人戕。今人猶嫌古之武不利，則更謀新者，輾轉益烈，甚至盈野盈城，殺伐不已。[20]

細讀這段文字，很難不叫人認為利瑪竇讀過他人對一五八五年西班牙圍攻安特衛普之慘烈情況的記述。在這場圍城戰中，西班牙人在須耳德河上用小船架了浮橋，以阻止補給送抵該城，守軍竭力欲趕走西班牙人，於是往下游漂送他們的顧問義大利工程師佛雷德里科·姜貝利（Frederico Giambelli）所設計的新式水雷。這種「水雷」其實是七十噸重的船，船艙艙壁以磚塊砌成，裡面塞滿由火藥和氯化氨混成的物質，其上鋪了數層的墓石、大理石碎片、金屬船鉤、石頭、釘子。以厚重石板建成的頂棚，蓋住上述的大量爆裂物和投射物，以使爆炸氣浪往兩側、往外衝，而非往上衝。就在西班牙兵欲調整這艘船的方向時，精心配製的導火線抵達船艙，船隻爆炸。西班牙人被炸得肢體殘缺不全，算不出死亡人數，但有四百至八百人死於這次爆炸，立下戰爭史上的新基準。[21]

但令利瑪竇有更切身感受的戰爭，係以傳統方式作戰。它們其實代表了正被更先進技術超越的那些中世紀作戰方式的極致。其中一役是勒班陀（Lepanto）之役，一五七一年打於科林斯灣，鄂圖曼土耳其人在此役敗於西班牙、威尼斯、教皇國組成的「神聖同盟」（Holy League）之手，是為歷來地中海槳帆並用武裝木船艦隊的重大交手裡，最具決定性（但也幾乎是最後）的一役。另一役是一五七八年北非阿爾卡薩爾基維爾（Alcazarquivir）之役，經過騎兵近距離衝鋒和以長劍、短刀肉搏的慘烈混戰，葡萄牙王塞巴斯蒂安大敗於摩洛哥薩阿德王朝統治者之手。

來自馬切拉塔的士兵在槳帆並用戰船上參與了勒班陀之役，來自馬切拉塔的神父對部隊執行了牧師職務，其中至少一人在此役受傷。[22]但利瑪竇未離此戰事甚遠，一五七一年十月天主教統帥奧地利的約翰（Don John of Austria）徹底擊敗土耳其人的消息傳來時，利瑪竇是見習修士，人在羅馬奎里納爾的聖安德魯教堂。在這場大海戰中，教皇庇護五世所號召組成的神聖同盟糾集到兩百零八艘槳帆並用木戰船和一百艘支援船，土耳其人則有兩百五十艘左右的槳帆並用木戰船。決定此役成敗者，係強行登上敵船打了一整天的士兵，而非海軍戰術或大炮的長程火力。奧地利的約翰所部，共八萬人，有陸軍士兵、水兵和戰船上的划槳奴隸，結果至少折損兩萬；土耳其方死亡人數（包括鄂圖曼方統帥阿里·帕夏〔Ali Pasha〕），據認達三萬，另有八千人被俘。[23]

勒班陀之捷就發生於賽普勒斯落入土耳其人之手後不久，而且天主教方未乘勝擴大戰果，但還是被天主教方視為鄂圖曼人擴張的一大挫敗（事實的確如此），並為此舉行了盛大儀式慶祝。上街慶祝的隊伍，擠滿歐洲諸城街道，穿過高聳的凱旋門，各地鳴鐘，各大教堂都傳出「感恩讚」（Te Deum）的歌聲，許多人寫下沾沾自喜的文章。奧地利的約翰——皇帝查理五世的私生子——一時成為家喻戶曉的傳奇人物，因為詩人記錄下他在戰場上的英勇事蹟，以及他航過其集結的戰船，在土耳其艦隊進逼下告諭其正跪著祈禱之士兵的情景，悲壯更甚於英勇的情景。在佛朗切斯科．帕尼迦羅拉談記憶法的書中，有個小段落教他的學生如何透過雙關性的形象記住約翰的兩場大捷，一是勒班陀之役，另一場則是更早兩年時在西班牙平定皈依伊斯蘭者叛亂之役。[24]有些藝術家尋找能具體而微點出此大捷之所有特點的模式，於是未費心探究此役的實際戰術或戰法，而是找來描述西元前二〇二年羅馬軍團在迦太基附近的第二次布匿戰爭英勇打敗漢尼拔的畫作，單單更改畫面和一些無關緊要的細部，於是使世界各地的人看了都感到困惑不解——十六世紀後期，這些版畫已有諸多以極詳細手法呈現的版本流傳到日本——畫中可看到軍團士兵身穿帶有古羅馬標記的及膝短袖束腰外衣，其中一些人穿著帶有輪狀皺領的西班牙人衣服或手持火槍，衝向異教徒的大象。[25]

前後打了三場的布匿戰爭，對於在反宗教改革的羅馬戮力於摧毀伊斯蘭勢力的那些人來說，其實是絕佳的類比。拜一位早被後人遺忘的記錄員的一絲不苟之賜，我們知道一五七一年八月利瑪竇在羅馬登記加入耶穌會修士見習所時，他行李裡有西元二世紀學者魯基烏斯．佛洛魯斯（Lucius Florus）的古羅馬史概要一書。該書所描述的漢尼拔、大西庇阿

（Scipio）對抗的情景，不由得令人聯想起日後奧地利的約翰與阿里・帕夏的交手：

> 綜觀整部羅馬帝國史，沒有比這兩個將領陳兵列陣一決雌雄的時刻更值得大書特書。兩人都是曠古絕今的偉大將領，一人是義大利的征服者，另一人是西班牙的征服者。但一開始，兩人開會協商和平條款，出於對彼此的景仰，雙方一動不動站了一會兒。和平協定談不成，戰鬥信號隨之發出。雙方都承認，兩軍布陣之高明無人能及，兩方的交手會是最頑強的較量；大西庇阿和漢尼拔都承認此話用在對方軍隊上當之無愧。但漢尼拔不得不認輸，非洲成為勝方的戰利品；不久，全世界都步上非洲的後塵。[26]

一五七一年十二月四日，天氣晴朗，勒班陀艦隊教皇分遣隊的得勝司令官，羅馬人馬爾坎托尼奧・科隆納（Marcantonio Colonna）返回其老家城市。他騎著白馬（教皇庇護五世所贈），身穿金質短袖束腰外衣，披了毛皮襯裡的黑絲質斗篷，佩戴金羊毛勳章；頭上戴著黑絲絨帽，帽上垂下一根用珍珠扣子固定住的白羽毛。[27]利瑪竇正在課堂上聽課，無緣一睹這位戰功彪炳的英雄人物的風采，但大概聽到這位英雄榮歸故里時齊鳴的禮炮聲和號角聲，大概見過裝飾有新刻之銘文的君士坦丁凱旋門、提圖斯凱旋門。他前去祈禱的教堂裝飾了描繪大西庇阿打敗漢尼拔之役的精美掛毯，掛毯上的情景使他早熟記於心的那些著名演講更加深印在腦海。或許，他也見到一尊匠心獨具的機械式雕像，該雕像呈現一名羅馬軍人右手持劍，左手拿著一顆噴出假血的土耳其人頭，一些心存感激的市民把此像擺在街上。他大概也聽到把聖母瑪利亞稱讚為勝利聖母（Lady of Victory）的聲音，在後來為彰顯她的貢獻而畫的作品裡，看到她被描繪為站在彎月上，而彎月是吃了敗仗之土耳其國的象徵。[28]

但更令利瑪竇感觸良深者，想必是阿爾卡薩爾基維爾之役的結果和葡萄牙王塞巴斯蒂安死於該役一事。從在位初期起，塞巴斯蒂安就支持耶穌會士遠赴印度、東方傳教，支付他們遠赴異地所需的盤纏，下令每年一度從里斯本航往臥亞的葡萄牙船，將通風的艙室留給他們，甚至提供航行途中的葡萄酒配給和白麵粉，使他們在船上除了啃乾硬的餅乾，還有麵包捲可享。[29]塞巴斯蒂安是個面帶憂思的年輕人，宗教信仰虔誠，深受其耶穌會告解神父影響。告解神父鼓勵他以無比的熱情獻身於打破穆斯林在北非之勢力的大業。他金髮碧眼，對自己略異常人的身體極為在意，從不讓其貼身男僕看到他光著身子，而且他不斷練習擊劍、騎馬比武和長時間騎馬打獵，以強健體魄。[30]一五七八年三月，在國王塞巴斯蒂安於里斯本附近的冬宮，利瑪竇見了此王，當時，二十四歲的塞巴斯蒂安接見了準備前往臥亞的耶穌會士。利瑪竇也著迷於這位年輕國王的親切和藹和風度，日後常向其傳教同僚提起他。[31]

就在塞巴斯蒂安以溢美之詞稱讚傳教士的本事，祝願他們一路平安之時，他正計畫發動大規模的北非戰役，冀望藉此將摩洛哥重納入葡萄牙管轄，一反把重心擺在葡萄牙在巴西、印度之較新領地的他父王所採行的對外政策模式。儘管西班牙人並未大力支持、受過訓練的士兵不足、財庫告盡、沒有明確的戰役計畫、高階軍事顧問示警，塞巴斯蒂安還是在一五七八年六月，近乎過節般的歡樂氣氛中，率領約八百艘船的艦隊從里斯本出航，七月登陸非洲西北部海岸的阿爾吉拉（Arzila）。他不疾不徐計畫此戰役，使他的對手阿卜杜勒馬利克（Abd-al-Malik）能好整以暇籌組出在騎兵、火繩槍兵方面遠多於塞巴斯蒂安所部的難纏軍隊。阿卜杜勒馬利克對此地地理的了解也非塞巴斯蒂安所能及，考慮到要在讓人睜不開眼的沙漠太陽下作戰，帶了相應的裝備——塞巴斯蒂安則身穿盔甲，熱到不得不用水澆鎧甲裡的身體，而他的士兵沒有這麼好的待遇，想必熱到特別吃不消。[32]此外，塞巴斯蒂安的軍隊，被他堅持要帶上的御用大馬車，被必須帶上的貴族豪華臨時帳篷，被數個行動式禮拜堂，被數千名隨軍人員，拖慢了行進速度。隨軍人員形形色色，除了教皇使節和兩名高階主教，還有數百名神父和大批小聽差、樂師、黑奴、妓女；這些編制外的隨從，總數或許達一萬或更多，也就是說此次出征，有多少現役軍人，就有多少編制外的隨從。[33]

接下來一五七八年八月四日打到發狂但慘烈的阿爾卡薩爾基維爾之役，或許最淋漓盡致體現了參戰的反宗教改革一方的精神。數千名葡萄牙貴族和應徵入伍兵戰死，和他們並肩作戰的瓦隆籍、德意志籍、荷蘭籍、英格蘭籍傭兵亦然。國王塞巴斯蒂安一再騎馬衝進穆斯林軍隊裡，最終戰死，但在混戰中沒人看到他如何死去——他的侍從找到他時，他已是冰冷的屍體，衣服被剝光，身上傷口處處。此役開打前就已病重的阿卜杜勒馬利克，死於他欲上馬鼓舞其戰志消沉的士兵奮勇殺敵時。國王塞巴斯蒂安此次出征，宣稱是為了保住穆塔瓦基勒（al-Mutawakkil）的王位，結果穆塔瓦基勒臨戰退卻，溺死於逃跑時。至於其他被留在戰場上的人，有位在場目睹者寫道：「死人壓著活人，活人壓著死人，全都被砍到不成人形，基督徒和摩爾人扭打在一塊，喊叫，死去，有些人死在大炮上，有些人拖著受了傷的手腳和流出的內臟，被壓在馬下或已不成人形躺在馬上，眼前的情景比我此刻所能講述於你們者更慘烈許多，因為一想起我所經歷的，就讓我哀痛不已。」葡萄牙方只有百人倖免於死或脫逃，千辛萬苦回到停泊於海岸附近的船上。[34]

那年更晚時，兩艘特命船離開里斯本，以把此惡耗傳到臥亞和葡萄牙人在東方的其他領地，因為塞巴斯蒂安未婚即死，未留下王位繼承人。這意味著西班牙王腓力二世會是自稱有權繼承葡萄牙王位的主要角逐者之一，葡萄牙帝國的未來就此充滿懸念。消息於一五七九年傳抵臥亞，那裡的耶穌會士參與了為死去國王舉行的莊嚴彌撒，彌撒盛大隆重且悲傷之情發自肺腑，因此，那些參加過其他儀式的人認為為塞巴斯蒂安舉行的儀式，絲毫不遜於為查理五世、斐迪南一世、馬克西米連二世這三個皇帝所舉行的葬禮。[35]利瑪竇得悉此消息後的心情未見諸記載，但從他的世界地圖上橫跨非洲西北部的幾行字（一五八四年左右以漢字寫成），或許可約略看出他為這位死去國王會寫下什麼樣的墓誌銘。這幾行字附加在阿特拉斯山脈區域，該山脈南邊就是塞巴斯蒂安喪命的戰場所在：「望之不見頂，土人呼為天柱，云其人寐而無夢，此最奇。」[36]從另一件事可更清楚看出利瑪竇的悲痛之情和其對此國王的敬意。話說一五八〇年初，他想找到能代表其教名 Matteo 第一個音節「ma」的漢字，從諸多發此音的漢字中，他挑了由兩個簡單且意思清楚的漢字組成的「瑪」——國王和馬。

國王塞巴斯蒂安去世的危險效應之一，誠如一五七九年諸多耶穌會士所指出的，係就在歐洲人致力於阻止印度西北部、西部穆斯林統治者侵犯僑居的歐洲人時，此事減損了歐洲人的威望。[37]人數相對較少的葡萄牙水兵和士兵，駐守位於臥亞的基地，負有保護沿海地帶和從波斯灣的荷姆茲下至錫蘭的諸多海上航路的重責大任，而且要在穆斯林始終對他們心存敵意及季風模式使深吃水帆船一年有將近半年無法使用印度港口的情況下，履行此重任。

臥亞這個城市，如某義大利商人所論道，人口和當時的比薩相仿。隨著塞巴斯蒂安去世，臥亞立即成為既是危機中心，又是國際貿易中心，同時還是奢侈的尋歡作樂場所。誠如有個與利瑪竇同時代的人，在他們來到此口岸後不久，以貼切的簡練筆法所指出的：

這是讓商人得以找到貨物填滿其麻袋的地方，因為這個城市位在中央，北來、南來的貨物都匯聚於此。在此可找到猶太人和非猶太人、摩爾人、波斯人、阿拉伯人、（走陸路經土耳其過來的）威尼斯人；土耳其人，還有義大利人。對軍人來說，這是再好不過的地方，因為在這裡，每天都有人招兵建軍，派他們走陸路或海路去別的地方，所有軍隊都以此地為大本營。對那些生性懶惰或喜歡享樂的人來說，這裡的日子太舒服，若非這麼舒服，這裡對他們來說會更好。[38]

利瑪竇以概括性的用語重現了這番讚美，寫道印度「有世上最上等的貨物：細布、金、銀、香料、帶氣味的根、香、藥、孔雀石，因此，一年四季都有東洋、西洋的商人來此做買賣」。利瑪竇未提到臥亞也是鴉片貿易主要市場，該地鴉片貿易規模甚大——當時有個商人無意間說到用兩千一百枚達克特幣（ducat）買了六十包印度鴉片——而龐大的鴉片貿易或許可以局部說明此地居民的懶惰，局部說明葡萄牙人的富裕，因為針對所有的大量寄售貨物都收取了稅費。[39]利瑪竇寫道，他覺得臥亞人「頭腦簡單」，而在其現存寄給羅馬友人的最早信件中（若非寫自臥亞，就是寫自南邊的科欽），他雖極力反駁那些說印度人吸引不了歐洲先進教育的人，本身卻對印度人沒多少同情或興趣。[40]在這點上，他和一五七四年就來到臥亞的耶穌會印度以東地區精明視察員范禮安（Alessandro Valignano）的負面看法沒有兩樣。

范禮安才華出眾且精力旺盛，其對異族和傳教手法的看法會對利瑪竇影響極大。他一五三九年生於北義大利阿布魯齊（Abruzzi）地方基耶蒂（Chieti）鎮的富裕人家，父母與當地主教吉安・皮耶特羅・卡拉法（Gian Pietro Carafa）私交甚篤，後來卡拉法成為教皇保祿四世；范禮安拿到法律學位後，憑藉教皇保祿特別照顧，十八歲就出任修道院院長，二十歲就已是基耶蒂主教座堂的教士。一五五九年保祿去世，范禮安突然失去靠山——他高逾六英尺，身強力壯，一五七七年會從海岸徒步穿過印度南部至另一邊的海岸——然後，顯然因為年輕氣盛，和人起衝突，被扣上用劍傷了人臉這個飽受爭議的罪名，在威尼斯某監獄待了一年或更久。但一五六六年時，他似乎已改過自新，進入耶穌會，入讀羅馬的耶穌會學院。在那裡他於克拉維烏斯（Clavius）門下學數學，還攻讀物理學、哲學、神學，一五七一年時他已被任命為修士見習所的所長；同年秋，擔任此職期間，他對年輕的利瑪竇施以第一學年的考試。[41]然後，范禮安擔任馬切拉塔學院院長，接著耶穌會總會長埃維拉德・麥古里安（Everard Mercurian）一五七三年要他視察印度一地的傳教團，而根據當時教會組織的性質，這一人事案使三十四歲的范禮安一下子擁有和總會長一樣管理從好望角到日本的所有耶穌會傳教團的權力。[42]

范禮安的任務係把宗教熱情重新注入亞洲諸傳教團，增添人力以使傳教士得以暫時卸下辛苦的實地傳教工作並補充精神資源，以及處理要不要在恆河以北的印度地區、摩鹿加群島、麻六甲、日本成立自成一體的傳教基地這個棘手難題。他出發前就對日本人情有獨鍾，在寫給總會長麥古里安的信中，說日本人「聰明、可靠，未沾染諸多惡習，貧窮，飲食節制。他們受洗後很能領略屬靈之事」。[43]如果說他對印度人同樣傾向以公正看待，一五七五年底他在葡屬印度住滿一年時，這類傾向都已蕩然無存。在該年的某份報告中，范禮安以最不看好的心態描述了印度的未來：他說那裡政治衰敗，因而耶穌會士不願聽文武官員們的告解，說那裡的軍人薪餉太低、要塞武裝不足、艦隊船隻破爛、司法不公。[44]

范禮安不喜歡印度人，但還是為耶穌會士開辦了語言課程，下令在聖多美以當地方言開始傳教，不過許多傳教士似乎不願精通印度人的語言，以免就此一輩子只能在鄉村向窮印度人傳教，無緣向葡萄牙人傳教，而且休想轉調到更令人興奮、更受看好的日本；於是，在印度北部的巴辛（Bassein），他甘於讓耶穌會士透過通譯傳教。[45]

一五七七年，即利瑪竇來到臥亞的一年前，范禮安前往麻六甲途中和置身麻六甲期間，寫下他對印度實際情況的最縝密評估意見。他在印度領受到的炎熱、疾病、惡習、無精打采，使他把印度人和非洲人歸為一類，認為只比「殘暴的野獸」好一點。他還說：「這些民族共有的一個特性（在此我指的不是中國或日本的所謂白種人），係平凡、平庸。誠如亞里斯多德所老是說的，他們生來服事人而非指使人。」[46]但才過兩年，一五七九年，范禮安開始體認到，他受了耶穌會士從遠東發來的報告誤導，日本人其實也不可靠。這時他說，他原本讚譽為「白」且「單純虔誠之人」的日本人，其實是「放眼任何地方都找不到的最虛偽、不誠懇的人」。提到在東方進一步的傳教工作，范禮安覺得自己「焦慮不安而前景不明，一籌莫展，找不到答案」。[47]日本人集殘酷、尊貴、墮落、虛偽於一身，個性之複雜令他覺得無望予以精確的剖析：日本人即使已皈依，信仰似乎還是「薄弱」。或許，「與其有那種基督徒，還不如沒基督徒！」此外，誠如此時以反宗教改革運動領袖的身分發言的范禮安所指出的，懂點基督教的皮毛，可能有害：許多日本人認為念佛號就會得救，因此，傳教士不得不面對一個令人傷感的事實，即「他們對稱義的看法，類似路德宗信徒」。於是，由素養不足的神父領導信仰薄弱的會眾，可能會產生讓新教開始在其中大行其道的局面。[48]

范禮安對日本人的本性和品性開始幻滅時，回想起他在一五七七、一五七八年間在澳門與中國人為伍的那十個月。從他的話語，我們能看出一貫的模式如何重演：一五七〇年代中期，對印度的憧憬幻滅後，繼之對日本生起強烈的憧憬；到了一五七〇年代底，對日本的反感日益加深之際，他憧憬的對象轉到了他親身體會有限因而未被醜陋現實搞臭的中國。他在寫給耶穌會總會長克勞迪奧．阿夸維瓦的報告中指出，中國人熱愛學習，衣著整齊，飲食習慣佳，公共場所禁止持械，女人靦腆，政治清明——日本給人的諸多負面形象，正與上述中國人特性南轅北轍。阿夸維瓦有點尖刻的指出，大家堅決認為日本的情況令人困惑，在外西凡尼亞（Transylvania）或波蘭則未有如此的困擾，儘管這些地方的情況肯定也大不相同。但中國所提供的福音傳播機會，則令他印象深刻，於是他鼓勵范禮安帶更多耶穌會士（利瑪竇是其中一人）到澳門，以讓他們在那裡做好赴中國傳教的準備。[49]

利瑪竇未去過日本，他針對此國所發表的宣告性陳述，似乎附和范禮安的見解，以「崇尚武力」、「喜愛戰爭甚於文明教養」之類詞語概括這整個島國。[50]他最初喜歡以單純對比的方式描述中國人的作風，在一五八三年派到離廣州不遠的肇慶一年後，他向以馬尼拉為基地的西班牙國王的代理人寫到中國男人，文中措詞似乎不只要拿中國男人和日本男人比，還要和他年輕時馬切拉塔逞凶鬥狠的男人比：

老實說，不管我還會向閣下寫到中國人的其他什麼表現，我都不會說他們是好戰之徒，因為在外表上和內心上他們都和女人一樣：如果有人對他們齜牙咧嘴，他們會俯首接受，凡是使他們俯首稱臣的人，都能把腳踩在他們脖子上。每天男人花兩個小時整理頭髮和一絲不苟的著裝，做來不疾不徐，毫不在意他人看法。在這些男人看來，逃亡不是什麼丟臉事，受傷和受辱亦然，這點和我們的看法不一樣；他們反倒表現出女人般的嗔怒，互扯頭髮，而受夠這一切後，他們重修舊好。他們很少傷人或殺人，即使想，也辦不到，因為軍人不多，而且大部分軍人家裡連小刀都沒有。簡而言之，他們就和任何一大票男人一樣沒什麼好怕的；他們的確有許多要塞，他們的城市都築了城牆以防偷搶，但城牆未照幾何原理構築，既無護壕溝的土牆，也無壕溝。[51]

從這封信，我們難以看出利瑪竇的個人看法和歐洲人對中國人所普遍抱持的看法有何不同。他的數個觀點——例如對中國男人精心整理髮式和他們愛扯頭髮的看法——早見諸已發表的關於中國的最早報告裡。義大利商人加萊奧特·佩雷拉（Galeote Pereira）一五六五年在威尼斯發表的報告，道明會修士加斯帕爾·達·克魯斯（Gaspar da Cruz）一五六九年間在葡萄牙發表的報告，利瑪竇在乘船前往東方之前，大有機會讀過其中之一或兩者都讀過。[52]利瑪竇在此也可能刻意投其讀者之所好，因為西班牙人特別想了解中國軍力的強弱，許多傳教士，還有許多自認是秋風掃落葉般拿下墨西哥、祕魯廣大領土的西班牙人之後裔的人，都在討論征服中國的可能性——要多久才能征服，要動用多少人。尤其在墨西哥和菲律賓，方濟會、道明會、耶穌會等各修會的神職人員，激辯進攻中國在道德上站不站得住腳，激辯是否能以中國對外國傳教士堅不讓步、中國繼續拒絕開放口岸對外通商、中國官府常嚴酷對待受洗的中國基督徒為由，將此一攻擊視為「義戰」。[53]

但利瑪竇認為中國人對戰爭的看法模稜兩可，並非違心之論，而且此後餘生他思索了中國人暴力觀的弔詭現象。一六〇八至一六一〇年他寫下其在中國的見聞，將其取名 *Historia*（《利瑪竇中國札記》）。在此書中，他覺得中國人有一點值得稱讚，即除了大官貼身侍衛、要去訓練場的軍人，或踏上特別危險之路程的旅人（可能帶匕首），中國人幾乎從不攜帶武器。同樣的，他表達此看法，似乎存有要拿他中年時的中國和他年輕時騷動的馬切拉塔相比的念頭，而且是幾乎毫不掩飾的念頭：「我們普遍認為看到帶武器的男子是件好事，但對他們來說，那似乎是壞事，他們害怕看到如此可怕的東西。因此，他們沒有我們那種無日無之的派系傾軋和騷亂，因為我們受了侮辱，就拿武器、拿性命報仇。他們認為最值得尊敬的人是跑掉、無意傷害他人的人。」[54]

中國正規軍令他困惑不解。在某些層次上，他注意到不凡的效率，因為「在每個區域，尤其在沿海地帶和邊界，軍隊長官派大量士兵日夜巡邏和守衛城牆和城門、港口和堡壘，好似在交戰狀態下，而且操練時協同一致毫不馬虎」。他指出，明朝廷禁止官員在本籍任官，以免藉權貪污、結黨營私，但軍官不受此規範。朝廷認為軍官保家衛鄉時會格外勇猛。[55]贛州這個有兵駐守的鎮，已被闢為一特別區的總部，以掃平東南四省境內的土匪。一五九五年春利瑪竇隨一官員來到這裡，震驚於當地為迎接此官員舉行的軍力展示：「這位大臣受到極隆重接待，三千多名軍人出城兩三英里迎接，身穿軍服，手舉旌旗，身配武器；其中的火繩槍手在大臣經過時射擊其火繩槍和火槍，在河兩岸枝葉茂密的樹木之間，他們各自的所在位置，展現壯盛軍容。」[56]一五九八年夏天津附近河川、運河裡，密密麻麻的補給船和戰船組成龐大艦隊，場面同樣壯觀。[57]但中國人似乎常常看重盛大儀式和軍威展示甚於實際戰鬥。例如，利瑪竇認為，中國人在馴馬方面很不順利，因此常只使用騸馬，而且從不替騸馬裝上鐵蹄，因而騸馬無法在石鋪地面上疾馳，往往一聽到敵人逼近的聲音就逃跑；[58]中國人使用火藥的弔詭作風，他則始終不習慣：

他們火繩槍不多，不值一提，射石炮和火炮也供給不足，同樣不值一提，但放煙火就值得說說。每年過節時，他們放煙火，煙火設計之巧妙，我們每個人看了都驚嘆不已。表演非常精彩，透過煙火呈現的花朵、水果、戰役綻放於空中，每個都用同樣的煙花製成；有一年，人在南京時（一五九九），我估算在長達一個月的過新年期間，他們用掉的硝石和火藥，比我們打兩、三年的戰爭所會需要的還要多。[59]

利瑪竇欣賞軍威展示，佩服歐洲軍隊的戰力強大，始終無法接受中國上層文官對軍官和其士兵似乎都瞧不起一事。他指出，軍隊時時受到監視，聽命於文官，由文官發放軍隊薪餉和配給。就連據說為了和文舉並行而施行的武舉，都不如文舉受看重，始終未得到想出人頭地的年輕人認真看待。[60]「在我們那兒，最高貴、最勇敢的人成為軍人，在中國，最卑劣、最懦弱的人投身戰事。」利瑪竇寫道，這類男子從軍，既非出於愛國，也非出於對國王的愛，更非出於對名的追求，而是只為了養活自己和養家活口。把當兵當成謀生的工作，難怪他們未受到尊敬，軍人成為和行李搬運工、趕騾人、僕人同樣「卑下的職業」。結果就是「有男子氣概的人都沒人選擇從軍，而是選擇當老百姓」。[61]

利瑪竇寫下上述文字，顯示他並不知道他來華二十年前在中國東南部用兵剿滅土匪和海盜的輝煌歷史。令他嘆服不已的贛州駐軍總部的士兵和壯盛軍容，既是當年剿匪的遺緒，也是剿匪功績的象徵。利瑪竇來華後最早的落腳地肇慶，一五七〇年代的確飽受海盜襲擾之苦，數百人因此遇害，一五八二年，也就是他來肇慶的一年前，有較小一股走水路來去的土匪攻擊此區域，但遭當地村民擊退。[62]但相較於中日海盜（倭寇）大舉襲擾之害，這些只是次要的騷亂。這些海盜往往深入內陸，一五五〇、六〇年代肆虐中國，為害之烈，和大西洋新教徒海盜襲掠西班牙或地中海穆斯林艦隊打斷威尼斯人航運不相上下。[63]負責剿滅海盜的中國將領找來西南部的傣族、苗族土著部落民、本地農民、獲釋囚犯、無寺可棲的和尚、走私鹽販，組建成紀律格外嚴明的武裝部隊；憑藉成員如此龐雜的武力，他們恢復了鄉村的安定，把海盜拒於港口、河川之外，逐一剷除海盜的巢穴。[64]他們施行新式的軍隊會計制和稅法，以因應日漸沉重的軍費，而一如在歐洲，在此時的中國，由於火器、防禦工事、輪式交通工具的高昂成本、拿固定薪水的兵員變多、銀塊流通增加（使國家通膨急速加劇），作戰支出正開始要陡增。[65]這些將領施行新練兵法、新的防騎兵戰術，開始使用狼筅之類新兵器，並且制定別出心裁的操炮手法、信號、情報蒐集法，而在戚繼光之類傑出將領領導下，這些新措施本可能使明朝有番新氣象。[66]

但戚繼光等諸多將領的下場——往往落得被貶、入獄，乃至處決——只會使利瑪竇更加認為中國軍隊在社會裡得不到尊敬和看重，文官體系靠其拉幫結派、操縱他人的本事，破壞武官出人頭地的機會，除非武官本身學識過人。有位都御史發自肺腑稱讚戚將軍棄文從武，但文章寫得好，[67]言下之意顯然是這類軍官通常是大老粗。但除了這類微微的輕視，利瑪竇還不斷注意到一點，即軍人所謂的武人生涯和他們受知縣節制且受到知縣恣意羞辱性毆打一事之間的緊張。關於這一點，利瑪竇係就范禮安先前的以下剖析予以進一步的闡發：日本人滿足於用劍殺人，中國人則較愛打人，看人流血。[68]利瑪竇認為中國官員打人民和歐洲學校老師打學童，其對人心的影響相似——這不是一時興起的比喻，反倒他數次重提此說法，因此，發抖的小孩和受害的成人在他筆下並無二致。[69]

在這些針對個人的肢體暴力層次上，最後一層薄薄的互敬被剝掉。加萊奧特·佩雷拉和加斯帕爾·達·克魯斯都已在他們談中國的著作裡生動描述了中國人的杖刑程序，但利瑪竇的描述更加活靈活現，其描述某個這類情景時，精細入微到令人吃驚。在他筆下，那些杖擊聲好似躍出紙面，清晰可聞：

> 受刑人在眾人圍觀下被打，四肢張開趴在地上，打在大腿後側；打人的工具是一根用所能找到的最硬木頭製成的木杖，手指頭厚，四指寬，兩臂張開那麼長。執行懲罰者雙手持杖用力打，十下，二十下，三十下，毫不留情，因此，第一下下去，往往就打掉

皮，再幾下，就血肉模糊。許多人就這樣被打死。[70]

大體上官員可隨意對軍人和平民都施以杖刑——知縣可能因此打死二十或三十人而只受到小小的指摘——而這似乎是利瑪竇批評中國政府的主要原因之一：「窮人很怕受到這種丟臉且殘酷的懲罰，很怕因此被打死，因此，為了免落入官員之手，願意給出所有家當。」利瑪竇寫道，結果，中國人時時擔心遭誣告，於是「在中國，沒有人能掌控自己的財產」。[71]他很清楚他筆下此事如何令人害怕，清楚他為何要說此事。一五八四年在肇慶，他惹火一名官員，差點遭到這樣的毒打，杖刑可能上身的恐懼，他點滴在心頭，永遠忘不了；還有幾次，中國官員逼他到場目睹他人受類似的杖刑。他在中國頭幾年期間，有耶穌會士同僚羅明堅為伴。他們兩人曾救治一位挨了八十杖的罪犯，但雖有他們照料，那人還是在一個月後死去。[72]

更令利瑪竇心痛者，想必是佛朗切斯科·馬提內斯（Francesco Martines）的死訊。佛朗切斯科·馬提內斯一六〇六年死於廣州，利瑪竇未親眼目睹他喪命，但在其《中國札記》某個真情流露的段落裡，重現了這段慘事。佛朗切斯科·馬提內斯是中國青年黃明沙的教名，他生於澳門，就讀過耶穌會學校，一五九〇年以見習修士身分在韶州隨利瑪竇見習，隔年進入耶穌會。替這位中國本土年輕耶穌會士取這個葡萄牙文名字，絕非隨意之舉，此名是利瑪竇所認識的一位耶穌會傳教士的名字，那人於莫三比克、臥亞之間的海上遇難慘死，利瑪竇於一五八一年為此表達過哀悼之意。黃明沙長期服務教會，負責盡職，那期間既當過其他西方傳教士的漢語教師，也照料過垂死的神父麥安東（Antonio de Almeida），並對鍊金術士暨學者瞿汝夔最終皈依天主教影響甚大。[73]黃明沙在廣州和本土基督徒一起過了受難週（Holy Week），然後遭廣州官府逮捕，罪名是拿葡萄牙人錢從澳門前來刺探情報。利瑪竇描述了黃明沙如何在夜裡，連同幾名教士助手和一直跟著他的僕人，被拖走，押著走過街道，丟入獄中。街上滿是不懷好意、嘲笑的群眾，搖曳的火把照亮街道。他長長黑髮下的剃光部分，還有他行李裡的葡萄牙襯衫和內褲，被當成犯罪證據，而一名中國本土籍教士助手在嚴刑逼供下招認黃明沙從事槍枝、火藥買賣且正打算煽動造反後，官府確認此罪無疑。為叫他招認，官府先是以粗木條折磨他的雙腿，然後剝光他衣服，用粗棍連打兩天，不給水或其他食物，三月三十一日黃明沙死亡。[74]

利瑪竇記載，黃明沙死於下午三點，享年三十三——這樣的時辰和年紀會叫天主教徒立刻想起馬可在其福音書裡的注釋：基督於下午三點被釘死在十字架上（《馬可福音》第十五章第二十五節），根據眾所公認的看法，當時基督三十三歲。利瑪竇把這類苦難擺在聖經故事背景下看待，以襯托出這類苦難的深義，而他在此雖犯下一個小錯（黃明沙死時三十八歲），卻正凸顯此聖經背景。[75]其實，羅耀拉在《神操》中要求所有耶穌會士回憶之舉，把此聖經背景更加深刻烙印在耶穌會士腦海裡。其中數種修煉旨在強迫信徒重臨現場體會基督的生平事蹟和受難的情景，以讓他們感受、目睹士兵質問基督時加諸基督肉體上的每一記毒打，看到他令人不忍的裸身，感受他裸身示人的恥辱，看他為受到嘲笑而畏縮，感受他受苦時冬天的寒風，看血水浸透他想用來再度遮住身子的薄衣。如此一來，信徒能更進一步體會上帝讓其兒子受如此苦的用意。羅耀拉在其沉思錄中大量汲取了薩克森的魯道爾弗斯的著作內容，而魯道爾弗斯力促虔誠信徒「把目光移離上帝片刻，把他單單看成凡人」。魯道爾弗斯說，直視加諸基督身上的暴力，任何細節都不放過，不淡化基督挨打時的所有疼痛和羞辱：「一記又一記，接連不斷，前後緊接著上，打了又打，瘀青再瘀青，受傷再受傷，流血再流血，直到折磨他的人和旁觀者都疲乏為止。」[76]

中國境內傳教士非常清楚時時如影隨形逼近他們的群眾，他們圍住傳教士住所，隔著門窺看，不分白天晚上，有時純粹好奇，但更多是嘲笑或敵視。[77]對洋人和皈依洋教的中國人來說，置身於中國，就要習於被人憎恨，而且可能因為國與國間的重大衝突或幾塊錢所引起的小衝突而陷入險境。難怪，一五八七年日本將軍豐臣秀吉宣布決定征服朝鮮、繼而打垮中國皇帝時，中國境內任何外國人都遭中國官員懷疑有異心。但在中國官員心中，天主教神父特別可疑，因為豐臣秀吉所部裡最令人膽寒的部隊，包括一萬五千多名日本基督徒。統領這支基督徒部隊的將軍，係已皈依基督教的小西行長，他於一五九二年和一五九七、一五九八年兩度在朝鮮打了重大戰役。[78]在這幾年期間，戰爭警訊不斷，皇上下詔痛斥外國人，利瑪竇每到一城市，都發覺全城人民緊張兮兮，沒人願意讓他入住或替他傳達對所受待遇的不滿。[79]

戰爭恐慌持續到十七世紀，利瑪竇寫道，黃明沙一六〇六年喪命，主要肇因於在澳門鬧事的人散播謠言，說耶穌會士、葡萄牙人、荷蘭人、日本人已勾結在一塊，正打算以澳門為跳板入侵中國；他們警告道，入侵之前，住在澳門的中國人可能被殺光。許多中國人的確於一六〇六年逃離澳門，因為儘管在今日看來不同宗教的國家結盟要對付中國一事不大可能，一六〇三年在菲律賓的確有中國人遭屠殺。西班牙當局針對貨幣和插手對外政策的中國宦官進行了長長一連串辯論後，該年十月，為馬尼拉境內華人可能起事造反而感到恐慌，於是先發制人，殺掉將近兩萬名華人僑民和華商，手段極其凶殘。[80]

上萬華人慘死馬尼拉，說明澳門華人擔心洋人意圖不利於他們，絕非杞人憂天，而在其他洋人刻意操弄此恐慌後，人心自然更加惶惶。向澳門中國人散播耶穌會士會動武，要中國人小心提防者，似乎是奧古斯丁會修士米歇利．多斯桑托斯（Michele dos Santos）。他原是耶穌會士，後來改換門庭，投入奧古斯丁會，在澳門主教去世後，晉升為澳門的署理主教。多斯桑托斯對前恩師發出的離譜指控，肇因於多年來耶穌會士和其他修會成員間錯綜複雜的鬥爭。我們不應因為耶穌會士在十六世紀後期和十七世紀初期獨占鰲頭，就忘了奧古斯丁會、道明會、方濟會修士比他們更早來中國開疆拓土，而這些團體往往互看不順眼。利瑪竇在其某部宗教作品中讚許阿西西的方濟各和其追隨者的聖潔，但在他處，對於方濟會修士咄咄逼人的傳教做法，從未表達欽敬之意——其實他似乎把他們幾乎視為敵人，因為他們向窮人強勢傳道的作風，惹火中國人，致使耶穌會士受到池魚之殃，得不到中國人好臉色。[81]至於利瑪竇對奧古斯丁會修士的觀感，由他對多斯桑托斯小過失的描述可見一斑。據他的《中國札記》，此事頗為複雜，涉及多斯桑托斯對其前耶穌會同事的憤懣和其與耶穌會士至少兩次的公開爭執，其中一次因其決定沒收從日本被人非法帶進澳門的大批白銀，另一次因澳門某神父據稱濫用神職人員權勢而起。這些爭執導致澳門洋人拿起槍、劍在街頭對幹，照利瑪竇的說法，此事「令基督徒和新基督徒都顏面無光」。[82]這些指控肇因於教派、金錢方面的紛爭，但中國官府不知這箇中緣由，只能從表面評斷這些指控的是非曲直。隨著數百名中國人逃離澳門，進入中國官府轄區，廣州武裝部隊開始備戰：拆掉城牆邊緊挨在一塊的窮人房子，以免妨礙城內守軍射擊來犯之敵；禁止賣糧食給澳門；與葡萄牙人的貿易一律禁止。[83]

中國官府分不清楚哪些洋人是敵，哪些是友，不足為奇，某中國高官向耶穌會士郭居靜（Lazzaro Cattaneo）發出以下的戲謔之語時，話中想必帶有酸意：「這麼說你已經成了中國國王？」[84]接著來看看多斯桑托斯說法裡的三股勢力。荷蘭新教徒與信天主教的葡萄牙人為敵，決意打倒葡萄牙的遠東帝國，掌控香料貿易，以維持香料的有限供給，使香料價格居高不下，同時蓄意向住在東南亞、澎湖的華人施暴，手段之殘酷和西班牙人或葡萄牙人對華人的暴行毫不遜色。[85]相對的，日本人不只已於豐臣秀吉死後在朝鮮問題上和中國言和，而且也表明或許不久後會把境內的基督教徒徹底肅清。一五九七年，在長崎城外，日本人把二十六名包括本地人、西方人的基督徒釘死在十字架上，就可看出此意向。此一殘忍行徑，廣為周知，因為屍體掛在十字架上數個月，當時來到這個繁榮港口的人，無不看到這一幕，而且在接下來十年間，這一幕是流行的紡織品裝飾圖案。[86]但與此同時，由於長年以來日本海盜襲擾中國沿海，廣州人仍認為只要日月繼續發光，中國人、日本人就永遠不共戴天或不可能同飲一水（並將此想法刻在城裡石頭上）。[87]此外，有些日本基督徒，若非為了遠離迫害已離開故土，就是更早時已被耶穌會士帶來澳門受訓，這時被安穩但非法的藏匿在此城附近的一座島上，表現出一旦遭中國人動手驅逐，要保住自己「財產」的決心。[88]

至於葡萄牙人，中國人深信耶穌會士受他們掌控。一五九三年，利瑪竇住在韶州時，就親身體會到這一點。當時，一群當地中國人提出一份訴狀，上面寫道利瑪竇和其同事「來自澳門，與外國有諸多往來，違反中國律法。他們已在此地蓋了一間有圍牆的房子，形如城堡，並把也來自澳門的四十餘人收容於該處」。[89]如果說韶州的中國人擔心這間新蓋的耶穌會小房子是築有防禦工事的城堡，那就不難理解中國人會怎麼看十年後耶穌會士在澳門山上所蓋的那座寬敞的石造新教堂。那座教堂係他們的第一座教堂毀於大火後所建，耗資七百盎司白銀。澳門城嚴格來講仍歸香山縣管轄，該縣的中國官員欲阻止此工程：誠如利瑪竇剖析他們此一舉動的理由時所說的，他們這麼做，「若非因為擔心那是偽裝成教堂的城堡，就是因為想要在准予興建前索得斯庫多*，愈多愈好。」[90]這座「氣派昂貴」的教堂（利瑪竇語），面積一百六十呎乘八十四呎，圓柱高五十呎，有三個中殿，的確可能是宗教建築，但別指望中國人能區別它的功用和同樣龐大的耶穌會學院的功用。所有有錢的葡萄牙人，一發現荷蘭船的蹤影，都把他們的銀質餐具和家人安置在該學院裡。[91]此外，一六〇四年，為了因應荷蘭人進犯威脅的升高，葡萄牙人無視中國禁令，蓋了利瑪竇為解除中國人疑慮而說的「一小段圍牆和某種堡壘」。[92]

人生走到盡頭時，利瑪竇對中國人的認識已頗深，因而敢於嘗試解釋中國人的動機和心態。在寫給三十年未見的前老師法比奧・德・法比（Fabio de Fabii）的信中，他說道：

> 我們至今仍難以相信，這麼大的王國，有如此龐大軍隊，怎會老是害怕小上許多的其他國家，他們每年都擔心大禍上門，於是不遺餘力防範鄰國來犯，不是靠部隊，就是靠欺騙和佯裝友好：中國人對任何外國都完全不信任，因此不准任何外人入境、居住，除非像我們那樣保證不再回故土。[93]

在這種形同服無期徒刑的傳教生涯裡，利瑪竇只能觀察和等待，從耶穌會創始人羅耀拉那兒求得慰藉。在《神操》補編裡，羅耀拉針對魔鬼如何出手攻擊所提出的隱喻，係以貼切的軍事用語表達。羅耀拉寫道，基督的敵人行事「如同打算奪占其所要之有利位置的領導人。軍隊的指揮官和領導人會紮營，查看據點的防禦工事和防務，進攻敵人最薄弱的地方」。[94]利瑪竇或許會覺得特倫特公會議的新神學論述提供了可防備這類攻擊的「防禦工事」。但羅耀拉寫道，敵人也「像個女人」，如果認定擋不住，就會屈服，但如果男人意志開始動搖，就會滿腔「怒火、恨意、激狂」：「人如果開始害怕，在誘惑之下失去勇氣，世上任何野獸都不可能比我們人性的敵人更加凶狠。人會以無比的惡意執行其邪惡的意圖。」[95]

這場戰鬥肯定比全力以赴的戰役期間所打的大型圍城戰還要孤單、漫長；在這場曠日廢時的精神消耗戰中，廣大中國人民想必常讓他覺得與他為敵，利瑪竇需要何等強大的堅忍，

---

* 在利瑪竇著作裡，達克特（ducats）和斯庫多（scudi）可換用而意思不變。每枚達克特銀幣重約二十九克，也就是約一盎司，因而和中國的「兩」相當。一個達克特合十個朱利奧幣（giulio），合一百個拜奧科幣（baiocco）和博利尼諾幣（bolignino）。在一五七〇年代的歐洲，基本的金銀兌換率約一：十一。對此時期錢幣和兌換率的完整說明，見 Jean Delumeau, *Vie économique et sociale de Rome dans la seconde moitié du XVIe siècle, 2/657-665*。

絕非外人所能體會。他向我們講起，他看著河船上的中國乘客和船員聯手將他的行李丟到岸上，只因為他的旅行證件不符規定；[96]在肇慶石頭如雨不斷落在他屋頂的聲音，石頭則係學童從附近某塔高處所擲下；[97]一群彈奏樂器且喊著勝利口號的中國人砸毀他的門窗家具，拆掉他蓋好的庭園圍籬。[98]魔鬼就是透過這種小騷擾來說明羅耀拉所謂的「無比的惡意」？若是如此，接下來要克服的難關，就是要從大我的角度去思考小我行事的輕重緩急，一如阿奎那在《精神生活的至善》（*The Perfection of Spiritual Life*）裡以其一貫的睿智和精妙的暗喻所主張的：「根據理性，與其追求一己之益，不如追求眾人之益。因此，身體的每個部位，出於固有的本能，都追求整個身體的利益。人用手擋住迎面而來的一擊，以保住攸關生死的心臟或頭，正說明這點。」[99]

只要固有的本能真的都追求能為所有人都贊同的共同目標，那也無妨。使人感到疲乏者，係分歧和不確定，而利瑪竇雖然不讓默默絕望的言語污損他《中國札記》的精練語言，卻的確在其寫給家人、老師、朋友的某些信中透露了這樣的心情。給朱利奧・富利加蒂（Giulio Fuligatti）的信中，他把中國稱作「這個枯燥乏味的國度」（questa sterilita）；給其他友人的信中，他則把中國說成「questa rocca」（這座堡壘）或「un deserto si lontano」（遙遠的荒漠），把中國人稱作置身其間時讓他覺得「遭遺棄」或「遭丟棄」（battato）的「questa remotissima gent」（遙遠人民）。他告訴其兄弟奧拉齊奧（Orazio），中國人驚奇於他一頭白髮，「年紀還不大，看起來竟已這麼老」。他還說：「他們不知道他髮白是他們所造成。」[100]在一五九五年八月寫給他澳門上司葡萄牙人孟三德（Edoardo de Sande）的信中，利瑪竇說上帝決意讓他經受十二年的艱辛和屈辱。[101]

上述用語和形象，大多帶有顯而易見與聖經有關的弦外之音，而且利瑪竇的讀者個個讀了都會心領神會。薩克森的魯道爾弗斯常寫到住在荒漠或荒野的基督徒「離鄉背井」，而且舉出新約聖經裡三個主要的逃亡或撤退例子——聖家庭逃到埃及、施洗者約翰退居荒漠、基督退居荒野——作為必要的斂心默禱題材，認為這三個例子具有可供深思的所有要素。基督「非常溫柔且年輕的母親」和「年紀很大的約瑟」，走過「林中一條幽暗、灌木叢生、杳無人煙、非常漫長的路」，勇敢承受一路的艱辛。[102]當時的基督徒不遑多讓。吉安·皮耶特羅·馬斐（Gian Pietro Maffei）的行文風格與此類似。他於一五六〇年代在耶穌會羅馬學院教修辭學，然後遷居里斯本，以便親炙歐洲人航海活動的中心，在這樣的環境下寫他以印度葡萄牙人的歷史為題的書。他和利瑪竇一直有書信往來，曾把他歷史大作的草稿寄去給利瑪竇過目。在其歷史大作的引言中，馬斐寫到傳教士迷失於「貧瘠的灌木叢和荒蕪的森林」裡。[103]對馬斐非常景仰的利瑪竇，直言自己的處境類似於此，在寫給總會長阿夸維瓦的信中，提到他在中國生活的艱辛時，大膽搬出保羅對哥林多人（科林斯人）發出的著名哀嘆來自況：「又屢次行遠路，遭江河的危險、盜賊的危險、同族的危險、外邦人的危險、城裡的危險、曠野的危險、海中的危險、假弟兄的危險。」[104]

諸多小插曲透露利瑪竇在華生活期間所曾遭遇的暴力，而根據他私人書信和《中國札記》都曾寫到而且內容部分雷同的諸多記述，我們能詳細說明其中一樁為時僅數分鐘的這類情事。一五九二年七月某個午夜前後，幾名在韶州郊外賭博的年輕男子決定洗劫耶穌會士住所。他們聚賭的地方位在一木橋附近，而該橋連接韶州城和耶穌會士居住所在的城西農村。他們似乎受了附近某佛寺的和尚慫恿而動手，和尚提供了簡陋的武器，但此事不能全怪罪於和尚。關於耶穌會士，韶州地區老早就謠言盛行，民心不滿，因為一五八九年有個自封為「法師」的人帶領土匪襲掠此地區時，該地區正好發生大旱，而耶穌會士的出現很可能被當地人視為災殃的前兆。[105]這群青年過橋，聚集於利瑪竇房子的院牆外，把繩子甩過圍牆，丟進院子裡。其中幾人爬進院子，從裡面打開大門，讓約二十名同夥進來。這些小混混大多手持棍棒，有些人拿著未點燃的火把，還有些人拿著小斧。利瑪竇的兩個僕人下樓察看聲響，漆黑中撞進這群人裡，被打成重傷。神父石方西（Francesco de Petris）趕去幫他們，頭被打傷。利瑪竇走出他房間時，入侵者點燃火把，或許準備要察看或洗劫此屋；就著火光，利瑪竇看見他們從房子外門衝進來。僕人和石方西出去察看動靜時，未把外門完全關上。利瑪竇把他的人叫回內屋的門邊，想要把門關上，但闖入者把棍棒塞進門縫。利瑪竇朝闖入者大喊，用力推，頂住片刻，但一記斧頭砍中他的手，他再也撐不住；他要他的人全退回各自的房間，拴上門。其中一個僕人爬上屋頂，開始朝這些小混混的頭丟瓦；利瑪竇拴上自己房間的門，跳窗進入庭園，以找人幫忙。他扭到腳踝，無助躺在地上，無法移動，但仍大聲求救。攻擊者被屋瓦打傷，根據叫喊聲，認定利瑪竇已到馬路上，正在求救，於是鳥獸散。他們匆匆來去，沒搶走東西，其中一人把帽子掉在院子裡。[106]

這頂帽子後來很重要，成了令一名煽動攻擊耶穌會士居所的年輕人難以脫罪的重要證據。至於利瑪竇，他的手傷復原頗快，但腳傷始終未完全復原；他特地去了澳門一趟，看葡萄牙籍醫生能否醫治，但醫生勸他勿動手術，以免情況反倒惡化。此後十八年，每當得走遠路，腳就發疼，不得不跛著腳走。[107]

第三章——

# 第一幅圖：波濤中的使徒

利瑪竇送了數幅圖給程大約，供其放在《程氏墨苑》裡出版，其中第一幅呈現使徒彼得在加利利海掙扎的情景。利瑪竇熟記〈馬太福音〉第十四章的一段，該段文字描述基督以五餅二魚餵飽眾人，然後隻身退入山中祈禱，派其門徒乘船過海之後所發生的事：

散了眾人以後，他就獨自上山去禱告。到了晚上，只有他一人在那裡。那時船在海中，因風不順，被浪搖撼。

夜裡四更天，耶穌在海面上走，往門徒那裡去。門徒看見他在海面上走，就驚慌了，說：「是個鬼怪！」便害怕，喊叫起來。耶穌連忙對他們說：「你們放心！是我，不要怕！」

彼得說：「主，如果是你，請叫我從水面上走到你那裡去。」耶穌說：「你來吧。」

彼得就從船上下去，在水面上走，要到耶穌那裡去；只因見風甚大，就害怕，將要沉下去，便喊著說：「主啊，救我！」耶穌趕緊伸手拉住他，說：「你這小信的人哪，為什麼疑惑呢？」他們上了船，風就住了。在船上的人都拜他，說：「你真是神的兒子了。」[1]

要如何說這則故事，利瑪竇可以全憑己意，因為聖經尚無中文譯本。許多中國人請他接下聖經翻譯工作，他總是拒絕，推拖說工作繁忙抽不出時間、此任務艱難、事先必須得到教皇同意。[2]但程大約希望每幅圖都搭配一篇中文說明，利瑪竇因此先拿這則聖經故事交差，將其改編一番，以配合他眼中最契合中國人道德觀、命運觀的觀念（他把彼得翻譯成「伯多落」，那是他所能找到最貼近 Pietro、Pedro 或 Petrus 發音的三個漢字）。利瑪竇為其短文題名「信而步海，疑而即沉」。

天主已降生，託人形，以行教於世，先誨十二聖徒。其元徒名曰伯多落，伯多落一日在船，恍惚見天主立海上，則曰，倘是天主，使我步海不沉，天主使之。行時望猛風發波浪，其心便疑而漸沉。天主援其手曰，少信者何以疑乎？

篤信道之人踵弱水如堅石，其後疑，水復本性，焉勇？君子行天命，火莫燃，刀刃莫刺，水莫溺，風浪何懼乎？然元徒疑也，以我信矣，則一人瞬之疑足以竟解兆眾之疑。使徒無疑，我信無據，故感其信，亦感其疑也。[3]

此文第二段完全是利瑪竇本人的注解。文中的「君子」類似中國哲學傳統裡的聖賢，藉由悟道得到昇華，因而水火不侵。但利瑪竇如此的詮釋，未說明他第一段和此福音書故事原文間的差異。利瑪竇此段中文裡的基督「立海上」，向彼得「援其手」；〈馬太福音〉裡的基督，「在海面上走」，在彼得下沉時「伸手拉住他」。在為了教義上的細微差異而論戰的時代，這從詮釋的角度看或許有其意義，但對利瑪竇來說，此舉的重點不在詮釋，而在於必要性，而必要性源於使用圖像來讓人更容易記住時，圖像呈現需要力求精確。如果程大約給了他製作版畫的機會時，他手邊有他最想要的那幅圖畫，他大概不必作這些更動。這幅圖位於赫羅尼莫·納達爾（Jeronimo Nadal）的《福音書肖像》（*Images from the Gospels*）裡，利瑪竇珍愛此書，在華期間帶著它好多年。誠如一六〇五年五月他在寫給總會長阿夸維瓦助手阿爾瓦雷斯（Alvarez）的信裡所說的：「交談時我們也能把光靠言語無法說清楚的事物擺在他們眼前，從這點來看，此書比聖經還有用。」[4]若有此書，利瑪竇大概會把該書第四十四號圖送給程大約，以用該圖說明彼得的故事：畫中諸多驚恐的使徒，有些人奮力划槳，有些人用力拉已收捲的帆，還有些人看到波濤洶湧，看到他們以為是鬼的基督身影，嚇得舉起雙手或喊叫。位在船邊者是準備跨出船的彼得，袍服纏在膝蓋上，在前景處，又是彼得，這裡的彼得一臉害怕，沉入水裡。基督的身形在畫中最為顯著，踩著堅定平穩的步伐踏浪前進；畫中的基督用左手輕輕抓住彼得右手腕，右手張開，高舉做賜福狀。[5]

可惜，程大約登門拜訪時，利瑪竇手邊已無納達爾此書。他已把該書借給他的耶穌會同事，神父陽瑪諾（Emmanuel Diaz），而陽瑪諾已把該書帶去南昌，供在該地傳教之用。利瑪竇已和陽瑪諾談定，納達爾的著作讓陽瑪諾帶去南方，剛送到中國的一部精美的八卷本多語並陳《普朗坦聖經》由利瑪竇保管，放在他北京寓所。他不久就後悔此決定，寫了封信到歐洲，請求另寄幾本納達爾的書過來，但一時之間還無法送達。[6]

收到程大約的請求，利瑪竇覺得機不可失，決定自己想辦法弄出圖。他在其北京寓所放了一套共二十一幅基督受難木版畫，雕版者就是替納達爾製作了許多版畫的安東尼・韋里克斯（Anthony Wierix）。這第二組版畫以基督進耶路撒冷為第一幅，以基督升天為最後一幅；未呈現基督生平裡較早期的事件，例如走在水面這一段。但利瑪竇注意到，此組畫的第十九幅呈現基督復活後出現在其使徒面前的情景，當時那些使徒正在加利利海捕魚。根據〈約翰福音〉第二十一章對此事的描述，係使徒約翰認出基督，但跳進水裡朝基督迅速游去者是始終很衝動的彼得（先穿上衣服，因為他原本脫光身子在幹活）。韋里克斯的畫裡，波浪不大，諸使徒正辛苦拖網，而非夜裡被海上的驚濤駭浪嚇到，但至少彼得在水裡，基督往

他伸出手。如果把〈馬太福音〉原文中基督在水上改成基督在岸上——或許，以肢體動作向彼得示意，而非抓住他的手——剩下的靠想像就能辦到。至於韋里克斯原版畫清楚呈現基督手腳上的釘孔和羅馬士兵用矛在他身體右側造成的傷口，迅即予以修復。此版畫裡的基督已受過十字架釘刑，利瑪竇要仿製此畫的中國藝術家蓋住受釘刑的痕跡。[7]

於是，利瑪竇調整福音書的故事，以使不符聖經事實的畫達到其所要的效用。他的題辭和圖畫會出現在程大約所製的昂貴墨條上，賣給有錢的中國文人，或出現在程大約為增加收入也會印製的書中。圖文並陳會有相輔相成之效，但單單只有圖畫時，要在中國人運用推理和意志之前，就先使他們透過記憶喚起信仰，圖畫所要擔負的責任就會很大。視覺形象得讓人想起漏掉的文字，每個細節都攸關此目的能否達成。圖畫裡有飢民出門去受賑濟的那座城市，有基督退居去祈禱的那座山，有所有船員都在幹活的那艘漁船。或者更精確的說，所有船員都在幹活，只有伯多落一人例外。他離開相對較安全的船上，身著厚重袍服在波浪中掙扎，一臉焦慮望著岸上鎮定的基督。

✦ ✦ ✦

利瑪竇所處的世界既被水分開，也被水拴在一塊。一五七八年他從葡萄牙乘船前去印度時，哥倫布、達伽馬、麥哲倫所開創的早期航海探險的輝煌時代已過去七十多年，從塞維爾到韋拉克魯斯、從阿卡普爾科到馬尼拉、從里斯本到臥亞和澳門的新海路，已是全球生活的一部分。但對海洋的了解依舊不篤定，大部分海域還未標記在地圖上；就連一六〇二年他在北京所完成他一流世界地圖的修訂版，雖然汲取了最新的地理發現和第一流的地圖繪製技巧，利瑪竇在此地圖中還是把南半球的整個下部呈現為一塊巨大的次大陸。那些從好望角或在麥哲倫海峽往南航行太遠的航海者，即使只往南航行數英里，都認定會撞上不適人居且沒人居住的海岸岩石，把船撞得支離破碎。利瑪竇在其著作裡其實從未使用「好望角」這個新創的委婉語，而是偏愛使用較古老且切合事實的「風暴角」。[8]

到了利瑪竇時代，習慣和經驗已使前往印度或遠東者採行某些共同做法。世界仍根據一四九四年教皇在托德西利亞斯（Tordesillas）的裁定在名義上被分為兩大區域，各由一大天主教海上強權控制，從歐洲往西航行至拉丁美洲、太平洋或菲律賓者會搭西班牙船，往東至印度、摩鹿加群島的香料群島，至澳門，或至日本者，會搭葡萄牙船（英格蘭、尼德蘭、法國的海軍剛開始與這些壟斷航運者爭奪海上勢力，但還未能從根本上打破他們的壟斷）。為盡可能順風航行，駛往臥亞的船盡量於三月離開里斯本（但復活節前的任何時候出航也被認為相當安全），轉正南沿著非洲西岸航行，然後轉西南經過巴西海岸；抵達南緯三十六度時，轉東，經過特里斯坦達庫尼亞島（Tristan da Cunha）和好望角，在那之後靠西南季風，在九月前抵達臥亞。如果希望一年內返回，必須在耶誕節前離開臥亞，以趕上東北季風，在隔年五月前繞過好望角。[9]

每一次靠港都要耽擱上頗長時間，等到正確月份再開始下一段航程，出航日自然而然受制於季風或盛行信風。有些第一流的葡萄牙高艉船——也就是所謂的卡拉克船（carrack）——最重能達兩千噸，能裝上二十八門炮，但大多數的船通常在四百噸左右，配備約二十門炮和一百二十名船員；它們往往在科欽、臥亞的船廠用印度柚木建成，局部彌補了十六世紀後期南歐造船木料的嚴重短缺。[10]但自十六世紀早期探險家時代以來，除了船身尺寸有變，技術上並無重大發展，比起更早的較小型船，較大型的葡萄牙卡拉克船反倒較禁不起風浪；科學和航海術尚未緊密接合，哥白尼所開啟的天文探索的成果，也尚未用於導航術。海上計時還不可靠，磁羅經失準是常有的事；已能精確算出緯度，但經度的估算往往幾無異於猜測。[11]有些厲害的商人，例如義大利人佛朗切斯科．卡爾萊蒂（Francesco Carletti），能善用自己的經驗，在十六世紀底就揣想著開闢讓商人在兩年內或更短時間裡繞行地球的新商路，但卡爾萊蒂本人花了八年（一五九四—一六〇二），才從塞維爾航行經墨西哥、長崎至尼德蘭之澤蘭（Zeeland），而當時的人若得知花上這麼長時間，大概只有少許人會吃驚。[12]

中國境內的耶穌會士知道海上航行的風險，於是每次寄信到歐洲都一信兩發，一封搭西班牙大帆船出馬尼拉經墨西哥到歐洲，另一封從澳門搭葡萄牙卡拉克船經臥亞到歐洲。利瑪竇的上司范禮安可能驚愕於他寄到羅馬的某封信，從澳門發出，十七年後才抵目的地，[13]但利瑪竇認為六、七年後收到回信是常態。誠如一五九四年他從韶州寫給友人的信中所說的，如此長的時間間隔，不只意味著當初使人寫出一信的情況已大幅改變，「還意味著人已往生：往往，一想起我談此地的長信，有那麼多信是寄給那些已死的人，我就意興闌珊，不想再提筆」。[14]在他父親身上就發生這種寄信給死人的情況，令他特別的傷痛。他父親喬凡尼．巴蒂斯塔．里奇（Giovanni Battista Ricci）是馬切拉塔的有錢藥商，一五九三年利瑪竇寫信給父親，說自從收到父母於他五年前從里斯本出海後不久所寄出的一封信，再無父母音訊，因此，「若不會太麻煩，告訴我家裡情況和你們是否都健在，我會很高興」。[15]三年後利瑪竇從人在義大利的一位至交那兒得知，他父親已過世，他為此做了好幾次莊嚴彌撒以悼念此事。[16]一六〇五年得知父親根本沒死，利瑪竇寫下唯一一封真的情真意切的家書談他的生活情況（至少是唯一保存至今的家書），概述了他在中國工作的主要成就，最後說：「我不知道此信送達時你們是在人間，還是在天上，但總之我想寫信給你們。」[17]但此信送抵馬切拉塔時，喬凡尼．巴蒂斯塔已過世；此噩耗——這次是千真萬確的噩耗——若能傳給利瑪竇，傳到時利瑪竇也已過世。[18]

利瑪竇的不祥預感並非杞人憂天。他生活於東方期間，海難時有所聞，而肇禍原因不只是礁石、滔天巨浪或突如其來的暴風雨。官僚作業拖沓或造船延擱導致無法如期出海是常有的事，而且船往往得冒著風向、天氣不利的情況出航。葡萄牙人善於航海的確非浪得虛名，但船員往往未受過訓練或無能，據記載有個船長發現其船員——剛從鄉村招來——搞不清楚船的哪邊是左舷，哪邊是右舷，直到他把數顆大蒜繫在船的一邊，把一串洋蔥繫在另一邊，他們才不至於搞錯。據某史家所列的表，新水手的組成包括「裁縫、補鞋匠、男僕、農夫、無知男孩」——而且許多高級船員是沒有經驗的高地位人士。[19]從一開始食物和水就不足，不久就酸臭掉，而偷上船者或編制外的半合法乘客的存在，使不足情況更加嚴重，例如船上偶爾會有前往印度的妓女，或者高級船員的情婦。[20]然後還有頻頻於船上迅速傳開的疾病，每年出海的兩、三千名赤貧的葡萄牙人受害尤烈，因此，在某些趟航行期間，船上編制人員還是可能有一半亡故，即使天氣甚佳亦然。下到船艙的人往往被那裡的垃圾所散發出的惡臭薰到嘔吐或暈倒，而大部分乘客不願使用公共廁所，使艙內惡臭更讓人吃不消。公共廁所係草草搭成，搖搖晃晃掛在船側高處，風平浪靜時在那裡大小便想必已夠嚇人，更別提暴風雨時。

但海難的最重要原因係離譜超載。這種情況慣見於這些偶爾才有的出海行程上，畢竟如果其他一切順利，從中獲利甚豐：大堆貨物隨時要倒下一般一堆堆擺在甲板上，船員和較窮的乘客都拿他們值錢的艙位跟人換錢，不管天氣好壞睡在甲板上貨物之間，使情況更亂。[21]而好像這還不夠糟似的，許多船以未經妥善乾燥處理的木頭建成且維護不善，於是，捻縫材料和釘子從軟掉的木頭脫落，用一根孟加拉藤條就能把龍骨拆散，有個很憤慨的葡萄牙籍高級船員，在其大部分財物損失於一次船難之後，就這樣拆散龍骨洩心頭之恨。有些船航行於這些險惡的海域時，靠繩子防止船身解體，繩子匆匆套住船頭和船尾，並用絞盤絞緊。[22]利瑪竇在其《中國札記》裡記載，一五八七年懷有敵意的官員揚言要將耶穌會士逐出中國時，他含著淚水懇求中國人放他們一馬，說他們「不可能」再度安然走過「中國和他們家鄉之間的那些海域」。[23]他的友人尼古拉斯．斯皮諾拉（Nicholas Spinola）一五七八年九月和利瑪竇一同安然踏上臥亞陸地後，寫信給其位在羅馬的上司：「想要去印度的人，不應把命看得太重要，要時時有一死的準備，要堅信主，要有受苦的強烈欲望，隨時願意克制感官享受，因為在這裡，人靠經驗，而非靠理論性思索，去認識自己。」[24]

私掠船帶來另一種危險，而且是同樣嚴重的危險。一五七八年三月二十四日利瑪竇和其耶穌會士同僚從里斯本港出海後，兩艘武裝齊全的法國船（可能是與不順從於正教的荷蘭新教勢力結盟的胡格諾教派船隻）尾隨他們的船隊數日，想要截走脫隊的商船。這些商船身形較小，大多要駛往巴西，在前往加納利群島的這段航程期間，緊靠著印度船隊的三艘大卡拉克船。卡拉克船船長下令把炮拉出，耶穌會士（雖然飽受暈船之苦）站在甲板上，緊握著十字架，準備要激勵船員奮勇抗敵。法國船不願冒險和三艘武裝如此精良的船打炮戰，最終駛離，並說他們不是法國船，而是偏離航線的法蘭德斯穀物船，來自我開脫。[25]

其他船往往就沒這麼好運，十六世紀後期，英格蘭、荷蘭的私掠船已加入法國私掠船行列，把他們最遠及於哈瓦那、莫三比克、澳門的大膽襲掠活動，增添了宗教戰爭的仇恨。葡萄牙人好幾次以不可思議的勇氣擊退來犯者，為此蒙受重大傷亡，甚至寧可讓他們的卡拉克船，連同大部分船員和所有貨物沉入海裡，也不願把任何東西拱手讓給來犯的新教徒或日本人。[26]但操控性絕佳且配備重炮的私掠船一出手，必然大有斬獲：只拿其中兩樁成果最豐碩的例子來說，一五八七年英國私掠船在阿卡普爾科外海捕獲載運金銀珠寶的西班牙大帆船聖安娜號（St. Ana），一六〇三年間荷蘭私掠船幾星期裡在麻六甲、澳門拿下兩艘葡萄牙卡拉克船。前一例子裡，出售捕獲船貨分給有功者的賞金據估計達五十萬克朗，後一例子，則超過三百五十萬荷蘭盾。[27]

要領航員一人肩負起特別大的責任，係十六世紀航海活動慣有的做法；就西班牙、葡萄牙船來說，國王規定由領航員一人決定船的航向。於是領航員憑藉其在風力和洋流、魚類移動和鳥類飛行方面積累的知識，攜帶簡單地圖和前輩的航海紀錄（若當時存在這類紀錄的話），加上羅盤、星盤、四分儀，擔負起載有千噸或千噸以上貨物、塞了千餘名乘客和船員之船隻安抵目的地的責任。[28]航行期間出現任何差錯，都怪在領航員頭上，據當時紀錄，有領航員遭眾人嘲笑。阿奎那談四種因果關係的著名分析，係任何受過教育的天主教神職人員的標準讀物，阿奎那在其中論道：「同一事物導致截然相反的結果，也不無可能。例如，領航員或許是使船獲救或沉沒的原因：因他的存在，船獲救，因沒有他，船沉沒。」[29]但此文寫於十三世紀，長距離海上航行還未開始之時，與利瑪竇同時代的人，大多會修正阿奎那的說法，添上第三因，即因導航員的存在，船沉沒。性情溫和的英格蘭籍耶穌會士托瑪斯・史蒂文斯（Thomas Stevens），通常很肯定船員的本事，為一五七九年安然抵達臥亞而心存感激，但還是忍不住把他唯一一次差點遭難怪罪於領航員。此事發生於他的船繞經以暴風雨著稱於世的好望角時：

但在那裡未遇上暴風雨，只有無邊無際的波浪，我們的領航員在此失察犯了個錯；因為，一般來講航海者絕不把船開到可看見陸地的水域，而是觀看跡象，判定水深，力求一路航行安全，萬無一失，但他認為風向盡在他掌控之中，於是貼近陸地飛速前進；當風向轉南，加上滔天巨浪助威，把我們推送到離陸地很近的地方，那裡水深不到十四英尋，離厄加勒斯角（Capo das Agulias）只有六英里，我們陷入完全的絕望。我們下方是巨大的礁石，礁石銳利，錨固定不住船，海岸地形特別糟，沒有東西能上岸，此外，陸地上充斥老虎和野人，野人碰上任何陌生人，都會要他們的命，於是我們絕望不安，只能寄望於上帝和良心。[30]

史蒂文斯的船最終脫險，他安然走完他的旅程，並把此歸功於上帝，而非領航員。

許多旅人有比這更驚心動魄的遭遇，而重大海難倖存者所講述的遭遇，在十六世紀後期一直是很受喜愛的故事，在每場新海難後化為小冊子或書籍出版。利瑪竇和科英布拉（Coimbra）學院的耶穌會士，為了等最新一支前往臥亞的船隊組建完成，在一五七七和一五七八年初期等了漫長的十個月，在這期間有可能細讀了一五六五年在里斯本出版，講述聖保羅號悲慘遭遇的書，從中清楚認識到領航員在此事裡的角色。聖保羅號於一五六〇年四月底離開里斯本駛往臥亞，船上編制共五百人——其中有一百名船員、三十三名婦女、三十名不到十二歲的男孩、兩名耶穌會神父，其餘則是高級船員、各種身分的男乘客、形形色色的奴隸。出航日期太晚，船員和乘客根據他人經驗想必已知道此行安危難料，而儘管聖保羅號是在印度所造船隻之一，「非常堅固，猶如在各種風吹襲下屹立不搖的岩石」，但套用藥商恩里克・迪亞斯（Henrique Dias）的話：「她貼風航行時是個病厭厭的水手，難以控制方向。」[31]迪亞斯帶著他滿滿的藥箱搭上此船前往臥亞，事後記錄下此船在海上的遭遇。先是遭強烈暴風雨襲擊，然後「在此次印度之行初試啼聲」的領航員指揮不當，船靜止不動長達兩個月，在這期間於非洲的幾內亞海岸外拚命想搶風航行；船員和乘客生病，神志失常，鼠蹊部腫脹，沒藥可止疼，傷口流血，因為恩里克・迪亞斯的藥很快就用光。索具禁不住不斷的雨淋爛掉，船上五百人一度有三百五十人病倒。[32]

經過恐怖的四個月，七月下旬，船才越過赤道，抵達薩爾瓦多；在那裡整修船隻。但由於船上人員因一百名男子去巴西淘金而變得更少，而且在狂風暴雨的海上摸索前往馬達加斯加的航路時，「船長、領航員、船主與其他懂得航海的人激烈爭執」，聖保羅號在此情況下完全錯過印度，一五六一年一月撞上蘇門答臘陸地。儘管在上甲板上展開旗子和聖物，所有人跪在它們面前向上帝作最後的祈求，還是逃不掉此厄運。[33] 一五七八年利瑪竇來到印度時，已有數人捱過此趟航行和接下來孤注一擲的跋涉，安然抵達臥亞，在那裡住下，各自找到出路，過上新的人生。其中的佛朗西斯科．帕埃斯（Francisco Paes）會成為一五八五年一趟中日航行的主船長（一六〇一年仍以臥亞審計長的身分活著）；安東尼奧．達．豐塞卡（Antonio da Fonseca）在臥亞娶妻生子，妻子去世後，加入耶穌會；佛朗西斯科．斐南德斯（Francisco Fernandes），船難時是年輕的船上服務員，長大後成為臥亞拍賣市場的叫賣員；落魄的高地位人士佩羅．巴爾博薩（Pero Barbosa），在臥亞教堂當司事，窮到每天向修會和城中有錢人家乞求施捨。[34]

關於利瑪竇一五七八年赴臥亞的海上旅行，未有他本人的記述存世，我們無法確知他對航海事務的看法，但從兩處地方可間接窺知。就正面看法來說，我們知道他在其中文神學著作裡，以領航員（和弓箭手、地球儀製作者、建築師、印刷工人）的形象為例，說明人的技能是看似隨機之現象背後的成因，但這或許只是反映了他所讀過的托瑪斯（．阿奎那）主義著作。利瑪竇主張，船在領航員引導下度過險惡海域，但人從遠處看，不知有領航員存在，就像上帝主導人的命運，但人看不到祂。[35]我們也知道，那艘載他去印度的船，曾兩次越過赤道去做觀察工作，而此觀察工作後來對他大有助益：他為其以中文標注的世界地圖附上一則注釋，在其中寫道：「從西方來中國，抵達赤道時，我親眼看到南北極等距位在地平線上，緯度完全一樣。」[36]就負面看法來說，我們從他人那兒得知，他的船聖路易號擱淺於莫三比克港入口，舷側大量進水，船身可能還會出現更致命的損傷；這想必令他大為驚嚇，而已克服之危險的嚴重程度，則加劇此心理衝擊。[37]他中文神學著作的另一段文字，肯定表達了他切身的感受。他在其中寫道，十六世紀的人，猶如「大洋間著風浪，舟舶壞溺，而其人蕩漾波心，沉浮海角，且各急於己難，莫肯相顧，或執碎板，或乘朽篷，或持敗籠，隨手所執，緊操不捨，而相繼以死」。[38]

與利瑪竇同時代的人理解水手生涯的前途難料，即使切實認識到領航員工作的技術難度和他們所會碰上的危險，還是嘲笑他們。拿塞萬提斯和莎士比亞的著作為例，有助於闡明此點。塞萬提斯讓唐吉軻德在小河上乘著小船順流而下，自認在橫渡大洋時，有機會斥責僕人桑丘·潘薩不懂「分至圈、經線、緯線、黃道帶、黃道、天極、至點、二分點、行星、黃道十二宮、羅經點這些組成天球和地球的測量單位」。[39]唐吉軻德未帶儀器上船，無法估算到底已走多遠，志得意滿的推測已走了兩千英里左右（桑丘則猜測已走了五碼）。唐吉軻德接著說道：

「如果有星盤在手，讓我得以算出天極的高度，我就會告訴你我們已走了多遠；儘管如此，我知道我們所已經過或不久後會經過的任何地方，知道把相對立的兩個天極等距分開的天球赤道（equinoctial line）。」

桑丘問：「那麼我們到了閣下所說的這條可惡（noxious）的赤道時，我們會已走多遠？」

唐吉軻德回道：「很遠，根據托勒密的計算（computation），托勒密是已知最優秀的宇宙志學者，地球這個有水有陸之球體共三百六十度，我們走到我所提的那條線時，會已走過三百六十度的一半。」

桑丘說：「說正格的，是閣下讓我有幸一睹你所說的，這個叫托爾密或你說什麼來著的人，還有他的截肢術（amputation）。」[40]

莎士比亞的描述則較為具體，而且更富寓意。在《馬克白》第一幕，有個女巫提到一名女子，其「丈夫是猛虎號船長，到阿勒頗去了」。這句話所要影射的事，十七世紀初期許多觀眾都會知道，即英格蘭商人拉爾夫・費奇（Ralph Fitch）的遭遇。他搭猛虎號去了地中海東部市集鎮阿勒頗，然後，一五八三年，在荷姆茲，被當成間諜逮捕，轉送到臥亞惡名昭彰且戒備森嚴的監獄。哈克盧特（Hakluyt）一五九九年問世的《英國主要航海、航行、交通和地理發現》（*The Principall Navigations, Voiages, Traffiques and Discoveries of the English Nation*）第二卷，生動且詳細記載了此事。[41]女巫接下來所講的話，談到航海者在風向動不動就猛然轉向的天候裡努力抓準方位時迷失方向的情況，肯定會令那些曾跟著印度船隊出海的人心有戚戚焉，而這段講話的直白結尾亦會令他們生起同樣的感受：

浪打行船無休息，
終朝終夜不得安，
骨瘦如柴血色乾。
一年半載海上漂，
氣斷神疲精力銷。
他的船兒不會翻，
暴風雨裡受苦難。
瞧我有些甚麼東西？

**女巫乙**：給我看，給我看。

**女巫甲：這是在返航時翻船殞命的舵工的拇指。**[42]

有人認為當時的旅行文學給了莎士比亞靈感，讓他筆下的馬克白以勇敢但苦惱的領航員一般的姿態呈現於觀眾面前，這一想法雖奇怪卻不無可能：這類領航員，一如馬克白，為了活命，不得不在冷眼旁觀的昏暗天空下做出重大決定，在頑固的自尊心驅使下孤注一擲，結果既毀了自己，也毀了歸他們照管的人。反宗教改革時代的歐洲，很想聽這樣的故事，而人世給了許多這樣的故事。一五八一年利瑪竇初讀史家吉安·皮耶特羅·馬斐的歷史著作時大為興奮，而這位史家不只熱衷於閱讀這些葡萄牙人的海難故事，而且把和利瑪竇一同出航的那群耶穌會士的經歷，納入其介紹印度以東地方的綜合史草稿裡。[43]

利瑪竇於一五七八年初從里斯本乘船前往臥亞，其所屬的船隊規模甚小，只有三艘船，分別是聖額我略號（*St. Gregory*）、耶穌號（*Good Jesus*）、聖路易號（*St Louis*）。十四名耶穌會士，四或五人一組，分乘三艘船：利瑪竇，連同羅明堅和另外三人，分配到聖路易號上。這是旗艦，由此船隊的主船長指揮，但從其他方面來看，分配到這艘船並不令人振奮。兩年前，雖然天氣良好，聖路易號卻經歷了一趟夢魘般的航行，一千一百四十人擠在船上，其中約五百人死於熱病和因環境污穢、過度擁擠所引發的其他疾病，這還未計入後來登陸臥亞後死亡的人。[44]但利瑪竇和其友人運氣好，這趟航行時正值葡萄牙王塞巴斯蒂安下令，卡拉克船勿造得太大以免難操控，勿塞太多人以免疾病滋生。他們得以安抵目的地，可能要歸功於這些明智的命令——只是塞巴斯蒂安之後的國王未蕭規曹隨。[45]但一如以往，船上空間要價不菲，耶穌會士三月二十三日夜上船時，三艘船上許多水手和士兵已把自己的艙位賣給商人，供他們存放貨物，或賣給想要更多空間的有錢乘客。[46]

利瑪竇對此行的記述已不存，好在這趟與他一同出航，搭乘聖額我略號、耶穌號的三人所寫的記述有保存下來，我們因此知道耶穌號上的神父吃了很大苦頭：上甲板上用粗糙木頭草草搭建的小艙室，只能勉強讓他們其中四人同時伸展手腳，還有個小櫥櫃供他們擺放水和油、醋、葡萄酒、乳酪、硬餅乾之類其他食物。聖額我略號上情況較好，住在船尾伸出於船舵之上的艙室裡，有三個窗子和一個開在水面上方的開口充當臨時廁所，隔著此開口，他們能聽到海浪拍打聲。[47]

這三份記述都寫道，三艘船於三月二十四日拂曉乘著順風出海，漸漸遠離碼頭上的喧鬧聲。碼頭上正在慢慢打造一支艦隊，以便國王塞巴斯蒂安實現其攻打北非沿海地區的計畫，最終共造了八百多艘。[48]一批遊船飛快掠過這三艘船身旁，以祝願他們一路順風，從港口上方傳來基督五傷教堂（Church of the Wounds of Christ）的鐘聲。這是印度船隊之領航員和主要船員的主保教堂。[49]

這趟海上航行長達六個月，跨過赤道兩次。就在此次航行期間，利瑪竇首度以教會活動參與者的身分行走於世，但他尚未領受聖職，因此，在耶穌會記錄此行的文件中，他被稱作「利瑪竇兄弟」、「神學學生」。[50]此船是他未來生活的縮影，會讓他體驗到種種危險、此前未經歷過的社會關係、身體不適、苦行或公開祈禱的機會。利瑪竇在羅馬耶穌會學院所受的訓練，已使他做好承受肉體之苦的準備，但誠如他的耶穌會傳教士同僚尼古拉斯・斯皮諾拉在耶穌號上所寫的，人既有的生活模式，在赤道酷熱和狹促環境下全都改變。入睡成了奢侈事，因為人所能做的，就只是「整夜流汗，在鋪著小墊子上張開四肢，臭氣薰天，還有許多蝨子和臭蟲」。濕熱沒一刻消失，每樣東西都爛掉、發臭：書上的油墨褪色，金屬刀和湯匙生鏽，袍服發出羊毛爛掉的臭味，飲用水開始有異味，食物變得沒味道，人則牙齦腫脹、牙和顎痛到受不了，頭陣陣發疼。[51]

水手粗俗無禮，耶穌會神父竭力約束他們最惡劣的行為：在無聊的群體打起架時充當調人，尤以炎熱的夏夜為然，或者祭出高明的罰款辦法，以減少他們時時掛在嘴上的髒話，積累的罰金經大家一致同意可用於造福所有人的聖事。水手選擇告解時，新難題出現，因為神父想找個不受打擾的地方聽他們駭人的故事，往往找不到——在這麼小且擁擠的船上，每間艙室都是隔牆有耳。[52]但神父的其他作為，大概使船員在海上更加無聊，因為神父勤於查抄撲克牌和骰子丟到船外，而且沒收許多在他們看來淫穢下流的書。這些書似乎是船上必有，所用語言形形色色，往往有插圖。[53]

剩下的最熱門消遣似乎是獵鯊：有些水手似乎獨具匠心，用布製出無所不在之飛魚的模型，用兩根長長的雞羽予以裝飾，在其內安上粗金屬鉤，然後一再扔出，讓它們掠過海面，直到鯊魚躍上咬住此餌為止。[54]其他水手會在繫於粗繩的鉤子上裝上生肉當餌，用此捕獲鯊魚後，挖掉其眼睛，割開其喉嚨，丟回海裡；然後船上所有正好沒事的人，會在船護欄邊站成一排，一邊興奮大叫，一邊看其他鯊魚向此鯊魚游來，把牠吃掉，最後，這群享用了大餐的鯊魚吃到再也吃不下，慵懶的繞船游，讓船上水手可將其一個個殺掉。有次，四名水手玩這遊戲玩到失神，一條大魚猛力撞上掛在他們所站那個船邊的木板時，他們一個不穩掉進水裡，所幸及時救起，未被鯊魚吃掉。[55]

分處三船的耶穌會士，各在自己船上一起執行祈禱儀式：破曉後祈禱一小時，每八天懺悔一次，讀《神操》和雅各波內・達・托迪（Jacopone da Todi）的祈禱詩，或在自己的小艙室裡行補贖，執行羅耀拉所認為對精神生活的提升非常重要的每日兩次「自我省察」，[56]每天至少背誦一次應答祈禱，夜裡，當船員跪在漆黑中時，耶穌會士以兩部合音唱禱文。[57]每逢聖徒日，會有正規的列隊行進儀式，神父身著祭服，教士助手拿著蠟燭，捧著聖物和聖體，在船上繞行。[58]聖體（Corpus Domini）節時（一五七八年五月二十九日），十七名船員身穿各種戲服，演出帕多瓦的安東尼（Anthony of Padua）受試探時虔信者和魔鬼較量的戲碼，為時兩小時。帕多瓦的安東尼是葡萄牙裔聖徒，飾演他的船員祈求上帝保佑時，眾船員熱情回應。[59]聖徒日讓海上生活有了特殊的規律，於是，當利瑪竇的船因逆風而被困在莫三比克的港口裡，使這些旅人擔心錯過駛往臥亞的順風期，或當八月十二日，眾人充滿深情展示聖傑拉西娜（St. Gerasina）的頭，進行了一場莊嚴的新列隊遊行，還是無法改變風向時，此船上許多人推斷，上帝認為沒理由讓他們在海上過聖母升天節（八月十五日），因為他們在聖母領報日（三月二十五日）、聖母往見日（七月二日）給她獻上不夠誠意的供品，還推斷在聖母誕辰日（九月十四日），他們肯定還在海上，正靠近臥亞。[60]

天氣晴朗、風平浪靜的日子，耶穌會士還有別的事要做：他們離開里斯本時，國王塞巴斯蒂安送給他們藥草和蔬菜，船上有人生病時，他們就拿它們燉煮後給病人吃。[61]有些水手生了怪病，好似中邪，於是在為他們祈禱後，可能還作更徹底的驅邪。[62]但如果船因無風而動彈不得，就會在甲板上舉行莊嚴的新列隊行進儀式，尤以在危險的赤道水域為然。屆時會捧著寶貴的聖物，例如殉教處女的頭或卜尼法斯（Boniface）的頭（卜尼法斯曾率領由一萬一千名處女組成的軍隊），列隊走過跪著的水手身邊，燭光在虔誠的手上搖曳，以吟頌方式念出的禮拜文升於祭壇之上，祭壇設於甲板上，上面擺了聖母、聖子像。神父代船上的人祈求降風，以便船繼續航行，而且利用此祈禱機會，說服每個水手答應拿出一部分個人工資，或獻出配給的油，供用於莫三比克島上由道明會修士照管的小教堂裡貝魯阿特聖母（Our Lady of Beluarte）祭壇上的油燈。[63]在多風暴的海域，例如在好望角附近海域，海浪撲天蓋地打在船上，在顛簸的黑夜裡數小時猛擊船身，神父不斷聆聽告解（這時船員已不再為自己所告解的罪惡被同船的人聽到感到羞恥），而且把「上帝的羔羊」（Agnus Dei）蠟像拋進海裡以平息海浪——同時力抗滿身的疲累和暈船。巴範濟（Francis Pasio），與利瑪竇同行的耶穌會士之一，認為他們得以捱過這些漫長航程保住性命，原因之一係任何一艘船上都至少有四名神父，在情況危急時，神父能輪流上場解危。[64]

巴範濟抵達臥亞後，在一五七八年十月間寫了封信，信中隨手補充道，他的船聖額我略號在莫三比克時把「三、四百名黑人」載上船，[65]利瑪竇的聖路易號則很可能載上更多黑人。「供出售的奴隸無限多，他們既有穆斯林，也有非穆斯林，係在他們的戰爭裡被其中一方或另一方俘虜後淪為奴隸」，從非洲大陸運到莫三比克，被那裡的葡萄牙人買下，以運到印度使用，從而使東非的奴隸買賣規模和西非不相上下，而從西非運出的奴隸，運到加勒比海、祕魯、巴西的礦場和種植園。對這些神父來說，在橫渡印度洋期間說服這些奴隸信基督教是一大樂事，大部分奴隸在眼見同伴死了之後決定信奉此教；許多決定改信基督教的穆斯林奴隸，係在同意朝先知穆罕默德的名吐口水後受洗。有些奴隸能在死時迅速得到神父宣告赦罪，因為即使在從莫三比克到臥亞這一個月的航程裡氣候似乎很理想，船上有充足的淡水和食物，聖額我略號上還是有十八名奴隸死亡，而在整個航程期間，五百名白人乘客，只死了三人——一名船上男服務生、一名掉出船溺死的水手、一名在里斯本上船時就得了治不了之熱病的水手。[66]

利瑪竇在莫三比克首度體驗葡萄牙藉以構築其海外帝國的一連串基地，並會在此後的旅程裡，接連踏上葡萄牙的其他基地——臥亞、麻六甲、澳門。莫三比克島貧瘠，不討人喜歡，卻是自四個月前見過加納利群島後的乘客、神父、船員見到的第一塊陸地，而且許多人為了登陸時間遭推遲而心情跌到谷底。此島沒有淡水，幾乎不生產糧食，樣樣都得從非洲大陸運過來；但島上儲備了葡萄酒和脫水餅乾，還有醃製後的水果、米、粟、家禽，以及這些旅人所嘗過的最美味野豬肉。這些東西想必令他們心情大好，而且他們終於有機會舒展已經不俐落的雙腿，同時還能到島上受堡壘大炮保護的教堂裡禮拜，提振萎靡的精神，有機會在大醫院（此島地標性建築之一）裡默禱或做禮拜。[67]但船一抵達臥亞，這些樂事就從腦海裡淡出。誠如聖額我略號上某神父所寫的，在海上待了數個月後，即使只是看到隱現於霧中的危險海岸的岬角，都使甲板上所有乘客頓時興奮不已，大喊「陸地，陸地！」那種歡喜只有「靈魂上到天堂時的喜悅」可以比擬，[68]另一位神父也寫道，臥亞的山巒被冬雨洗成翠綠，山腳的棕櫚樹和優美房舍「根本就像是一面織錦畫，巧妙的手藝在其中把人所能想像得出的每種清新刻畫無遺」。[69]喝了五個半月限量配給的微鹹水，能在從泉眼和臥亞耶穌會學院的噴水池噴出的冷冽水裡，把水弄得水花四濺，在其中刷洗全身和所有衣物，那種歡喜非筆墨所能形容。[70]

利瑪竇此後的漫長海上旅程，即一五八二年從臥亞至麻六甲和同年從麻六甲至澳門的旅程，都未有第一次那樣的曲折，但在赴澳門那趟旅程的最後一段，他還是病到覺得值得在家書裡提及此事[71]（就在他踏上澳門後不久，那年搭葡萄牙卡拉克船前往長崎貿易且捱過可怕船難的少許倖存者回到澳門，談到他們漂流到尚未被人探索過的福爾摩沙島，一待數星期的痛苦遭遇[72]）。利瑪竇初到臥亞時那種欣喜若狂的心情，此後有兩次他有最近似的感受，都發生在約二十年後他人在中國時。第一次發生於中國人終於准許他從韶州北赴南昌，他看到冰雪而生起陣陣思鄉之情後的一五九五年。誠如他在難得寄回馬切拉塔的一封家書裡向其兄弟所說的，這是他多年來第一次見到冰雪。[73]第二次發生在一五九八年夏。利瑪竇已獲准去中國的陪都，長江畔的大城南京，一了他長年以來的心願，但七月上旬乘船抵達南京時，與日本在朝鮮打的戰爭剛進入第二階段。中國朝廷已下旨逮捕所有看來可疑的外國人，因此沒人敢邀利瑪竇到家作客或把房子租給他，他也不敢走陸路出遠門，除非搭有遮蓋的轎子在附近走動。他不得不在中國中部炙熱的太陽下，窩在水面上一艘狹促、悶得透不過氣的船裡，度過夏季幾個月。誠如他在《中國札記》裡所寫的：「不舒服到極點，因為這艘船不只小，設施也少。」[74]但軍事緊張一緩和，有錢中國官員趙可懷就邀他到位於句容的鄉間宅邸作客八至十天，從南京騎馬過來一天可至。後來，利瑪竇以抒情的筆調描述了他在這裡所下榻之房子的周邊環境，文中重現了他當時部分的歡喜之情：他的住所位在府第裡的高處，一間

「做工、裝飾、上色皆精美（的房間），有三道門，一道面南，兩側的門分朝東西；出了這些門，係一道築有精緻欄杆的走廊，再過去是花園，園裡許多樹，綠樹成蔭」。在如此怡人的環境，利瑪竇可以把他隨身帶著、裝在匣子裡的基督三聯畫擺在香案上，在畫旁點起香，「整天待在那裡，誦讀禱文，把自己託付給上帝」。這個香案原是為祭拜異教神而設，但在他盤桓的幾天裡挪給他用。[75]

這些經歷的深刻，可能和利瑪竇一生最重要的夢——或至少他覺得唯一值得在其信和其《中國札記》裡記下的夢——係在他從南京走水路至南昌途中所夢到有關。對他來說南京和南昌分別代表熱到極點和冰到極點。當時，利瑪竇的船漸漸接近南昌，但迎著從鄱陽湖吹來的強勁逆風，幾乎無法前進，他正思考傳教任務的艱難時，不知不覺打起盹。後來他寫了封信給來自馬切拉塔的童年友人吉羅拉莫・科斯塔（Girolamo Costa），信中描述了他接下來的經歷：

我絕對要告訴你一個夢，我來到此地幾天後所做的夢。夢中我站著，為自己的努力換來可悲的結果，為此行的艱難，心情鬱悶，就在這時，我似乎遇見一個不認識的男子，那人對我說：「所以，剛走過這個國度，想要摧毀該地的古老律法，代之以上帝律法的人，就是你？」我驚訝於此人竟能看透我的心思，回問道：「你是魔鬼還是上帝？」他

> 答：「不是魔鬼，而是上帝。」於是我撲倒在他腳下，哭泣，說「如果你，我的主，知道這一切，為何直到現在都未向我伸出援手？」他答，「去那個城市」——這時我覺得他指的是北京——「在那裡我會助你」。我滿懷信心進了那個城市，非常順利通過那個城市。這就是我夢到的。[76]

「去那個城市」這道指令，讓人想起保羅去大馬士革途中的神祕經歷、一五三七年羅耀拉在拉斯托爾塔（La Storta）的禮拜堂見到救世主耶穌顯靈一事——利瑪竇肯定非常清楚的一件事。[77]他記載道，他醒來，眼裡仍滿是淚水，把此夢轉述給他在船上的唯一同伴，他的語言老師暨友人鍾鳴仁。鍾鳴仁是已皈依基督教的中國人、耶穌會候選會士，教名塞巴斯蒂安，和利瑪竇一起走了那趟不順遂的南京之行，再和他一起回來。[78]

利瑪竇對中國的認識，大多來自他在中國河、湖、運河遊歷的經歷。他早早就得知大部分中國人不願冒險出海太遠，因為海上旅行，甚至在海岸附近過活，已變得太危險。誠如利瑪竇所說的：「會有兩、三艘船的日本人登上中國海岸，進內陸，奪取鎮和大城，搜刮一空，放火燒城鎮，沒人會抵抗。」[79]一五五〇年代時的確是如此，但利瑪竇難以接受時隔五十年這些恐懼仍普存於人心，他論道：「令我們驚愕的，儘管走海路路程較短，較便利，中國人卻那麼怕海，怕海盜，因而不願走海路運貨物——即使已有數人向他們的國王建議這麼做，過去他們始終這麼做。」結果，中國人把精力用在內陸水道上，那些水道與利瑪竇在歐洲所走過的水道截然不同。他引用了西方人普遍的看法，說在中國，住在水上的人和住在陸上的人一樣多；他還用心補充道：「儘管此說不實，對那些只靠境內河川移動的人來說，似乎說得沒錯。」[80]

利瑪竇始終深具歐洲戰略家的眼光，不放過日後可能有用的技術細節，於是，就連在寫於他人生快走到盡頭時的《中國札記》裡，我們都看到他對長江與鄱陽湖交會處附近之長江的敏銳觀察：那裡水流急，不小心會溺死，但「我覺得槳帆並用大木船和後桅縱帆船能從海上航行至這麼遠的這裡」。[81]有時他和其他耶穌會士對他們所行經的河川、運河描述得非常仔細詳盡，因而他們的記述可——如厭惡外國人的中國人所一再警告的——充當有意入侵的敵人軍隊擬定軍事計畫的依據。[82]但利瑪竇的目光更常被船隻本身的壯觀或河川上的繁忙景象吸引過去。在寫給羅馬同窗友人朱利奧．富利加蒂的信中，利瑪竇從熟悉的義大利視角審視眼前所見種種：他說這些河川比波河還大，有些船大到船上的主艙室和羅馬學院的禮拜堂一樣大。這些主艙室挑高，有十個或更多窗子，有繪畫等裝飾，有數十張桌椅。這類船還有專供休息、睡覺的房間，甚至廚房和醫務室：「若是在陸上，可能被當成上好的房子。」為讓著名太監馬堂行走於連接北京和蘇州的大運河而特別建造的船更為氣派，有貼金漆木製品和格構遮光窗簾。[83]

大運河是華東主要的內陸水道，其上的河船多到幾乎是不可思議。它們從此岸綿延到彼岸，密密麻麻擠在控制運河水位的大閘前數日，有時，享有優先通過權的權貴或宮中太監的船疾駛而過，它們急急讓出一條路，有時如果碰上某個閘門放水，它們猝不及防而翻覆。岸上有成千上萬縴夫賣力拖曳裝了貨物的船，另有數千人站著，等著接下拉船的工作。[84]苦難和豐裕可想而知並存於此：在大運河沿岸，利瑪竇看見大型貯冰室，用以替從南方千里迢迢運來北京的蔬果保鮮；他也看到一千多名縴夫一同吃力拉木排。木排裡都是珍貴木材，有人告訴他，有些最稀有的樹每棵值三千達克特；這些木排又大又重，一天只能移動五、六英里，要拿去重建晚近燒毀的數座皇宮和建造萬曆皇帝的巨大陵墓。[85]當時的中國人若聽到下述對駁船工人工作之辛苦的看法，大概會深有同感：誠如當時其中一人所寫的，苦力日復一日在運河上頂著驕陽工作，沒有充足的衣物保護自身，最後「背部龜裂如魚鱗」。[86]

利瑪竇在華居住、工作時，在位的皇帝是萬曆，而在漫長萬曆年間（一五七三—一六二○），由於皇帝不問朝政，充當他與官員之中間人的太監權力特別大。[87]利瑪竇很快就知道，太監控制獲利甚大的大運河漕運，因此，只要能和太監同行，他就和他們同行——權勢甚大的太監能快速通過一道道閘門，而正常情況下，過閘的船可能要付高額費用，且仍可能要等上四、五天才能過閘。利瑪竇說，有次，他和一位耶穌會同僚從某太監那兒租到貨船上的艙位，那艘船載了水果要取道大運河至北京。這兩位耶穌會士和舵手談定以十六達克特的價錢把他們從南京載至北京，一半預付，另一半於抵達時支付。然後太監揚言，如不另外付他八達克特，要把他們的貨物和行李丟出船；經過小心翼翼的談判，兩人在抵達北京前付清餘款，才使太監不再糾纏於他們。[88]有了這個前車之鑑，加上回程經費不足，利瑪竇盡量省錢，於是在一艘要從京城返回的空船上租了艙位。價錢不貴，但此船太破舊，舵手太窮，雇不起縴夫，於是船行緩慢，一天只能前行數英里，最後，在北方河港臨清碰上河水結冰，無法再前行。被迫無所事事待了數星期後，始終靜不下來的利瑪竇把同伴和行李丟在船上，自己一人南行。他乘坐載客用的手推車，沿著大運河繼續趕路，很快就到達蘇州。此前他從未坐過這種交通工具，覺得快速又方便。[89]

誠如利瑪竇也非常清楚的，中國的大河很危險。他在羅馬求學時碰過災情慘重的洪災，那幾年間大雨使台伯河水越出河岸，沖毀房舍和農田，導致穀價上漲一倍，街頭暴動。[90]但在中國僅僅三年，他就目睹一場遠更可怕的洪災：西江河水淹沒他居住所在的肇慶府，同時來襲的地震使災情更加慘重。當地中文紀錄報告，九十個村鎮蒙受損失，兩萬一千七百五十九戶民宅被毀或受損，十多萬英畝農作物被毀，三十一人溺死。[91]

至於黃河，利瑪竇後來寫道：「這條河給其流經的中國地區帶來很大傷害，既因為其河水的氾濫，也因為其頻頻改道。出於這兩個原因，官員以許多帶有迷信性質的儀式祭拜黃河，猶如在祭拜神靈。」[92]關於他對這些「帶有迷信性質的儀式」的認識，他閉口不談，但隨著晚年更加深入閱讀佛教典籍，他對中國人所講述的許多人與水的宗教故事，可能略知一二。

十五世紀初明朝太監鄭和統領艦隊下西洋，締造出中國海上探索的最後輝煌時代，而從該時代流傳下來這麼一則故事：有個水手落水，但因虔誠信奉大慈大悲的觀音，神奇獲救。[93]另有中國人的故事描述了更加讓利瑪竇心有戚戚焉的事件，例如虔信佛教的水果商沈濟寰的故事。一五九三年冬沈濟寰帶著一船橘子要渡過太湖，突遇暴風，湖面頓時天昏地暗，掀起的巨浪和房子一樣高，船上的楫櫓落入湖裡，船開始下沉。沈濟寰大聲求救，令岸上觀者大為驚愕的，兩名金甲人將他的船從巨浪中拔出，把船員、沈濟寰、船貨安然送到岸上。這兩個金甲人是守護神，感動於沈濟寰每天早上出門工作之前虔誠誦讀金剛經，始終隨身帶著一本金剛經，因而出手搭救。後來，在太湖地區，沈濟寰被人稱作「青果沈佛家」。在此地區，利瑪竇有許多友人，五年後他就搭乘手推車走過太湖沿岸。[94]

道濟和尚的故事，儘管發生於更早的時空，或許更加觸動人心。道濟不識水性，有天想去探望一位生病的友人，卻被春季突發的迅猛大水擋住去路。但他堅信佛祖保佑，用袍子裹住佛經，擺在頭頂上，然後大膽跳進河裡。他輕鬆走過河面，安然抵達對岸，好似水深只幾吋。但抵達對岸時，他發現佛經和包經的袍子已不見蹤影。他急忙趕往生病友人家，在那裡哀嘆失去經、袍，卻赫然看到那包佛經安然躺在桌上。他高興得將它一把抓起，發現包經的袍子濕透，好似被暴雨打過，但袍裡的佛經經文光潔清晰。[95]

利瑪竇懂得失去神聖經籍的痛苦和失而復得的喜悅。赴中國傳教多年，他一直渴望擁有一套精美的《普朗坦聖經》。他第一次見到此聖經，係在一五八〇年它被當成禮物帶去印度要送給穆斯林皇帝阿克巴時——也冀望藉此使阿克巴改宗。[96]這本聖經之所以如此珍貴，不只因為它以多種語言呈現嚴謹的學問，不只因為其宗教內容，還因為其外觀、沉甸甸的分量、紙質的精緻、皮革裝幀的細緻。這部聖經共有八冊，每冊從頭到尾都是以活字印成。中國境內的教徒一再埋怨他們所能取得的基督教書籍太過單薄，問耶穌會士，中國學者冷言薄薄的小書就能包羅他們全部的基督教義理，他們要怎麼反駁那些學者的這番嘲諷。有些耶穌會神父眼看這樣下去不行，乾脆自行印製了靈修書籍。這些書仍以拉丁文印出，但附上漢字，藉此至少把他們還無法譯出其意思的書籍音譯出來。這些書依舊非其中國讀者所能看懂，但被肯定為往正確方向邁出一步，因為使基督教所宣揚的義理顯得更有分量。[97]

因此，《普朗坦聖經》能給他們想要的一切。此聖經皇皇八大冊對開本，以希臘語、拉丁語、希伯來語、迦勒底語（Chaldean）印製，配上低地國一流名家的精美銅版插畫，代表反宗教改革運動在支出、決心、奉獻上的極致。根據與西班牙王腓力二世所簽合同，克里斯朵夫·普朗坦（Christopher Plantin）於一五六八年至一五七二年製作出《普朗坦聖經》；為使此工程順利進行，腓力二世花了兩萬多弗羅林幣（florin），在此期間的許多時候，動用多達十個普朗坦的印刷機和他底下三十多名熟練工人。為完成此書，辛苦搜羅了數種鉛字，將正文交予羅馬的教義專家和宗教裁判所審批，雇用了懂多種語言的人才校稿，還找來許多技術熟練的裝訂工、上色工、畫線工。為滿足專為國王製作的十三套最豪華聖經所需的羊皮紙，用了八千隻綿羊的皮，為印出此版一千兩百冊的其他書，動用了一百九十萬張上等紙。[98]

一六〇三年後期，終於有一套珍貴的《普朗坦聖經》來到澳門，係樞機主教聖塞維里納（Santa Severina）捐贈給中國傳教團。一六〇四年二月，神父費奇規（Gaspar Ferreira）受命將此聖經，連同其他必需品和禮物，帶至北京。四月他抵達南京，八月上旬人已在北京城郊。[99]但在此，誠如利瑪竇在寫給總會長阿夸維瓦之助手阿爾瓦雷斯的信中所說的，北京的神父遭遇「船難」：費奇規抵達時，中國北部正逢致災性大雨，境內所有河川暴漲，洶湧白河洪水已沖走北京邊緣數百間房子，使數千戶人家一無所有，費奇規的運輸船碰上白河漲大水，船身解體，船上貨物付諸流水。價值七十達克特的彌撒用葡萄酒立即沉入水裡，找不回來。圖畫、聖骨盒等宗教器物隨水漂走。最令人痛心的，這套多語版聖經，從半個地球外千里迢迢送過來，就在快要抵達目的地時，落入滾滾洪流之中。[100]

但這套《普朗坦聖經》未沉入河底。這八大冊裝在木盒裡隨水漂走，被附近某船上的中國人從水中撈起。來自澳門、已和利瑪竇一起經歷過許多緊急情況的中國籍耶穌會士鍾鳴仁，看到船民打開木盒、一臉不解瞧著裡面多種字體；趁他們還失望於所打撈起的東西時，他與他們討價還價，用只值十分之三達克特的少許銅錢，也就是照當時匯率相當於義大利的三朱利奧幣（giulio），就買回這套聖經。利瑪竇告訴阿爾瓦雷斯，這套聖經時價至少三百達克特，「我們用三朱利奧幣就能贖回我們的書，實在是上帝的旨意」。八大冊都安好——誠如利瑪竇所說，只有「些許受潮」——鍍金還在，裝幀牢固。[101]為營造驚喜，利瑪竇在聖母升天節那天早上彌撒後，向其北京會眾首度展示這八大冊，效果果如其所料：「精美的印刷和此書的厚重令（會眾）讚嘆不已，儘管看不懂書中文字，他們能對其中的精闢義理有所領會。」[102]

洪水和死亡是河邊生活所不可免，耶穌會士始終清楚其危險。利瑪竇在中國建的第一間房子，位在肇慶，就因洪災嚴重受損，而傳教團財產所遇到的早期嚴重攻擊之一，就是由想要耶穌會士捐出材料加固防洪堤防的憤怒村民所帶頭。[103]利瑪竇常在信中論及這類洪水的可怕和「這些河川既使整個中國如此美麗肥沃又帶來如此大禍害」的弔詭現象。誠如他向總會長阿夸維瓦所說的，他也親眼見到猛烈暴雨後洪水的危害：「許多房屋倒塌或夷為平地，家當化為烏有，民眾若非溺死於屋內，就是溺死於漫過一切的河水。」[104]我們不得不想知道，利瑪竇與其會眾傍著救回的《普朗坦聖經》一起祈禱時，是否曾有片刻想起他用來贖回此書的三朱利奧幣也是天災時一名十歲男孩的賣價。他大概是從一件事知道這價碼，有次，在大運河上他遇見一名友善的太監，該太監送他一個小孩作禮物，而該童就是用這個價錢買來。[105]

自然風光的美麗、水上旅行的便利、河水的狂暴和其致命威力，有時並存。一六〇五年利瑪竇從北京寫信給吉羅拉莫・科斯塔，說「這種對比始終存在，會永遠存在，但憑藉這些風，聖彼得的船還是出航」。[106]一五九五年春就是如此。當時利瑪竇正在韶州傳教，有個高階武官邀他上門一見。此人要去北京接下與朝鮮戰役的後勤規劃有關的軍事任務，此時途經韶州。此人——根據利瑪竇的文字紀錄，我們只知他叫「侍郎」（Scielou）——有個生了重病的二十歲兒子。侍郎風聞利瑪竇的科學本事大受讚譽，想找他幫忙醫治兒子；利瑪竇則使出拖字訣，拿他的醫療知識換取往北京的過境證。侍郎同意此交易，給予必要的許可證。我們幾乎可以百分之百確定，這個年輕人的病因——據記載說是因科舉不第而「悲痛且羞愧」——讓利瑪竇想到用西方記憶術訓練他，使他恢復信心，願意再次應試，而這次奏效。利瑪竇幾乎不懂醫術，接下這個無望成功的任務，其實非常冒險。[107]

侍郎的船隊滿載著昂貴物品、子女和妻妾、僕人和侍衛北上，要利瑪竇儘快前去和他會合。眼見有大好機會可以離開韶州城不利健康且不友善的環境，利瑪竇連忙把握住，一天半就處理完他在韶州居住五年的一切事務。他把傳教工作交給他的較年輕同事郭居靜和兩名資深的中國籍耶穌會修士，郭居靜剛到中國，對漢語還幾乎一竅不通。利瑪竇帶了兩名較年輕的中國籍見習修士和他最信任的兩個僕人，雇了一艘船北上。前行甚快，卻趕不上侍郎的官方船隊，憑藉侍郎的官階，他的船隊能無限制索要免費的縴夫來拖拉其大船逆流而上。[108]

利瑪竇抵達廣東北部城鎮南雄時，還是沒能和侍郎會合。他於三年前到過這裡，曾在這裡使某些有錢的中國商人皈依基督教。由北往南流的北江，只能通航至南雄，船員和乘客在此得下船，帶著自己的物品走陡峭的石階上梅嶺，翻過山脊，至另一條河贛江的碼頭上船。順贛江而下，他們會北上至中國中部。石砌小徑上旅人和商人摩肩接踵，但幾名皈依基督教的中國人前來幫利瑪竇完成這段陸上行程，他本人坐轎子穿過人群，沿途經過的客棧、店鋪和衛兵班，十年後他仍歷歷在目。走到最高處，利瑪竇欣賞身後南邊廣東遼闊無垠的風光和北邊仍未踏足過的江西省。在河邊城鎮南安，他再次轉乘交通工具，因為侍郎已為他安排了一艘船，兩人的船順流而下，展開往贛州的漫長水上行程。每逢平靜無波的日子，侍郎就邀利瑪竇到他的官船一敘，兩人談科學和宗教，把侍郎兒子的問題暫時擱下。他們進入贛州城，受到正規的禮炮歡迎，儀仗隊舉火繩槍、滑膛槍鳴槍致敬，轟轟聲響徹雲霄，利瑪竇猜測儀仗隊士兵有三千人之多，排列在河岸，綿延達三英里；利瑪竇在此自行租了船和船員，以便較能自主應付前方危險的下險灘行程。在險灘處，兩條較大的河在岩石密布的峽道裡相會，驟起的大風、急流、漩渦考驗行經的旅人。當地人把此處稱作「十八灘」。[109]

第一艘出了小意外的船，係載著侍郎妻妾小孩的船，該船撞上一顆岩石，開始下沉，但此河段是淺灘區，船身又高，因此船在河床坐下，船上的人迅速爬到船的上層，被緊跟在後的利瑪竇和其船員輕鬆救起。利瑪竇慷慨救人，卻因此失去自己的船，因為侍郎不准他的妻妾光天化日下再換船，要他們待在原處，直到天黑，再於夜色掩蓋下得體的拋頭露面；侍郎在他行李船上替利瑪竇弄了個艙位，繼續上路。110

接下來除了有一名年輕的中國籍見習修士作伴，利瑪竇身邊全是侍郎所雇來的船員。這個見習修士是個男孩，出身自已皈依基督教的中國人家庭，在澳門上過耶穌會學校，然後在一五九二年被派去韶州和利瑪竇一同工作。這個年輕人始終被以葡萄牙語名若昂·巴拉達斯（Joãn Barradas）稱呼，很受利瑪竇喜愛和信任，利瑪竇自覺有責任好好照顧他。111 接下來幾分鐘的遭遇，令利瑪竇痛徹心扉。同年更晚，利瑪竇匆匆寫給其澳門上司孟三德（Edoardo de Sande）的信，字裡行間就瀰漫此苦楚之情：

我們來到名叫天柱灘的地方，那裡水流甚急且水深，旁邊有一高山聳峙，水聲轟隆，我一看到就不由得開始祈禱它能平息下來。（江西）河船有高桅杆，無龍骨，我很清楚在轟鳴的河水裡它們很容易翻覆，但我再怎麼懇求舵手和水手小心，他們還是漫不經心，把船張滿帆駛入急流裡，我們的船瞬間翻覆，不斷打轉，另兩艘載了此官員之物品的船亦然。同船的我和若昂·巴拉達斯就這樣被打到河底。但上帝向我伸出援手，因為，打轉時，天助我也，我發現我們船上垂下的幾根繩子就在我雙手之間，我迅即抓住繩子，得以攀上該船的支座。看到我的文具箱和床漂浮在水面上，我得以伸出手，拉到我身旁，然後，一些水手游回船，爬上船，幫我爬上去。但若昂．巴拉達斯沉入水底，被水帶走，就此不見蹤影。[112]

侍郎苦惱於他的物品付諸流水，利瑪竇為失去他的友人萬念俱灰，兩人派船員下河搜尋。船員從水裡撈出許多濕透的東西供侍郎檢視，但完全找不到巴拉達斯的屍體。侍郎給了利瑪竇辦「喪禮」所需的錢，但在屍體無著的情況下，辦不成什麼喪禮，這筆錢其實就等於給耶穌會士的賠償金。[113]侍郎的少許船隻來到贛江下游時，再遭狂風暴雨襲擊，侍郎隨之決意改走陸路，因為走水路顯然厄運連連。利瑪竇也認真考慮了要不要就此打道回府，但最終決定繼續上路，和要去南京為侍郎辦事的一些侍郎下屬一起去該地。當下他的心情，除了驚嚇，還有驚訝：誠如他在寫給總會長阿夸維瓦的信中所說的，他從未料到，「我走過那麼多海域從未碰過船難，上帝卻要我在河中碰上船難」。[114]

第四章——

# 第二個記憶形象：回回

為了說明如何打造記憶形象，利瑪竇選擇的第二個例子是漢字「要」。[1]這是個易於書寫但難以翻譯的漢字：意思多重，既可意指想要什麼或需要什麼，也可意指某事物很重要，或意指某事必須做。讀者始終得從前後文來判定其意義。於是，在一五八四年羅明堅、利瑪竇所完成的十誡首譯中，「要」是第一誡的第一個字：「要誠心奉敬一位天主，不可祭拜別等神像。」[2]一六〇五年利瑪竇出版了名叫《天主教要》（*Fundamental Christian Teachings*）的書，收錄了天主教的基本祈禱文和教

理，用「要」一詞來翻譯「基本」之意。[3]

為透過讀者會記住的記憶形象來呈現這多重意思，利瑪竇首先把此漢字分成上下兩半，從而得出兩個漢字，上面的漢字意為「西方」，下面的意為「女人」。但利瑪竇並非單單打造來自西方的女人這個記憶形象，因為這不會產生他所想要的共鳴。他打造出更複雜的形象，讓人能以大不相同的兩種方式理解其意思。

首先，利瑪竇採用了一開始就會觸動大多數中國人心弦的解釋，把代表「要」的形象說成是「一個來自西夏的穆斯林女子」。他把音和義聯繫在一塊，根據他的記憶術老師所教授的方法擺弄這些字，藉此得出這個說法：「要」字的上半意為「西」，發音為「xi」；西是「西夏」一名的頭一個字（西夏是曾昌盛於中國西疆的古王國）；「要」字的下半意為「女」；西夏國的所在地，如今是中國大部分穆斯林（回回）的家園，回回取道漫長的商旅路線，橫越中亞，漂泊至此。至少，這是一種解釋，而我們可以推測，在利瑪竇眼中，這個女人會有異國容顏，令人想起中國邊疆游牧民族的世界；這個女人會穿一身色彩鮮豔的連身裙、毛氈靴、綁了那塊生存不易之地區的女人所共有的辮子。

但「要」這個形象還產生更複雜的回響，利瑪竇認為把他對這個形象的定義轉換成如下意思，亦無不可：「一個來自西北部的回回女子。」在這樣的解釋裡，「西夏」單純表達粗略的地理位置，「回回」一詞則不限於指穆斯林。根據其與中國學者的交談，根據自身的研究和觀察，利瑪竇很清楚「回回」一詞也用於指散居於中國各地的猶太人和如今仍可在該地找到的景教徒後裔。明朝中國的猶太人被稱作「挑筋回回」，以有別於其他族群（雅各與天使角力，傷到腳筋，猶太人為紀念此事，宰殺牛羊時挑去腳筋，因此得名），景教徒則被稱作「十字回回」。[4]因此，對利瑪竇來說，這個回回身分的部族女子，意味著與「要」字所固有的那些基本信念觀或基本義務觀更緊密的連結。這個女人讓他想起，如果說儒釋道的三元體系已被內化於中國，伊斯蘭、基督教、猶太教的三元體系在中國則是受到容忍，但未獲准有自成一體的身分。而此中不就存在一個基本真理，因為後面三教都接受一個真正的神？

在接待廳東南角，兩名武士仍扭打在一塊。利瑪竇搬出這個意為「必要」的部族女人，把她擺在東北角，讓她與這兩個男人的距離近到觀者不至於看不到她，又不至於近到使觀者把她與他們弄混。只要利瑪竇選擇把她留在那裡，她就會一直待在那裡，置身於瀰漫記憶宮殿的寧靜光照裡，神情平靜且一動不動。

✦ ✦ ✦

一五八四年利瑪竇住在肇慶時，畫了一張世界地圖，用漢語語音譯寫出各國國名，擺在他的傳教機構屋裡展示。肇慶是繁榮的大鎮——據某個去過該地的西方人所述，比塞維爾大了兩倍——許多登門拜訪利瑪竇的當地有錢人，看到自己國家在全球地圖上的位置，既驚訝且覺得很有意思。其中一人，未經利瑪竇允許，複製了此地圖，據此做成木版畫；這些版畫流傳甚廣，而且大受喜愛，利瑪竇因此決定製作更完整、更精確的世界地圖，因為頭一張草圖繪製得很倉促。[5] 一五八四至一六〇二年他斷斷續續改良原圖，一六〇二年他印出自己版本的世界地圖，在其中填入最新的地理發現資料，仔細繪出諸多區域，添加了見過且敬佩他的製圖成果的當地學者所寫下的稱讚其學識的溢美之詞。利瑪竇針對諸國所下的簡短注解，以小但清晰的漢字寫出，有助於讓好奇於他的文明世界者，在沒有他在場時，也能認識它。在一六〇二年版的此地圖中，他在義大利西海岸外的空白處，義大利半島和西西里島之間，加注說：「此方教化王，不娶，專行天主之教，在邏馬國。歐邏巴諸國皆宗之。」[6] 在歐洲以西的大西洋上，利瑪竇寫道：

> 此歐邏巴州有三十餘國，皆用前王政法。一切異端不從，而獨崇奉天主上帝聖教。凡官有三品，其上主興教化，其次判理俗事，其下專治兵戎。土產五穀、五金、百果，酒以葡萄汁為之，工皆精巧，天文性理無不通曉，俗敦實，重五倫，物彙甚盛，君臣康富，四時與外國相通，客商遊遍天下，去中國八萬里，自古不通。今相通近七十餘載云。[7]

在寫於地中海東端的注解裡，他把巴勒斯坦標注為「聖土」，「天主降生」之地。他把君士坦丁堡、麥地那、麥加都標注出來，但未予以注解；裡海南邊波斯東北部的一個小區域，被標注為回回地，但同樣未予以注解。[8]

利瑪竇在這些地方不添加注解，當然出於刻意：如果中國人知道基督教所來自的西方世界裡存在嚴重的信仰分歧，中國人就不可能心儀於他所宣揚的宗教。利瑪竇很清楚天主教在歐洲受到攻擊，因為他在宗教論戰不斷的環境裡長大。尤其在一五七〇年代的羅馬，他是個見習修士時，教派間的論戰，透過無休無止的教義宣講，始終大行其道。傳道士不只可見於重要教堂裡——儘管在這些地方，教皇的私人傳道士托萊多（Toledo）神父、耶穌會神父本尼迪克特（Benedict）、方濟會修士帕尼恰雷拉（Panicharella）、嘉布遣會修士盧普斯（Lupus），全都口若懸河，各有自己的追隨者——而且可見於街頭和市場裡、廣場裡、夏日擁擠的公園裡、受雇於葡萄園等地工作的外地民工群眾之間。有些耶穌會士帶著唱詩班男童歌手遊走於街頭和鄉間，用「動聽的歌曲」激勵工人，「用這一歌聲紓解他們勞動的辛苦」。傳道士也向風化區的妓女講道，在人盡皆知的放高利貸者的家門前講道。耶穌會士特別積極從事這些街頭宣講：有個觀察家提到，看見他們站在現成合用的市場攤位上或窗台上，以便居高臨下目視群眾，並用他們的話語打動人心，分發免費的打了結的鞭繩，以便信徒製成鞭子，私下自我苦行。[9]

在聖彼得大教堂，耶穌會士被派去聆聽告解，前來告解者不只羅馬市民和其他義大利人，還有前來參拜這座聖城的所有朝聖者。他們制定了雙語告解神父輪流上場制，每個神父都精通義大利語和另一種語言——英語、波蘭語、法語、西班牙語、法蘭德斯語——第二種語言的名稱展示在告解室上方的公告牌上，神父坐在告解室裡，手持一根白色權杖。如果朝聖者找不到能懂其語言的告解神父，會從附近的悔罪屋（Penitentiaria）叫來一名聽得懂的神父，悔罪屋裡始終有十二名耶穌會士在待命；如果需要希臘語或古敘利亞語或阿拉伯語的專家，他們就找巴普蒂斯塔·羅馬努斯（Baptista Romanus）神父。他原是猶太教徒，晚近改信基督教，既對其新宗教信仰非常虔誠，其語言本事也非常高超。至一五九〇年耶穌會轄下的神父已能應付二十七種語言。[10]

這種令人振奮的多語言紛呈氣氛，靠外文書籍的存在支撐。羅馬諸多耶穌會學院的圖書館，一五七〇年代後期時館藏已甚豐，誠如遭流放的英格蘭天主教徒格列高里·馬丁（Gregory Martin）所指出的，館內「有為各系收藏的許多一流書籍」，他還吃驚說道，耶穌會士甚至有外語活字。[11]第一流的梵蒂岡圖書館，使耶穌會的這類資源更加完備。該圖書館一週開放三天供一般讀者閱覽（週一、週三、週五），冬日始終生著火以保持室內舒適。蒙田一五八一年三月走訪此圖書館，為館方大方容許其閱覽館中書籍大為高興，並在紙草文獻和希臘文手稿、維吉爾、塞內卡、普魯塔克的著作珍本、阿奎那著作手抄本、亨利八世抨擊路德的親筆手稿之間，看到「一本來自中國的書」，而大為驚訝。這本中文書「非常特別，其紙質比我們的紙遠更細緻、透明，由於吸墨性能不佳，每張紙只能書寫一面，然後將紙對半折起」。[12]

傳教熱情到處可見，為舊有的傳教理念不斷注以新活力。羅耀拉為耶穌會編訂了《章程》（*Constitutions*），後來，教皇尤利烏斯三世（Julius III）在其一五五〇年的詔書中予以擴展，使其更為完備。所有耶穌會士，發揮羅耀拉在該章程裡所明確表達的決心，誓言：「基於一特別的誓言，我們必須執行現今和未來之羅馬教皇針對提升靈魂和傳播信仰所下達的任何命令；必須毫無託辭或藉口，義無反顧前往教皇要我們去的任何教省——不管教皇是要派我們去向土耳其人或其他異教徒傳教，乃至向那些住在所謂印度以東地方的人傳教，或者向任何異端人士或分裂教會者傳教，或者向任何信徒傳教，皆然。」[13]總會長阿夸維瓦同樣堅信此看法。格列高里·馬丁完全清楚這些誓言對耶穌會士的精神意志所起的作用，描述了一五七七、一五七八年間，即利瑪竇正準備接下其任務那期間，羅馬一地耶穌會士的精神狀態：

> 情況危急時，上帝讓他們其中某些人喪命，讓更多人展現他們的博愛：至於其他的，祂讓他們活著，以展現祂的慈悲之力，而且祂接受他們的真誠善意，赦免祂的僕人，

因為祂會要他們更長久奉獻心力。其中許多人懷著同樣的真誠胸懷和熱忱，想要被派去另一個世界，東西印度群島的野蠻異教徒那兒，以使他們皈依我教，那股博愛和熱情，同樣的高昂，說不定更加高昂（成果之大無疑更加無可比擬）。去另一個世界，充滿危險，（一如大家所會認為的）獲致重大成果的機率不高，因此，可能使非常優秀之人都裹足不前。[14]

至於利瑪竇本人當時的想法，我們只能從他生平經歷去窺知，他本人只在晚年時提供了一個線索。一五九六年十月十二日，他從南昌寫了封信給他的往日同窗友人，人在義大利的朱利奧·富利加蒂，信中利瑪竇回顧起他們兩人如何夢想著加入赴印度以東地方傳教的事業，夢想成為前去「原始森林」之「強大軍隊」的一員：但他要富利加蒂放心，在義大利的宗教生活和在中國一樣充滿戲劇性，因為「人不必靠受了刀劍的戳刺才能成為殉難者，也不需靠長途跋涉才能成為朝聖者」。[15]

耶穌會士所受的訓練，大概和當時世上任何人受到的海外傳教培訓一樣完備。除了神學、古典學、數學、科學方面的嚴格課程，還有「辯論」方法的訓練。這些訓練通常於週日晚餐後進行，不脫兩種方式：其一，由一學生提出一神學觀點，然後面對他同學的種種強力反詰，為自己的觀點辯解，而他的反方同學事前經過二十四小時準備，以使自己的論點更加犀利難駁；其二，由一老師提出一異教觀點，讓學生各憑本事削弱這個「故意唱反調的人」。這些課有流於虛應故事之虞，但嚴格進行的話，會讓年輕人在建構論點、剖析自己信念、強化記憶術方面受到特別強的訓練。而就強化記憶術來說，藉由改造昆體良、西塞羅所教導的方法——原本用於法律、修辭方面——改用於神學領域，來辦到。[16]

這些辯論活動背後，有旨在強調此論戰之象徵性重要性的精彩表演予以支持。在教皇之禮拜堂舉行的特殊禮拜儀式中，有人以拉丁語、希臘語誦讀當日所應誦讀的福音書和使徒書信，以提醒所有聽眾，拉丁世界、希臘世界都是天主教會的一部分，教皇是這兩者之主；但為表明希臘教會的沒落，用希臘語誦讀時，燈光弄暗，省掉儀式，只有在再次誦讀拉丁經文時，才恢復燈火通明。耶穌會神學院用餐時間每日兩次讀聖經的場合，在討論希臘文版聖經時，若需要搬出對經中字句的詮釋來駁斥異端論點，總是與拉丁文版聖經一起討論。[17]

但這些程序，儘管具有巧思和重大象徵意義，卻不等於是用來認識敵方教義的正式訓練。許久以前，十三世紀後期，有個名叫拉蒙・柳伊（Ramon Lull）的廷臣暨學者，已根據其在馬霍卡島（Majorca）的生活經驗，建議教會認真攬下學習外語、與敵對教派的著名代表人士公開辯論的差事，以更有機會打贏他們。馬霍卡島上不同宗教族群並存，晚近獲勝的天主教徒一方控制了包含有許多猶太教徒、穆斯林的島上居民。柳伊建議將他的著作譯成異端人士的語言；建議「去韃靼人那兒向他們傳道，讓他們認識我教；建議找巴黎的韃靼人學習我們的文字和語言，然後讓他帶著這份知識回去其國家」。[18]在其最早的重要著作《多神教徒和三賢人之書》（*The Book of the Gentile and the Three Sages*）中，柳伊寫到一場漫長的「對談」，一名多神教徒在此對談中就創世主、先知摩西、彌賽亞、基督復活、天堂和地獄的意義、穆罕默德和《古蘭經》之類問題，先後問了猶太教徒、基督徒、穆斯林各一人。這名多神教徒最終在三人的回答中選擇了哪一個，柳伊未予交代，而以猶太教徒、基督徒、穆斯林為無意中發出可能冒犯對方的言論彼此道歉這個謙恭有禮的場面作結。[19]但後來，柳伊其實走上極端且公開和伊斯蘭為敵的立場，因此，任何真心寬容異己的想法很快就消退。正巧，就在十三世紀的同一時期，受到中亞蒙古人政權熱誠相待的方濟會傳道士，帶回他們對佛教的最早報告，包括對佛教禱告、默念、經籍、高僧的初步描述，其中許多方面頗為確實，但這一資訊在歐洲乏人問津，在歐洲學校裡未有人以哪種前後一貫的方式予以進一步深究。[20]

猶太教、天主教、伊斯蘭教三教共通說，十四世紀中葉經薄伽丘之手而更加受看重。他在其《十日談》（*Decameron*）某篇故事裡用到此說，該故事講述蘇丹薩拉丁想奪取一心思縝密的猶太人的錢財，出題考問該猶太人。薩拉丁想騙這個猶太人出差錯，以便占他便宜，於是問三大教哪個是「貨真價實」的教。猶太人說了三個戒指的寓言故事，迴避此問題：有個富翁來日無多，想遵照家族傳統把一枚精美的戒指傳給最讓父親開心且會接替他做一家之長的兒子。但這個富翁愛三個兒子無高低之分，認為他們的能力無分軒輊，於是偷偷找人仿製了兩枚一模一樣的戒指，分給三個兒子。他死後，三個兒子才發覺他們各有一枚戒指，因而不得不共同持家，均分遺產。「哪個兒子是真正且名正言順的繼承人，這問題依舊遭擱置，而且從未得到解決，」薄伽丘寫道，「這道理用在天父賜予祂的三個族群的三套律法，也就是你所問的題目，同樣適用。他們都自認是祂的遺產的合法繼承人，都自認擁有祂的真正律法，奉行祂的十誡。但一如戒指故事所表明的，他們哪個是對的這個問題依舊遭擱置不談。」[21]

在十六世紀中葉的義大利，儘管瀰漫反宗教改革的嚴酷氣氛，這種接受伊斯蘭的心態，仍然盛行。一五八四年，即利瑪竇進入中國隔年，磨坊主梅諾吉奧（Menocchio）首次受宗教法庭訊問時，深信聖靈已被賦予「異端人士、土耳其人、猶太人，他認為他們都討人喜歡，都以同樣方式得到拯救」。[22]根據梅諾吉奧對伊甸園的描述和他的其他某些信念，他可能看過《古蘭經》，或至少討論過《古蘭經》，因為一五四七年時有個義大利語版《古蘭經》已開始流通。[23]

拉蒙·柳伊的某些看法——尤其他所發展出來，熔記憶術、法術和組織法於一爐，用於支配、組織世上諸力量的複雜「技藝」——十六世紀在法國、義大利頗為風行，但在學習阿拉伯語方面，依舊沒有始終如一的發展，更別提印度、中國或日本的語言方面；利瑪竇大概沒機會在學校學這些語言。[24]除了一五五〇年代後期他小時候在馬切拉塔聽過鄂圖曼土耳其人來犯的警報，利瑪竇首度體驗到伊斯蘭勢力的強大，無疑係在一五七八年後期他抵達臥亞時。自一五一〇年被阿方索·德·阿爾布克爾克（Afonso de Albuquerque）從比賈布爾（Bijapur）的穆斯林蘇丹手中奪過來，臥亞一直是葡萄牙人的領地，因而，它成為熱鬧的宗教、戰爭、貿易中心，並不足為奇。葡萄牙國王指派總督管理葡萄牙的印度領地，臥亞是該總督的總部所在，由市政委員會治理，市委會由葡萄牙貴族、治安官、行會領袖組成。這些人負責臥亞防務，監督臥亞經濟生活，管理公共工程，為當地居民決定食物價格。當地居民共有約三千或四千葡萄牙人、許多不同國籍的天主教神職人員，或許一萬的印度籍城市居民，還有臥亞城牆外但位於臥亞島上三十多個村鎮裡的印度人。[25]但如果說臥亞是葡萄牙在東方最大的堡壘，它也難禦外敵，難以武裝和補給，其與葡萄牙在莫三比克、荷姆茲的主要軍事基地的連結往往薄弱。

相較於臥亞島和鄰近之薩爾塞特（Salsette）地方上的印度教徒居民，穆斯林勢力似乎更大，因為印度教徒已被迫臣服於占優勢的基督徒，他們的神廟遭徹底夷除，他們的許多儀式和節日遭禁，頑抗的婆羅門遭沒收財產，終身在船上當划槳奴隸。另有規定禁止非基督徒當行會會長，強迫許多非基督徒無酬在碼頭裡的葡萄牙船上工作。[26]複雜的法律規定把幾乎所有印度教徒孤兒交給臥亞聖保羅教堂的耶穌會神父教育、撫養，「直到年紀大到能自己決定要信何教時」，而這個過程可想而知使他們受到改宗的壓力。[27]利瑪竇住在臥亞那段期間，諸人的記述欣然提到臥亞學院學童的生活景象。其中有些學童只有五歲大，沒有學童超過十六歲，他們在教堂祭壇前跳舞，腿上繫著鈴鐺，然後排成一支「童子軍」，在教堂前面大廣場上來回接受檢閱，朝空鳴放真的滑膛槍，向主歡喜致敬。一群群男孩唱著耶穌會士所教的宗教歌曲跑過街頭，其中有些人是從里斯本運過來、失去父母的唱詩班男童歌手。在附近的教會學校，利瑪竇等剛來的耶穌會士看著四百多名當地孩童聚集，男孩一排，女孩一排，然後聽他們放聲吟誦主禱文、萬福瑪利亞、十誡，先是用當地方言，然後用葡萄牙語，然後看他們遵照他們神父的示意，一聽人提到他們以前信的神，就一起朝地面吐口水。[28]

與印度教徒的臣服截然相反的，穆斯林勢力在上漲。整個十六世紀中葉，一群印度穆斯林統治者不斷削弱德干半島上最後一個印度教大王國毗闍耶那伽羅（Vijayanagar）的勢力，領土與臥亞接壤的比賈布爾的蘇丹，係臥亞葡萄牙人時時揮之不去的威脅。有些紀錄記載了穆斯林船迫使基督教神父緊急上岸藏匿，另有記載描述穆斯林海關官員向入境神父索要巨額通行費，神父若不照辦，就攻擊他們和他們的助手。[29]偶爾，已改信伊斯蘭的葡萄牙人帶頭攻擊臥亞周邊地區，一五七〇至一五七一年比賈布爾的蘇丹圍攻臥亞期間，喪命之人多到使原本宜居且美麗的臥亞屍臭久久不散：與利瑪竇同行的巴範濟寫道：「從那之後，這裡就不再那麼對健康有益，這似乎是因為那時有好多摩爾人喪命，想必污染了空氣。」[30]

蒙兀兒統治者阿克巴正在北印度打造的大帝國，其所帶來的威脅遠非其他威脅所能及。對於阿克巴勢力的強大，利瑪竇的看法與他當時人普遍的看法一樣，寫道這個統治者有「七十個王國，能把三十萬騎兵和兩萬頭大象送上戰場」，他現存最早的信——一五八〇年寫給人在科英布拉的一個友人——討論了他對阿克巴可能拒斥伊斯蘭、大概會改信基督教一事的興奮之情。[31]利瑪竇如此盲目的樂觀，係因為得知阿克巴欣然接納某些葡萄牙籍神父和顧問，以及他於一五七九年派廷臣賽義德・阿卜杜拉・汗（Said Abdullah Khan）出使臥亞。這位使節帶來一封信，信中要求送兩位天主教傳教士至蒙兀兒帝國都城法塔赫布爾西格里（Fatehpur Sikri），並帶去「主要的律法書、福音書」，以便他們和阿克巴討論他們的宗教；誠如某耶穌會士所說的，「看看基督徒猶如野獸一說在摩爾人之間多麼盛行」，就可知這是大有可為的進展。[32]為展現其真誠，阿克巴甚至送去兩頭騾子，以讓傳教士免去跋涉之苦。利瑪竇描述了臥亞總督和文武大臣、重要宗教人物在音樂伴奏下歡迎這位使節的風光場面。這位使節拜訪了耶穌會學院、圖書館、藥房、教堂、食堂，向聖母瑪利亞畫致上深深的敬意，聚精會神聆聽教堂唱詩班唱詩，參與為他所辦的十六名或更多名耶穌會神父的神學辯論，令利瑪竇興奮不已。他寫道，「我們所希望的，就是全印度人民改宗」，描述了三名神父帶著剛運來、要致贈給阿克巴的八大冊普朗坦多語版聖經離去的情景，但也頗有先見之明的寫道：「既說到這些人是穆斯林，我也等於在說魔鬼會像過去那樣設下什麼難關阻擋我們。」[33]

結果，阿克巴雖然頗用心審視了這部多語版聖經（據耶穌會士記述，恭敬吻了每一冊），邀天主教神父與高階伊斯蘭神職人員作漫長的宗教辯論，保證讓他兒子學葡萄牙語，看了一場彌撒儀式，此後卻對基督教興趣缺缺。[34]傳教士在法塔赫布爾西格里觀察到，在會面場合，阿克巴似乎神情非常恍惚，無法領略他們話中的微言大義，因為他「吸了很多鴉片，喝了很多用罌粟果殼、某種堅果和肉豆蔻、印度大麻（bhang）、其他同類物質調製成的某種飲料，因而昏昏沉沉，讓我們覺得他像是在長眠」。[35]利瑪竇總結這些報告，最終推斷阿克巴始終不是真心要改宗，其邀請耶穌會士到他的都城，若非出於「某種本有的好奇心，想要了解其他宗教的新奇之處」，就是因為他懷有某些政治目標，而葡萄牙人之助或許有助於他如願。[36]

耶穌會士希望「這位蒙兀兒王醒悟，看清穆罕默德錯了，看清他所給的律法虛妄，非常虛妄」，結果落空，但其中有些人繼續從一件事上頭得到慰藉，即至少「這個國王是猶太人的大敵」。[37]就阿克巴這方面的想法來說，阿克巴的確與臥亞宗教法庭的政策一致。宗教法庭迫害被稱作「新基督徒」的猶太人，令利瑪竇非常難過。這些猶太人又被稱作「改宗者」（Conversos），係一四九七年猶太人遭逐出葡萄牙後的那幾年裡被強迫改信基督教的猶太裔家庭的成員。利瑪竇在其寫給總會長阿夸維瓦的第一封信裡（一五八一），不畏當道，向他講述了此事。[38]

耐人尋味的，宗教法庭擔心猶太人或前猶太人帶來危害的心態，在一五七八至一五八二年間，比那之前或之後任何時候，都更加站得住腳，而那期間利瑪竇正好人在臥亞。因為國王塞巴斯蒂安於一五七八年兵敗身亡於阿爾卡薩爾基維爾，卻未留下子嗣，使葡國的未來整個前途未卜，葡萄牙和其領地隨之瀰漫著高度緊張不安的氣氛，在這樣的情況下，擔心猶太人東山再起的心態跟著急遽升高。摩洛哥的猶太人原擔心國王塞巴斯蒂安打勝仗後會逼他們改信基督教，得知他喪命後，公然歡欣鼓舞，自此每年把他的忌日當第二次解脫日來慶祝，而幾乎是此役一結束，好似要回應上述摩洛哥人的歡天喜地表現的，葡萄牙境內就開始謠傳國王塞巴斯蒂安未死——沒人看到他死——而是逃到歐洲。有人假冒他的名號出現，塞巴斯蒂安復活教（Sebastianismo）問世。這一教派相信有一天他會回來，帶領他的人民重拾自由。塞巴斯蒂安復活教與一股性質相異但同樣危險的地下思潮融合得天衣無縫。這股思潮來自龔薩洛·阿涅斯（Gonçalo Anes）的著作，此人人稱「先知」，是個葡萄牙鞋匠，該世紀更早時寫下談新彌賽亞降臨的異象性質小冊子。他的著作以大膽但含糊的措詞談一個「隱而不見者」，一個名叫安科貝托（Encoberto）的人，此人是個王子，會建立一個由葡萄牙人統治的烏托邦式普世君主國。這些著作甚受猶太裔新基督教徒喜愛，宗教法庭因此於一五四一年下令禁止流通，阿涅斯本人則被抓去審判，宣告放棄其信仰。[39]

一五八〇年西班牙人接管葡萄牙時，阿涅斯的著作有助於煽動那些相信塞巴斯蒂安會復活的愛國葡萄牙人的激情，不管這些葡萄牙人是舊基督徒，還是新基督徒皆然。一五八一年，宗教法庭再度明令禁止閱讀他的著作。此外，除了陰魂不散的塞巴斯蒂安，西班牙王腓力還得打敗另一個勁敵，才能如願拿下葡萄牙王位。這人就是甚得民心的唐・安東尼奧（Don Antonio），其父母是葡萄牙王子和改宗的女猶太人維奧蘭特・戈梅斯（Violante Gomes）。一五八一年西班牙軍隊迫使唐・安東尼奧逃離葡萄牙，但他得到西班牙之數個敵人的精神支持和軍事支持，一五八二年，儘管被派去助他的小型法國艦隊遭擊敗，他仍在亞速群島堅守不退（法國人支持唐・安東尼奧，因為他答應如果復國，會把巴西割讓給法國）。一五八三年夏，西班牙才拿下亞速群島，腓力才終於除掉其海上帝國的一大隱患。[40]

利瑪竇親眼目睹過猶太人在歐洲所受的苦，因此對他們的苦難知之甚詳。他八歲時，在馬切拉塔，猶太人放高利貸維生之舉受到激烈抨擊，一五六四年他十二歲時，當地大肆宣傳欲制止一名經營馬切拉塔屠宰場的猶太人在大齋節期間賣肉（那期間只有得到特許才准賣肉）。[41]安科納已是遭逐出西班牙、葡萄牙之猶太人的避難所，至少一度是，而利瑪竇對他們在該地的活動或許也有些許了解，尤以自從安科納猶太人遭宗教法庭迫害，導致中東猶太人抵制與該城通商，憂心忡忡的安科納天主教徒欲把宗教法庭訴訟程序移到馬切拉塔之後為然。[42]但主要是在羅馬，猶太人動見觀瞻，他們若非作為改宗政策的代表，就是作為該政策的敵人。利瑪竇在羅馬當見習修士時，那裡的猶太人受到嚴格的一五五五年法律約束，被迫住在偪促的猶太人聚居區裡，夜裡（和耶穌受難週期間）被關在他們擁擠的街道上。每逢週六，下午兩點，他們得去聖三一團（Company of the Blessed Trinity）的教堂做禮拜——男人坐在講道壇前的長凳上，女人在樓上隱蔽的樓廳裡，不拋頭露面——被成群好奇的羅馬人和前來該城的遊客圍觀。那天早上，在猶太人的會堂裡，猶太人，連同身穿白袍的願意改宗者（被稱作慕道友〔catechumens〕）和新受洗者（被稱作neophytes），坐在基督徒之間，聽耶穌會神父波塞維諾（Possevino）（或有時聽嘉布遣會修士盧普斯〔Lupus〕或神父佛朗西斯科·馬利亞〔Francisco Maria〕）和一名已改宗的猶太人（大多是一個名叫安德烈亞斯〔Andreas〕的猶太人），講述彌賽亞、巴比倫囚虜的故事，講述所羅門王之榮光的真諦，宣講者使用他們已聽過的經文，但予以大不相同的詮釋。一五七八年後，已受洗的猶太人獲准進入新設的希伯來神學院（Hebrew Seminary）就讀，除了學母語義大利語，還學拉丁語、希伯來語。教皇額我略十三世每月撥一百克朗給這所神學院，一年後，隨著剛改宗的前拉比巴普蒂斯塔·羅馬努斯從中東帶了一批年輕人回到羅馬，神學院裡的猶太人大增。[43]那些願意受洗的猶太人，往往「與這時無法忍受他們的同胞不相往來」（格列高里·馬丁語），在慕道友的房子裡受特別的老師訓練；被認定已做好準備後，他們在拉特蘭聖約翰教堂（St. John Lateran），參加一年兩次的新改宗者的集體受洗儀式，一次在復活節前夕，一次在聖靈降臨節前夕。這些受洗儀式全程由專人指導，以利瑪竇當時來說，指導者是聖阿瑟夫（St Asaph）的主教托瑪斯・戈德韋爾（Thomas Goldwell），本籍威爾斯的流亡人士。[44]

羅馬的猶太人也在該城的經濟生活裡扮演重要角色。教會依舊禁止基督徒放高利貸，因此猶太人一如以往主宰高利貸生意。在成衣業，他們也很有分量，甚至在明令猶太人住在專屬聚居區之後，他們仍獲准一週前來納沃納廣場（Piazza Navona）一次。他們豔麗的成衣、壁毯、布匹是該廣場的美麗風景之一。猶太企業家積極將新工業事業帶到羅馬：嘗試製布——古羅馬圓形競技場廢墟曾短期間作為製布基地——並嘗試製絲。有消息說一名威尼斯猶太人已找到一年孵化兩次蠶蛹的辦法，羅馬人對絲貿易的興趣隨之一度高漲。家具業一名發明家製造出一套可折疊的床桌（但未能賣掉），另一位發明家組裝出由一排五十枝火繩槍構成的武器，預示了日後的機槍。[45]猶太人無論生意興旺與否，都得忍受俗界和教會隨意的經濟剝削。那些已改宗者尤須特別提防，以免遭控重拾猶太教信仰，從而遭作風嚴酷令人生畏的宗教法庭調查。格列高里說一五七〇年代的宗教法庭對付「異端人士、叛教者、施法術者、巫師：為拯救他們的靈魂，動用各種手段，把會改過自新者客氣的釋放，撤回對他們的控告」。光是在安科納，就有十二名猶太人被處以火刑，燒成了灰，正說明上述不假。[46]

整個十六世紀期間，葡萄牙人很清楚猶太人逃離該國之事，不管是逃到安科納（教皇最初答應讓他們避難於該地），還是逃到臥亞、科欽。在臥亞，宗教法庭在大審判官主持下一五六〇年正式啟用，但在這之前許久（一五四三年），就有人首度受害於宗教法庭。此人是新基督徒，身分是醫生，名叫傑羅尼莫．狄亞斯（Jeronimo Dias），據推測因偷偷舉行猶太教儀式而遭處以火刑。[47]至一五六〇年代，在臥亞以南的科欽地區落戶的猶太人，已多到使天主教神職人員將當地的印度籍統治者——有時新基督徒為他效力——謔稱為「猶太人的王」。[48]神父迅即被派去南邊剷除這些「不忠的猶太人」，隨後，其中某些猶太人被捕，送到臥亞受審。[49]宗教法庭的代表尤其提防「白種猶太人」——即聽聞科欽是猶太人避難所而想方設法取道土耳其、荷姆茲來到臥亞的葡萄牙人；他們似乎被認為比「黑種猶太人」更危險，後者已和南印度本土居民或更早時就改信猶太教的本地人通婚。[50]

國王塞巴斯蒂安的寵臣巴托洛梅．德．豐塞卡（Bartholemew de Fonseca）一五七一年獲任命為臥亞宗教法庭的審判官後，猶太人的日子更加難過。豐塞卡出任此職時還不到三十歲，對於此一職務欣喜若狂。他認為印度正被新基督徒——或者，照他更愛用的稱呼，「殺死上帝之人」（mata-Deus）——「挖牆腳」（solapada），常吹噓他開了多少次審判庭、把多少個監獄填滿，「燒死（多少人的）父親、祖父，把（多少人的）骨骸從墳墓裡挖出來」。[51]利瑪竇於一五七八年九月踏上臥亞土地，兩個月後，有人發現豐塞卡得意洋洋寫道，他「已使這塊土地到處起火，充斥著異端分子和背教者的骨灰」。[52]根據利瑪竇某封早期的信，我們知道他對於宗教法庭將人以火刑處死之事普見於印度，感到很不安。一五七

五、一五七八年臥亞的兩場大規模火刑處死，想必加劇他的不安——第一場，燒死十九人，其中兩人信路德宗，十七人信猶太教；第二場，燒死十七人，這一次全因為信奉「猶太異端」。[53]

耶穌會對這些事的立場很微妙。火刑不只令人心生畏怖，本身還是精心設計的社交聚會，提供了在教堂裡和街頭上舉行盛大儀式的機會。定罪前的調查在教堂裡進行，然後審判官押著受害者，浩浩蕩蕩一行人遊街（許多放棄異教信仰或懺悔過且得到寬恕的人，以及人數較少的即將死亡的人，參加了遊街）。宗教法庭的火刑——透過沒收被判定有罪者的財產——也成為教會和宗教法庭職員主要的金錢收入來源。[54]耶穌會士通常充當被判定有罪、即將被綁上火刑柱處死者的告解者，還在審判時充當陪審推事這個官方角色，在判決書上連署。[55]另一方面，由於一五七〇年代總會長麥古里安（Mercurian）積極物色最聰明的新血和其他原因，耶穌會裡出現許多猶太裔「新基督徒」會士，其中數人最終在印度擔任要職，包括和利瑪竇同搭聖路易號出航的一位神父。[56]

在印度的耶穌會士，不只把很多心力用在穆斯林或猶太人身上，也用在臥亞以南為數眾多且稍稍較願意接受耶穌會觀念的本土基督徒身上。在這方面，由其書信可看出，年輕的利瑪竇的觀察同樣專注深入。這些被通稱為「聖多馬基督徒」（St. Thomas Christians）的人，既給這些天主教神父帶來困擾，也帶來機遇。根據傳統的教會說法，使徒多馬循貿易路線穿過小亞細亞，沿著印度西海岸南下，在科欽使許多人改宗，然後繼續上路，來到今日的馬德拉斯，在那裡殉教。[57]歐洲人老早就對這些也被稱作「馬拉巴爾基督徒」（Malabar Christians）的人有籠統的認識，經過最初的混淆之後（最早來到南印度的葡萄牙航海家對著印度教女神卡莉〔Kali〕的神像膜拜，以為它們是聖母瑪利亞像），他們開始與南印度真正的基督徒往來。這些基督徒要求葡萄牙人保護，使其免受當地穆斯林羅闍侵犯，令這些「發現（他們的葡萄牙）人」大為高興；葡萄牙人迅即趁此機會牟取最大獲利，答應保護他們，條件是要讓葡萄牙人幾乎完全獨占科欽一地所生產之所有奇貨可居的胡椒的出口貿易。[58]

耶穌會士更仔細考察馬拉巴爾基督徒的教義，發現他們相信瑪利亞是基督之母，而非神之母（即瑪利亞只賦予基督肉身，而未賦予其神性）——這一特點使他們被稱作聶斯脫里派信徒（景教徒），即早期基督教會裡被宣告為異端、脫離自立的一個團體——而且他們仍顯然從敘利亞教會取得他們的心靈啟發和精神指導。

針對如何牧養這些新發現的基督徒，十六世紀天主教徒意見分歧，導致特別混亂的局面。於是而有這樣一個情況：科欽教會某主教，因身為異端分子，遭到出席臥亞會議之教士的譴責，與此同時他又讓葡萄牙的統治者和教皇相信他的信條合乎正統，甚至教皇似乎考慮封他為樞機主教。[59]利瑪竇來到印度時，教皇已決定把科欽基督徒交給兩個互相較勁的主教管，兩人都與敘利亞景教教長有往來，但又宣稱自己的思想完全合乎羅馬教會正統。葡萄牙人對他們兩人都心存懷疑，因為葡萄牙人希望爭取此職者行事不傷害他們的利益。其中一位主教，西蒙（Simon），得自方濟會修士的支持較多，另一位，亞伯拉罕，得自耶穌會士的支持較多。耶穌會士所支持的亞伯拉罕占了上風，而且在耶穌會士協助下在威皮科塔（Vaipikkotta）設立一所大神學院，藉此使其地位更為穩固；約五十名學生在此學拉丁語和迦勒底語祈禱書和神學，同時以古敘利亞語做禮拜。但情勢依舊瞬息萬變，得了險疾的利瑪竇一五七九年十一月被派去科欽療養時——他得的是某種差點要了他命且使數名他在臥亞的耶穌會同僚喪命的熱病——他仍覺得難以釐清這兩位主教各自言之成理的主張。[60]

儘管有管轄權方面的紛爭，有一點係利瑪竇所看清楚的，即某些不合規矩的禮拜儀式已得到糾正。早期見過馬拉巴爾基督教神父主持儀式者指出：

他們頭頂剃光的部位與我們的正好相反，該剃光的部位留著頭髮，那部位周邊則剃光。他們穿白襯衫，纏頭巾，赤腳，留長鬍，極為虔誠，和我們一樣在祭壇邊做彌撒，面對一根十字架。做彌撒的神父行走時，兩旁各有一人協助他。他們所發的聖餐是鹹麵包，而非聖體（經過祝聖的麵餅），他們所祝聖的東西足夠教堂裡所有在場者領受；他們把聖餐全發出去，好似它們是得到賜福的麵包，每個人來到祭壇底部邊，從神父手裡領受聖餐。[61]

但利瑪竇能看出，已有一項令人滿意的改變，目前「我們的兩個教會，除了語言方面有差異，其他都已一致」。而如果羅馬把一台印刷機送來科欽，以使羅馬祈禱書和彌撒書能以新的雙語版忠實呈現，連語言差異都能迅即予以打消。[62]

根據其他書信，我們知道利瑪竇氣惱於較有天賦的印度籍學生，因為臥亞僑界裡眼紅或緊張不安之西方神父作梗，無從學習高階神學，氣惱於本地印度人，「懂得再多，相較於其他白人，受到的肯定大多甚少」。[63]據此我們可以推測，對於竭力阻止宗教法庭嚴酷對待本土基督徒的耶穌會士，他心存同情。至少，在本土基督徒有二十年寬限期去調整他們與羅馬之間的差異之前，耶穌會士竭力幫他們。但這種寬容立場未成為主流，因為在利瑪竇到來之前的十年左右時間裡，已有約三百二十名當地印度籍基督徒被送交臥亞宗教法庭「審查」。[64]利瑪竇顯然覺得印度籍基督徒在儀式、衣著上的改變徹底且令人滿意。他於一五八〇年一月十八日寫信給他的科英布拉神學老師埃瑪努埃勒．德．果伊斯（Emanuele de Goes），認為他會對這類細節極感興趣：

> 如今他們的穿著仿葡萄牙神職人員的風格（而且已刮掉鬍子），做彌撒時穿的法衣，作法和我們所穿的一樣，做彌撒時拿出聖餅，而非他們過去所慣用的麵包；他們「在一個實體的表象下」（sub una tantum specie）分發聖餐給眾人，更常使用整套聖餐，如今

已加上他們以前從未實行過的堅信禮和終傅。他們照我們的方式蓋教堂。[65]

寫下這些字句後不到四年，利瑪竇已剃掉頭髮和鬍子，一身佛教僧袍，落腳於中國南部城鎮肇慶。他深信在中國，信教虔誠之人若要被人視為聖潔，就該這樣的打扮，於是揚棄了身為外來旁觀者的難得地位，讓自己走上難以捉摸的文化適應之路。他的決定有其用意：中國人深深著迷於他的西洋稜鏡、鐘和書，一群群來到他的小房子一探究竟，他因此能讓他們和他談宗教之事。看過擺在他小禮拜堂祭壇上那幅聖母子畫，他們會更想聽他談他的宗教。[66]

利瑪竇相信自己已踏出正確的一大步。一五八五年十一月，他寫信給他的同窗友人富利加蒂，談聚集於肇慶的那一小批西方人：「真希望你能看到我現在的樣子：我已成為中國人。我們在衣著上、外表上、行為舉止上、外在所有東西上，都已是中國人的樣子。」[67]一如他之前的許多歐洲人，已在佛教、基督教的許多外在表現上看出一明顯的相似之處：教士袍服、在禮拜儀式中吟唱素歌、提倡立誓不婚和守貧、寺廟、神像、塔、鐘，乃至某些雕像或畫像。因此，他開玩笑道，只要讓自己成為半義大利人（把頭髮剪得很短）、半葡萄牙人（剃掉鬍子），而且遵循基本的基督教儀式，就能讓自己被中國人視為和尚。[68]

利瑪竇數年後才知道，他打造了錯誤的外在形象。相似未帶來威望，而且誠如利瑪竇所開始體認到的，大部分和尚地位低下，扮成和尚反倒使他失去其最初的地位。一五九二年，他以內疚口吻寫信給總會長阿夸維瓦，說「為了提升身分地位，我們不徒步過街，而是坐轎子，由轎夫抬著走，因為有身分地位的人習慣如此。在此地區，我們很需要這樣的威望，沒有它，對這些異教徒的傳教不可能有進展：在中國，外國人和僧人的名聲很差，因此，我們需要這個和其他類似的工具來讓人知道，我們不像他們的僧人那麼糟糕」。[69]利瑪竇認為必須拋掉中國僧人打扮和外表，有影響力的中國學者和他自己的上司范禮安都支持這一看法，於是，一五九五年夏，利瑪竇終於不再打扮成和尚。他寫信給人在澳門的友人孟三德：

我們已留起鬍子，讓頭髮長到耳朵；與此同時，我們穿起文人出門時所穿的特殊衣著（有別於我們過去所穿的僧服）。我第一次以留鬍的外表、中國官員出門拜訪所穿的衣著外出。這身衣著以紫綢製成，袍服的褶邊、領邊、衣邊鑲了一道近一掌寬的藍綢；敞開的長袖袖口也鑲了同樣的裝飾，與威尼斯盛行的風格相似。一條紫綢寬腰帶束住袍服，讓袍服得以自在敞開，腰帶上也飾了藍邊。[70]

以這身裝扮，加上繡了圖案的緞鞋，利瑪竇此刻的儀表堂堂，想必是自他以學童身分行走在羅馬以來的任何時候所不能及：羅馬學院的義大利籍學生（受教皇的特別保護、領教皇給的津貼）穿長達足跟的藍袍或紫袍；其他學生自費讀書，必須甘於穿樸素的黑袍，一如其他地方二三流學校的大部分學生。[71]

利瑪竇對中國境內不同社會階層之地位高下的看法有了重大轉變，而此轉變來得頗慢。他在來到中國才約一年後作出第一個評斷，認為中國有三大教，即儒釋道三教。他覺得文人所信的儒教最重要，但他們既不相信有天堂，也不相信靈魂不朽，認為他人所謂的魔鬼、來世是「笑話」（una burla）。[72]一年後，一五八五年十月，他寫信給總會長阿夸維瓦時，已體認到此問題沒那麼簡單：基本上，可以說中國文人抱持和古希臘伊比鳩魯學派類似的一組信念；相對的，較低階層大體上可以比擬為「畢達哥拉斯學派」，因為他們既相信靈魂不朽，而且相信靈魂可以轉世投胎於人世和動物界。[73]

後來，這一看法慢慢為另一個看法所取代，利瑪竇開始認為在可稱之為佛教、道教的大教義體系裡，各有近似於基督教三位一體的東西，把三個各自獨立的神拙劣的合為一體。中世歐洲的基督徒老早就普遍認為伊斯蘭教裡有某種偽三位一體的觀念；在中國發現類似的偽三位一體，使利瑪竇作出以下論斷：這是說明魔鬼之作為的絕佳例子，「清楚表明所有謊言之父，這一切的造就者，還是懷有令人難以置信的意圖，想要讓自己與其創造者相似」。[74]利瑪竇也對於作為儒家思想核心，儒家對國與家的倫理觀，對於中國人祭祖、祭孔的意義，有了更深刻的認識，從某個意義上說，傳授儒家思想的學校就是「不折不扣的文人廟宇」；

但他這時認為，正因為儒家對來世是否存在抱持絕對中立的立場，許多儒士「既屬於儒教，也屬於另兩個教派（釋道）的其中一教」。[75]於是，利瑪竇對於中國三大教的新綜合體，的確有非常切實的評斷，而這個綜合體轉而催生出晚明的三教合一論：「那些自認最有智慧的人，最普遍抱持的看法，係這三大教合而為一，人能同時信持這三教，由此，他們自欺欺人，導致極大的混亂，因為在他們看來，就宗教來說，談論宗教的方式愈多，國家受益就會愈大。」[76]

利瑪竇對中國三大宗教思想、倫理思想流派有了更清楚的認識，也發現他在歐洲所已認識的伊斯蘭、天主教、猶太教三教在此呈現出有所扭曲但類似的形象。來到中國之前，他大概讀過談伊斯蘭在中國有多盛行的書籍，因為加萊奧特．佩雷拉和加斯帕爾．達．克魯斯都在其出版的報告裡提到此事，而且——相當輕率的——思索了穆斯林來到遠東的方式和傳播其宗教的方式。[77]在中國待了一年後，他懂的稍多一些，儘管中國境內有「摩爾人」，他還是說他對他們如何來到中國「一無所知」。[78]然後，隨著他更加了解促使穆斯林商人從波斯走陸路經中亞至中國西部以取得玉、麝香、大黃之類貨物的貿易模式，利瑪竇開始對這數十萬穆斯林的實力有了更清楚的認識（在他筆下，穆斯林以「撒拉森人」、「摩爾人」或「土耳其教派的追隨者」之名呈現）。[79]一五九八年他第一次走訪北京時，聽人說有兩個來自阿拉伯半島的穆斯林，帶來獅子獻給明廷，備受禮遇，自此在明朝都城待下。為更加了解他們的背景，利瑪竇派了一名中國籍基督徒去見他們。[80]

由於貿易路線本身的性質，中國境內的穆斯林大多落腳於西北部的陝西、甘肅兩省境內，而這裡就是一二二七年遭蒙古人滅掉的西夏古國的所在。對於帖木兒帝國的覆滅、接下來中亞境內穆斯林的外移潮，以及隨著伊朗國改宗伊斯蘭什葉派，來到中國的穆斯林大多屬於遜尼派，從而使他們與西伊斯蘭世界的政治、經濟連結就此斷絕一事，利瑪竇不可能有透澈的了解。但來到中國後不久，他就開始認識到伊斯蘭教傳播之廣。他記載道，士大夫祝世祿（利瑪竇就因他的介紹認識製墨商暨刊印商程大約）一五九九年勸他在南京住下，理由是南京包容外人，「已有許多信穆罕默德之教的撒拉森人住在那裡」。[81]利瑪竇也記載，口岸城市廣州有許多穆斯林，認為他們在那裡刻意散播葡萄牙人居心如何不良的謠言，以打斷該地日益蓬勃的西方人貿易。[82]但利瑪竇也說，中國籍穆斯林為數不少，但他們的宗教，相對來講，勢力較弱：

中國西疆與波斯接壤，因此，在數個時期，有許多穆罕默德教的信徒進入此國，他們的子孫後代繁衍甚眾，如今已有成千上萬戶散居於中國各地。他們定居於中國幾乎所有省分，在那些地方蓋了華麗的清真寺，吟誦祈禱文，行割禮，舉行儀式。但就我們所知，他們未充當傳教士，也未致力於傳播他們的宗教，他們遵守中國法律，對自己所屬教派所知甚少，被中國人瞧不起。

出於這些原因，他們被當成土生土長的中國人，未被懷疑陰謀造反，可以求學和入朝為官。其中許多人已獲授官品，揚棄自己的舊信仰，只保留不吃豬肉這個舊習。他們始終吃不慣豬肉。[83]

明朝中國穆斯林的確對其過去的做法作了一些重要的修改，例如把清真寺蓋成寶塔狀，棄宣禮塔，宣禮員改從清真寺內緊臨寺門的地方叫喚信徒做禮拜。[84]但此時期伊斯蘭在中國頑強倖存下來（以阿拉伯語標音的漢語文本傳入中亞就是明證）、漢語穆斯林著作緩慢但令人驚嘆的成長、穆斯林在中國西部打下權力基礎（最後威脅到中國本身政局的穩定），都表明利瑪竇的剖析帶有一廂情願的成分。[85]

這三教的另兩個教，景教和猶太教，情況則不同於此。利瑪竇赫然發現南京和中國中部其他地方有零星基督徒，但只有「五六戶」，似乎已幾乎徹底丟掉其先前的信仰，把他們的教堂改闢為寺廟，甚至有許多人改信伊斯蘭。在其中大部分人身上，僅存的基督教痕跡，係他們似乎還懂一點禮拜用的詩篇歌集，而且吃豬肉，吃之前對著豬肉畫十字。[86]當地中國學者——經由親身觀察或流行的說法——也知道景教徒留長髮，利用這一點勸利瑪竇勿再學和尚剃光頭。[87]根據語言學方面的證據，利瑪竇推測中國境內最早的景教徒來自亞美尼亞；

他在北京看到的一個古鐘，使他更進一步認為他們出身基督教東方教會的某個分支。古鐘上刻了一座教堂、一個十字架、一些希臘語字母。有人告訴利瑪竇，該世紀更早時宗教迫害之事——或中國穆斯林所刻意編造的迫害即將降臨的謊言——把這些基督徒嚇得拋棄自己的信仰。[88]一六〇八年間利瑪竇終於派一名中國籍耶穌會平信徒修士和一名晚近改宗的開封人至河南開封解開此謎團，他們找到數個基督徒，但發現他們十足冷淡：「他們不願向這位平信徒修士承認自己是（基督徒）後裔，若非因為擔心他發出此問居心不良，就是因為這些（教會的）孩子想要被看成是中國人，恥於他們外人的出身——這一出身使他們在任何國家都不甚光彩，與中國人為伍時，特別令他們抬不起頭。」[89]

一六〇二年某個「摩爾人」告知利瑪竇的一個消息，令利瑪竇更加想弄清楚怎麼回事。此人說，在西夏古國所在的西北地區，如今有許多穆斯林居住之地，也有「一些留著長鬍的白人，他們蓋了配有鐘樓的教堂，吃豬肉，拜瑪利亞和以賽亞（因為他們把基督稱作我們的主），拜十字架」。[90]利瑪竇自然而然想弄清楚此說是否屬實，因為這表明這些基督徒恪守其信仰，表明他們與更早的教會有深厚連結；但距離遙遠，而且誠如一六〇五年七月他在寫給總會長阿夸維瓦信中所難過說道的，「由於缺少此行所需的少許盤纏，我們未能派人去查明他們有多少人，來自何處」。後來，利瑪竇之後的耶穌會士才弄清楚，這些基督徒也是景教徒，一如印度境內的那些基督徒。[91]

利瑪竇對這些基督徒的早期認識，大多來自中國籍猶太人，而利瑪竇指出令人出乎意料的一件事，即這些猶太人遠比基督徒更願意談自己的信仰。[92]在中國發現猶太人，要比發現關於穆斯林（畢竟誠如他所非常清楚的，穆斯林在東南亞和印度勢力甚大）或基督徒（老早就有謠言盛傳在東方存在基督徒）的證據，更令利瑪竇吃驚。在其信件和《中國札記》裡，他都記載了一六〇五年某個夏日一個叫艾田（Ai Tian）的六十歲男子來他北京寓所看他時，那個令他心馳神往的一刻。經過最初一番誤解——艾田把描繪聖母子、施洗者約翰那幅畫誤認成描繪利百加、雅各、以掃的畫，於是推斷利瑪竇是猶太人——他告訴利瑪竇，開封有七、八戶猶太人家，有猶太人的會堂，他的兩個兄弟懂希伯來語，在杭州有更多猶太人，說開封的會堂花了十萬斯庫多建成。利瑪竇把他的普朗坦多語版聖經的希伯來語部分拿給艾田看，艾田認出那是希伯來語，但看不懂。[93]為解開中國境內猶太人的來龍去脈——據各有所本的諸多說法，他們來華的時間最早為西元一世紀，最晚則是七世紀——利瑪竇派一名耶穌會士至開封的猶太教會堂。那人受到慇懃的款待，注意到該會堂的希伯來語《摩西五經》的確類似舊約聖經的首五卷，而他們的希伯來語典籍「照古法未標上母音符」，正證實這群猶太人的古老。這群猶太人只有少許人看得懂希伯來文，但大部分人依舊行割禮，不吃豬肉；住在北京的猶太人不守飲食規定，因為若死守教法，他們會餓死。[94]利瑪竇發現數名猶太人不滿自己的宗教和他們的無知拉比，他頗有自信認為，要使他們改信基督教，成功機會很大；他寫道，純粹因為沒有時間，他無從驗證此說法。他也在《中國札記》裡說，由於他身為學者和虔誠教徒的名聲甚大，一群來自開封的人請他勿再吃豬肉，前去當他們的拉比，和他們一同生活。[95]

艾田曾告訴利瑪竇，猶太人不吃豬肉，因此中國人把他們叫做回回，把他們和穆斯林扯在一塊，但其實這兩個教的信徒互看不順眼。艾田還說，開封流通一本提到利瑪竇之一神教的中文書，他在該書讀到利瑪竇的事，知道利瑪竇不是穆斯林，立即推測他必定是猶太人。[96]利瑪竇的中國友人，以類似的語氣力促他和穆斯林一樣覓個官職，利瑪竇大為心動，因此向范禮安徵詢意見，因為清真寺的存在和《古蘭經》的公開流動，使伊斯蘭在中國享有基督教所無緣享有的有利地位。[97]利瑪竇本人（一如數百年前拉蒙・柳伊和薄伽丘）體認到，同屬一神教體系和都接受早期的幾位先知，使基督教、伊斯蘭教、猶太教三教有契合之處。出版第一本詳述基督教義的中文書時，他發現「認為該教義與自己宗教的教義相似的撒拉森人買下其中許多本」，該書把基督說成先知和導師，未詳述他受釘刑之事。[98]一六〇八年八月他告訴阿夸維瓦，「摩爾人宗教的信徒」買下他的書，因為「他們認為它談上帝談得比中國境內其他書都好」。南昌地區的儒士則說，耶穌會士「散發一些畫了一名韃靼人或撒拉森人的圖畫，說那人是他們的上帝，來到世間，能讓人發達致富」。[99]

利瑪竇拋掉僧袍，卻未能如願取得儒士的新身分。一六〇二年他終於獲准在皇帝早朝時趴在空蕩蕩的龍椅面前——空蕩蕩係因為萬曆皇帝不再接見禮節性訪客——那時，陪他早朝的三名中國籍穆斯林教他宮廷禮儀，因為中國廷臣認為利瑪竇和三名穆斯林是「本國之人」。在禮部的招待所，他與能輕鬆和他談威尼斯和西班牙、葡萄牙、荷姆茲、印度之事的「撒拉森人」同住。[100]皇帝很高興利瑪竇獻上的禮物，且聽聞耶穌會士的種種後，對他們很感興趣，因而想見他們，但非面見，而是請宮廷畫家畫下北京耶穌會士的全身像。據為利瑪竇通風報信且在場目睹的太監所述，皇帝看了完成的肖像畫片刻，然後說，「他們是回回」。[101]這不只因為他們的鬍子和袍服，還因為中國對外國人一派漠不關心。作為歐洲史最重要事件的那場宗教大論戰，在中國化為一個半帶貶意的詞簡單帶過。

這不表示利瑪竇忘掉他基本的傳教士天職，而他心情低落時，總有其他事物讓他開心。例如，在印度他最沮喪那段期間，他收到耶穌會歷史學家吉安·皮耶特羅·馬斐為其談葡萄牙人在亞洲擴張之歷史大作所寫的自序。原本利瑪竇對馬斐針對印度地理、政治提出的問題未特別有所感，反倒以譏諷語氣說道，馬斐若曾就教於「一個可敬的摩爾人或極聰明的婆羅門」，會更有成就。[102]但拜讀了馬斐的新序後，他的心態徹底改變。馬斐在那寥寥幾頁裡所表述的，係把西班牙人、葡萄牙人過去百年在世界各地的探索，說成在力度和重要性上和亞伯拉罕與其後裔在保住聖經上的貢獻，或羅馬在發展羅馬教廷上的貢獻，無分軒輊。全球探索、國際貿易、宣講福音自此已匯聚成一樁浩大的事業。馬斐寫道，了解此過程有其益處：

看到基督教傳播出去，能令人欣喜，看到基督教所遭遇之惡勢力的強大，會令人難過，或想到上帝會因為其目的已達成而了結世界，則會苦樂參半。馬斐寫道，他本人一無所憂，只擔心他所必須講述的故事令人驚愕，因而讓人心生懷疑和不信。[103]

馬斐大膽陳述了人類的命運和上帝為人類所制定的長遠計畫密不可分，而且（在客氣自謙之後）以同樣大膽的口吻表達了他欲探索上帝之目的的決心：

智者說的沒錯，人最好以安靜單純之心和帶著敬意的靜默，景仰始終主宰萬物的上帝，勿魯莽或徒然的欲看透他的祕密和用意。因為，宇宙秩序在各方面都如此恆常不變，如此受規範，世上沒有比宇宙秩序更加神奇之物，但與此同時，又沒有比人的弱點更難以探明的東西。不過，人心能作理性的思考，人壽有其盡頭使人提升自己並從事情的本來面目評斷事情，從這點來看，神意似乎為其老早就計畫要做的所有事打下基礎，神意似乎以不為人知的方式和未被注意到的行動，往圓滿實現其目標的方向前進。[104]

利瑪竇明顯吃驚於馬斐在其短序裡所用的一套方法和語言；他在回給馬斐的信中說：「你為你的歷史著作所寫的序，令我欣喜萬分，其他人看過之後，也會非常高興。我無法對你的所有資料給予充分的評價——原因之一係我對此一無所知，但同樣重要的，係因為我對你的深深喜愛，使我無法對你所做的任何事感到不快──但我還是得說，如果『窺一斑而知全豹』，那麼，光是讀過這篇序，我就已對歷史有充分了解，其他人亦然。」[105]

耶穌會總會長阿夸維瓦透過寄給在現地之傳教士的信，大大助長了這股興奮之情──結合了為上帝奉獻之心和參與創造歷史之感的興奮之情。他告訴他們，遠東傳教事業提供了在當今「教會焦頭爛額的情況下」一展長才的「寶貴機會」，正證實了〈以賽亞書〉第四十一章第十八節裡主的偉大預言：

> 我要在淨光的高處開江河，
> 在谷中開泉源；
> 我要使沙漠變為水池，
> 使乾地變為湧泉。[106]

一五八六年五月，他寫信告訴利瑪竇和其同事，日本境內數千人改信基督教的消息已令人心情為之一振，但「如今，好消息係從中國傳來；因為在此，上帝已加持我們的努力，我們為明亮的信仰晨曦降臨這個龐大帝國喝采」。針對中國傳教事業的前景，他回應道，教皇西斯篤五世（Sixtus V）已同意宣告一特殊大赦年。[107]一五九〇年阿夸維瓦寫道，有時他也變得軟弱，為了不得不把這麼多有能力的人調離有同樣重要問題待解決的歐洲地區而擔心，為了不得不「組織這些遠赴異地的冒險事業，為這些事業挑領導人，指導他們工作」而感到不知如何是好；但在這樣的時刻，想起聖安博（St. Ambrose）的話或聖保羅在〈哥林多前書〉第一章第二十三節裡的話，就足以讓我拾起信心大步向前：聖安博說「耶穌基督的身體是教會，我們是他的身體所散發出的芳香」，聖保羅說「猶太人是要神蹟，希利尼人是求智慧，我們卻是傳釘十字架的基督，在猶太人為絆腳石，在外邦人為愚拙」。[108]

對利瑪竇來說，在充滿敵意的世界裡，耶穌會修士鄂本篤（Benedetto de Gois）最能彰顯這股冒險、堅信的精神，兩人雖然從未見過面，利瑪竇卻向鄂本篤的同伴熱切問起他那趟不凡的旅程，後來寫起他，比寫起其他任何人（包括中國人和西方人）都來得詳細。在一六〇二至一六〇五這四年的旅程中，鄂本篤從阿克巴的亞格拉城，以徒步加騎乘的方式，經阿富汗和突厥斯坦，來到中國西北邊疆，剛進入長城之處。他原是軍人，生於亞速群島，說得一口流利的波斯語，這次扮成亞美尼亞商人遠行，並有改信基督教的亞美尼亞人以撒與他同行。四百或更多的穆斯林商人、朝覲者組成一支商隊同行，以壯聲勢，以策安全，他們就廁身其中。他這次遠行的用意之一，係在歐洲和中國之間開闢一條比現行漫長且危險的海路還要短的路線。這時，在這些海路上，有新教徒襲掠天主教徒的船隻。但更重要的目的，係要徹底弄清楚歷史記載裡的「Cathay」是否和中國是不同地方。據記載，那裡位在中亞某處，曾受汗八里（Kambaluc）的蒙古大汗統治，係由一群孤立的基督徒組成的國度；因為依舊有遠行的商人回來後，說那裡的人在教堂裡拜十字架和聖母瑪利亞像、用聖水觸頭、在禮拜儀式中吃喝麵包和葡萄酒、由一身黑袍的獨身神父帶頭祈禱。[109]

利瑪竇寫道，在喀布爾，鄂本篤結交了一位來自喀什噶爾的貴族婦女，那人是虔誠穆斯林，赴麥加朝覲完，在返鄉的路上。她在旅程的最後階段耗盡盤纏，鄂本篤賣掉他所要帶去中國出售、值六百斯庫多的上等靛藍染料，把所得借給她。有感於鄂本篤的信任，她慷慨回報，在他們終於抵達喀什噶爾時，給了他一批最上等的玉，價值比他所借給她的錢多了三倍。[110]但他這趟行程命運多舛，有了這些值錢的玉，反倒招來其他商人的盜心和敵意。鄂本篤在甘肅邊界的肅州逗留了將近一年半，在這期間，不懂漢語的他，若非竭力要透過書信和北京的神父聯絡上，就是竭力要從官府那兒取得與商隊同赴北京的許可，結果他所有財物全遭騙走，遭所有人遺棄，只剩他的同伴以撒不離不棄。一六〇七年三月，北京某神父終於聯絡上他，還送上護送他至京城所需的錢，但十一天後，鄂本篤去世。[111]

利瑪竇一六〇八年三月寫信告訴其至交吉羅拉莫・科斯塔，說對同伴不離不棄的以撒已在回印度的路上，「這趟把人累垮的旅程終究沒有白走」。宗教信仰、地理方面的一些疑問已徹底釐清：

此刻我要向印度總督和所有耶穌會士清楚表示，不存在Cathay，從來都沒有，就只有中國。北京城就是汗八里，中國國王就是大汗。至於據說住在Cathay的那些基督徒，他們係過去來到這裡，保留了「拜十字架者」這個稱呼，卻不知道十字架所代表的意義。從各方面來看，這些人是異教徒：但由於他們的寺廟像基督徒的教堂，裡面有蠟燭和祭壇，由於他們的教士穿著披肩，用素歌祈禱，摩爾人因此認為他們必定是基督徒，把那裡有大批基督徒的消息告訴耶穌會士。[112]

因此，利瑪竇至少給他在歐洲的友人寫了回信，但我們不知道他向他所結識的中國人談這些曲折離奇的事或它們的含糊不清之處談了多少。當然，鄂本篤去世的消息傳來後不久，利瑪竇也離開人世，而這個死訊想必使人頓時注意起針對不同宗教信仰的某些令人困惑且彼此矛盾的看法，那是利瑪竇所無法暢所欲言的看法。好似要凸顯這些含糊不清之處，利瑪竇把他談人生悲劇談得最透澈的書，取名為《畸人十篇》。利瑪竇用義大利語談到此書時，稱它為The Paradoxes（諸怪人），但比起義大利語書名，中文書名向中文讀者所傳達的意涵，要豐富得多。書名裡的「畸人」一詞來自寫於西元前三世紀的道家典籍《莊子》，出現在該書第六章，莊子在此章向其讀者說明世界諸多禮儀的差異之大，說明「古之真人」的作風。

古之真人，不知說生，不知惡死；其出不訢，其入不距；翛然而往，翛然而來而已矣。不忘其所始，不求其所終；受而喜之，忘而復之，是之謂不以心捐道，不以人助天，是之謂真人。[113]

莊子寫道，這些真人不需要傳統禮俗，世間的律法對他們來說沒什麼意義，因為「彼方且與造物者為人，而遊乎天地之一氣」。在接下來的段落中（利瑪竇書名裡的「畸人」一詞就取自此段落開頭），有弟子問孔子「畸人」是誰或「畸人」是怎樣的人，如何定義「畸人」。孔子回道：「所謂畸人者，畸於人而侔於天。」[114]身為基督徒的利瑪竇能在被當成「回回」時淡然處之，並把同樣被當成「回回」的西夏部落女放進其記憶宮殿裡，當下就抱著自己是這樣的「畸人」的心態。因為他知道他的上帝會看透他處境裡看似含糊不清之處，並在他死去之時，把他當成祂天國裡的同伴領他上去，一如他口中那些古之真人的歸宿。

第五章——

# 第二幅圖像：赴以馬忤斯之路

利瑪竇挑了一幅說明基督在復活後前往以馬忤斯途中與兩個門徒相遇的畫，作為他送給程大約《程氏墨苑》的第二幅圖。他記得〈路加福音〉第二十四章這麼寫道：

正當那日，門徒中有兩個人往一個村子去；這村子名叫以馬忤斯，離耶路撒冷約有七英里。他們彼此談論所遇見的這一切事。正談論相問的時候，耶穌親自就近他們，和他們同行；只是他們的眼睛迷糊了，不認識他。耶穌對他們說：「你們走路彼此談論的是什麼事呢？」他們就站住，臉上帶著愁容。

二人中有一個名叫革流巴的回答說：「你在耶路撒冷作客，還不知道這幾天在那裡所出的事嗎？」耶穌說：「什麼事呢？」他們說：「就是拿撒勒人耶穌的事。他是個先知，在神和眾百姓面前，說話行事都有大能。祭司長和我們的官府竟把他解去，定了死罪，釘在十字架上。但我們素來所盼望、要贖以色列民的就是他……。」耶穌對他們說：「無知的人哪，先知所說的一切話，你們的心信得太遲鈍了。基督這樣受害，又進入他的榮耀，豈不是應當的嗎？」於是從摩西和眾先知起，凡經上所指著自己的話都給他們講解明白了。

將近他們所去的村子，耶穌好像還要往前行，他們卻強留他，說：「時候晚了，日頭已經平西了，請你同我們住下吧！」耶穌就進去，要同他們住下。到了坐席的時候，耶穌拿起餅來，祝謝了，擘開，遞給他們。他們的眼睛明亮了，這才認出他來。忽然耶穌不見了。他們彼此說：「在路上，他和我們說話，給我們講解聖經的時候，我們的心豈不是火熱的嗎？」

這段經文充斥歧義和隱而不顯的意涵，千百年來教會的神父殫精竭慮探討其中每個細處：為何是「七」英里？因為這兩個門徒仍未走出基督受難的整個過程，正在前往會讓他們理解他復活之意義的第七日途中，但尚未走到。把以馬忤斯稱作「村」恰當嗎？或者應將它稱作要塞或城堡？為何只有其中一個門徒道出他的名？或許因為另一人是此福音書作者路加本人，因本性謙遜，不交代自己在場。基督改頭換面，因而他們沒認出他，或者只是因為他們的眼力還看不出他的本來面目？這兩個門徒為何說他們原「素來所盼望」要拯救他們的人

就是基督？他們那麼徹底且那麼快就失去信心？他們來到這村子裡，為何基督「好像還要往前行」？他存心誤導這兩個門徒？若是，這種欺騙行徑豈不與他聖潔的本性相忤？他們坐下來吃東西時，他把餅掰成多少塊？每塊餅有何重要意涵？[1]

利瑪竇無法把上述所有想法、細節、對聖經的詮釋全放進程大約分配給他的篇幅裡。一如彼得在波濤中掙扎的故事，他自創了一段經文，為之取了標題：「二徒聞實，即捨空虛。」他未試圖將「Emmaus」一詞翻成中文。此故事的重點在這趟旅程，而不在其目的地：

> 天主救世之故受難時，有二徒避而同行，且談其事而憂焉。天主變形而忽入其中，問憂之故，因解古聖經言，證天主必以苦難救世，而後入於己天國也。則示我勿從世樂，勿辭世苦歟。天主降世，欲樂則樂，欲苦則苦，而必擇苦，決不謬矣。世苦之中蓄有大樂，世樂之際藏有大苦，非上智也孰辨焉。二徒既悟，終身為道尋楚辛，如俗人逐珍貝矣。夫其楚辛久已息，而其愛苦之功常享於天國也。[2]

於是，利瑪竇把這趟赴以馬忤斯之行，打造成一則既談理智和解釋，又談如何堅忍不拔接受苦難的故事。長年接受此苦難，最終會把人帶上天堂。

那本納達爾的《福音書肖像》（*Images*），利瑪竇若帶在身邊，他大概會選擇把第一四一號插圖給程大約：該插圖呈現基督在以馬忤斯與兩個門徒同坐一桌，用右手把餅給他左手邊的門徒，僕人則忙著把另外幾盤食物端進來，男女主人在旁一臉恭敬看著。但他手邊沒有此書，他於是再從韋里克斯所雕製的一組耶穌受難版畫裡挑了一幅，他先前那幅不對的彼得畫，就取自這組版畫。這兩幅版畫相互映襯，擺在一塊倒是相得益彰。門徒在船上那幅畫，呈現窮人在水上辛苦工作、使盡力氣拉網捕魚的情景；以馬忤斯那幅畫則呈現一派悠閒、有身分地位的人士，在氣派的宮殿或城堡前專心的交談——的確穿著像是要長途跋涉的靴子而且手持拐杖，但穿著明顯雅致。

為程大約效力的中國藝術家，無法充分領會韋里克斯呈現基督手指一方向，他的門徒卻力促他往另一方向時所用之明暗法和頭手姿勢的微妙含意，也無法清楚重現漸漸淡入此畫背景的那幅小插畫。韋里克斯在同一幅畫中以這幅小插畫呈現另一個時空，讓我們看到基督在其所終於同意前去的那棟府邸的某房間裡，掰開餅要給坐在身旁的兩個門徒。[3]

但那無關緊要。這則故事完全不提此用餐之事，凡是湊巧看到程大約之書的中國人，都能看出三人交談的熱絡，看出此三人儘管一身要動身的打扮，卻似乎一時之間一動不動。如果看了此版畫的中國人也看得懂搭配的文字，會理解到位在天主兩側那兩人不再逃離任何碰上的事，而是開始予以接受，會懂得位在中間的基督，一手半舉做出微微告誡的姿態，其苦難已經結束，正準備再度回去其天國。

✦ ✦ ✦

一五五九年羅馬耶穌會士出版他們的第一本大作時，利瑪竇七歲大，人在馬切拉塔，剛開始學拉丁語。這本書是馬提亞爾（Martial）的《雋語集》（*Epigrams*），出版前已拿掉書中不當的部分。羅耀拉死於一五五六年，死前數年心心念念要成立一間由耶穌會擁有並營運的印刷廠，而且親自出馬積極尋覓合適的一副鉛字——先是嘗試請佛羅倫斯大公科西莫·德·麥迪奇贈送一套，未能如願，隨之欲透過中間人以看來很公道的四十達克特的價錢在威尼斯買來一套。羅耀拉覺得威尼斯的鉛字字面太小而且樣式老舊，拒絕了與威尼斯人的交易；在羅馬找到求售且滿意的鉛字時，他已經過世。這套鉛字共三萬個字母，要價才二十達克特，字體有大也有小，既有正體，也有斜體。[4]

對理想鉛字的尋覓，以及拉丁語經典著作的出版，代表耶穌會在正式進入文藝復興後期人文主義世界一事上走到最後階段。以馬提亞爾的《雋語集》作為他們出版的第一本大作，表明他們所追求的目標：馬提亞爾的雋語以令人會心一笑，甚至粗俗的方式露骨表達情色，但這一令人不快的部分，掩蓋不了——甚至說不定有助於——馬提亞爾被視為古典時代最講究文體的一流拉丁語作家之一的事實。耶穌會所處的時代，西塞羅式措辭的純正風格已成為新標竿，取代了中世後期粗陋、口語化的拉丁文風，要在這樣的時代裡與其他教派競爭，耶穌會士覺得若只因為馬提亞爾淫穢就不研究他的作品，弊大於利。[5]

因此，羅耀拉的回應，係鼓勵耶穌會學者修訂那些偉大著作，再予以出版面世，為此要拿掉書中所有不堪入目的字句，同時要保住它們所可能包含的高雅道德告誡，並適切教導文體。羅耀拉把此任務交給學者暨音樂家安德烈烏斯・佛魯修斯（Andreus Frusius），佛魯修斯也死於一五五六年，但那時他已完成其去蕪存菁版的馬提亞爾著作，羅馬的耶穌會印刷廠因此得以將其拿來出版。佛魯修斯針對詩人賀拉斯（Horace）的著作作了同樣的修訂工作，維也納的耶穌會印刷廠出版了修訂過的該詩人著作。[6]羅耀拉想要「把古典文學裡可能令純真的年輕人不快的成分全拿掉」，而他的這份構想未隨著佛魯修斯去世而消失。耶穌會印刷廠在一技術高超的德意志籍排字師傅指導下繼續擴大業務（此師傅找耶穌會學生校稿），開始實現羅耀拉的以下目標：不只要提供淨化過內容的著作，而且要提供平價版的古典時代著作和禮拜用著作，讓最窮的學生都買得起，包括他自己的《神操》和耶穌會的《章程》。一五六四年，在改宗的猶太人巴普蒂斯塔・羅馬努斯指導下，增添了阿拉伯語鉛字，印刷廠推出翻成阿拉伯語的特倫特公會議重要文件、阿拉伯語文法書、阿拉伯語版新約聖經，作為其首批出版的阿拉伯文書籍。一五七七年取得希伯來語鉛字，用於出版該語言的文法書和教材。[7]

羅耀拉為耶穌會學院制訂的綱領性計畫完整但不免粗略，但到了一五七〇年代利瑪竇就讀羅馬耶穌會學院時，已大有改善。在馬切拉塔求學的經歷，已使他得以生起，且最初的確生起進而直接攻讀法律的念頭，但決定加入耶穌會，使他回頭接受更嚴格的學習課程。這套課程成形於此前十年間，一絲不苟根據一五六六年的指導原則制訂出來。[8]語言學院給予學生正規的「文科」訓練，即耶穌會大學裡的初階訓練。此時利瑪竇二十一歲，但該校的學生有些可能只有十歲大。年輕人在此學他們已開始講的拉丁語的詳細文法——用拉丁語授課，在校期間男孩得用拉丁語交談；他們開始學希臘語，上密集的修辭學、詩學、歷史課。修完這些課——修二至四年，視學校和學生的資質而定——學生進修更高深的「人文科學」，即可靠推理學得的自然科學——邏輯學、物理學、形上學、道德哲學、數學。修完這些課程，接著學法律、醫學或神學。如果選修神學，接著可能修以下三門課的其中一門：經院神學，即運用推理能力研究阿奎那所教授的天啟資料；歷史神學，即仔細考察教會的敕令和教規；仔細研究聖經。[9]

羅耀拉言簡意賅的指示——學生「應把老師所教的都記住」——得到認真看待，利瑪竇求學那幾年耶穌會其他教學主任也呼應此一主張。羅耀拉也把質疑的氣氛帶進學校裡，建議將學習與年輕人固有的競爭本能掛鉤：「學生要有更大的進步，最好把一些能力相當的學生放在一塊，讓他們得以在激烈競爭中相互鞭策。」[10]可能就是這種「激烈競爭」，促使利瑪竇和他來自烏爾比諾的友人萊利奧・帕西奧內（Lelio Passionei），在羅馬一同求學期間，發展出自己獨有的「記憶處所」體系。二十年後他在中國時，仍念念不忘此記憶法。[11]

利瑪竇在羅馬求學時，可找到一些書來使其本已過人的記憶力更上層樓，超越《給赫倫尼烏姆》和昆體良、索阿雷斯著作所提出的記憶力極限，但我們不知道他是否真的讀了那些書。後來他能快速記住四百或五百個漢字，可能要部分歸功於霍斯特・馮・隆伯赫（Host Von Romberch）之類理論家所創造出的記憶術。隆伯赫於一五三三年在威尼斯首度推出其著作，精心設計出讓人可以根據職業別來找出記憶城市裡之儲存空間（店鋪、圖書館、屠宰場、學校之類）的辦法，並發展出以人、植物、動物形象或邏輯上相關聯的連串物體為本的複雜「記憶字母表」（memory alphabets）。[12]與此同時，挑選記憶形象以便牢牢安置於記憶處所一事，已變得更精細且複雜。這些記憶專家在設計出讓人牢記不忘的生動記憶形象方面成就不凡，由古列爾莫・格拉塔羅利（Guglielmo Grataroli）的著作可見一斑。他是鍊金術士兼醫生，也感興趣於設計出會強化記憶力的飲食養生法。格拉塔羅利談記憶處所體系的書，一五五三年在蘇黎世首度問世，一五五五年時已有羅馬版問世。格拉塔羅利認同當時盛行的記憶形象應「使人大笑、心生同情或讚賞之情」一說，發展出結合處所、物體、人物的三元體系。他先是照傳統法則設計出記憶處所，然後在每個記憶處所擺上一樣東西——一只夜壺、一盒油膏、一碗灰泥是他最初挑的三樣東西——接著要個別人物使原本靜態的畫面動起來以便於記憶，每個人物都根據他所熟識的人設計出，並各予以命名。於是，一連串畫面飛快陸續浮現於格拉塔羅利腦海：他的友人彼得拿起裝滿尿的夜壺倒在詹姆斯身上，馬丁用一根手指從油膏盒裡挖起油膏，抹在亨利肛門上，安德魯從碗裡取出灰泥，塗在佛朗西斯臉上。如果能用雙關語、類比或聯想把這些畫面連在一塊，就絕對忘不掉它們。[13]

正是利瑪竇能將不同的記憶術——生動形象和長長序列——融而為一的高超本事，使他早早就對中國產生濃厚興趣，進而促成他在中國取得某些最引人注目的成就。他的記憶術本身的性質，使他於一五八二年後期來到澳門，必須開始學漢語時，未被此語言的難學嚇到，反倒興奮，幾乎得意於他所謂他已取得的「長足進展」。誠如他在隔年二月寫給其前修辭學老師馬提諾·德·佛爾納里（Martino de Fornari）的信裡所說的：

> 晚近我潛心學習漢語，我可以跟你打包票，那是和希臘語、德語都大不相同的語言。就口語來說，有許多模稜兩可之處，因而有許多單詞可意指千餘種事物，許多時候單詞與單詞的差異，就只在於四聲裡的高低。因此，（中國人）交談時，寫下想說的話，以免對方搞錯意思——因為所有漢字各不相同。至於漢字，若未像我這樣見過且用過，絕無法相信世上竟有這樣的文字。有多少單詞和事物，就有多少漢字，因此漢字多達七萬

多個，每個漢字各不相同且複雜。如果想看看實例，我可以寄去他們的一本書，並附上說明。[14]

接著利瑪竇講述了他所認為的漢語單音節結構，指出表意文字所具有的共通特性，這種特性「具有一個優點，即凡是使用這種文字的國家，儘管境內語言分殊，彼此都能看懂對方來信和書籍，而我們的文字則完全不是如此」。利瑪竇仔細研究了個別漢字的組成，因此，在澳門才五個月，他就自認能正確寫下他所看到的漢字。他還說（用他的前修辭學老師肯定會讚賞的言語），「我已在腦子裡裝了許多這樣的文字。」[15]

不難看出利瑪竇為何如此興奮：如果「有多少單詞和事物，就有多少漢字」，如果能很快就懂得把每個漢字分割為不同部分，每個部分也都有個別意思，那麼熟諳記憶術的人會很容易就把每個漢字打造為記憶形象。漢語與希臘語在文法上有著令人振奮的差異一事，使人更快就能把漢字打造為記憶形象。此前，利瑪竇在印度教過希臘語文法數年，但成果令其洩氣。希臘語句子結構複雜，必須仔細死記下來，而漢語句子與之不同，能化為一連串清楚形象來呈現；誠如利瑪竇所說的：「這一切所帶來的助益，係他們的單詞沒有冠詞、沒有格、沒有單複數、沒有陰性或陽性、沒有時態、沒有情態；他們用可以很容易說清楚的某些副詞形式，就解決了他們的問題。」[16]

利瑪竇憑藉其方法精進其漢語，又過了十二年，其漢語水平才高到使他得以用漢語來說明這些方法。根據其現存的信件，我們能勾勒出他幾個艱辛的學習階段。一五八三年後期中國人允許他定居於肇慶，一五八四年中期，他從事布道，偶爾聽取告解。至該年十月，他已開始不靠通譯與人講話，自覺能看懂漢字，且寫得不錯（mediocremente）；一五八五年十一月，他的漢語已說得很流利，如果有中國助手協助，幾乎能看懂任何漢字。然後，由於工作重負和心情煩惱，他的漢語水平停滯不前一段時間。一五九二年，他能看懂的書還是不多，因為「少了老師，我們找得到的老師似乎總是因為諸多不同原因待不超過一、兩年」，然後，在其上司力促下，他做出最後努力，成果令其滿意。一五九三年十二月，他宣布要在短時間內掌握四書——即中國人在學校裡教授的儒家入門典籍《論語》、《孟子》、《大學》、《中庸》——的基本義理，並試著將它們翻成拉丁文。他已請了一位經驗豐富且博學的老師，因此「我老時（四十一歲！）再度當起學生」。每天上兩堂長課，如此上了十個月，然後，一五九四年十月，終於有了突破性進展：「我已勇氣十足，從今以後能用中文寫文章。」[17]

在寫給澳門上司孟三德的信中，利瑪竇詳細說明了一五九五年在南昌他如何把這些學習融會貫通，把他在漢語學習上新獲得的信心和他自身嚴格的記憶訓練結合在一塊，巧妙利用他所認識的中國人對背書的渴求來改善自己的處境，字裡行間洋溢著得遂所願的喜悅：

有天，我應一些秀才之邀赴宴，席間發生之事令我就此聲名大噪於這些秀才和此城其他文人。事情是這樣的，我針對許多漢字設計了一個「記憶處所體系」，由於與這些文人關係很好，我想取信於他們，讓他們實地了解我通曉漢字的程度，心知這攸關服務上帝和上帝的榮耀，攸關我們想要達成的目標，於是我要他們在一張紙上以自己想要的方式寫下許多漢字，不需考慮這些漢字放在一塊有無條理，因為我看過它們一次，就能照它們寫下的方式和順序全背出來。他們照我說的做，隨意寫下許多漢字，我看過一次，就能憑記憶以它們寫下的方式全部背出來。他們看了都大吃一驚，似乎覺得那很了不起。為了讓他們更加驚奇，我開始倒背，從最後一個字到第一個字，全倒背出來。他們全都目瞪口呆，好似失了神。他們立刻開始求我將打造出如此記憶力的神聖法則教他們。我的名聲立即在文人界迅速傳開，所有已取得功名者和其他重要人士，好似認為我會願意教這門技法，前來求教，認我為師，以老師之禮待我，也表示願奉上弟子該奉給老師的錢，這些人多到數不清。

我回覆道，我傳道授業不收錢，而且此刻，我尚未完全安頓下來，沒有朋友，沒有妥當的房子，又為應付這些登門拜訪者忙不過來，我根本無法同意此事。但等到我安頓下來，有了房子，我會盡量滿足他們的要求。因為，這個「記憶處所體系」其實就像是為漢字而發明，用在漢字特別管用，因為每個漢字都是意指某事物的一個形象。[18]

利瑪竇在寫給孟三德的信中說他沒教人記憶術，但根據他寫給總會長阿夸維瓦的一封信，我們知道一五九五年十一月時他已在這麼做。[19]中國人傳言，不管碰上什麼書，他看過一次，就能過目不忘。他極力否認有此本事，但根據他寫給友人萊利奧・帕西奧內（當時住在莫德納〔Modena〕）的信，他其實刻意挑起中國人對記憶術的學習熱情：「他們說我看書只需看一遍，就能長記不忘。我信誓旦旦說這並非事實，他們還是不信——尤其因為與他們就他們的某些（哲學）書辯論時，有時為了好玩（per ricreazone），我會想起我看過的他們的某篇文章，然後立即一字不漏背出來，再倒背出來。」[20]對於有心考取功名覓得一官半職的中國年輕人來說，記住這類典籍的內容當然至為重要；誠如利瑪竇所敏銳觀察到的：「知縣和已拿到功名者的家長在此城裡大事慶祝，因為身為不信教之人，他們認為這既是他們榮耀之所在，也是天堂之所在。」[21]先前，利瑪竇遇過一位高官（差點使他葬身水底的兵部侍郎），其兒子科考不第後身心崩潰，而他在其論記憶術的書中寫下他的想法時，就利用這股想要取得功名的念頭來使人對其刮目相看，斷言「如果學生想要想起他所已讀過的典籍的內容，某某章、某某頁、某某行會如在眼前般呈現」。[22]

藉由讓中國人嘆服於他的記憶本事，利瑪竇希望讓他們就此對他的文化感興趣；透過讓他們對他的文化感興趣，他希望進而使他們對他的上帝感興趣。他所帶到中國且慢慢開始予以翻譯、重新詮釋的文化，基本上就是他在佛羅倫斯耶穌會學院一年裡（一五七二年後期至一五七三年十月）和後來在羅馬學院文學院（一五七三年後期至一五七七年）所學到的那些知識。[23]大略來說，這由道德哲學和數學組成；一五七〇年代，這兩門學科都急速成長，梳理龐大的資料時必須極為小心。在道德哲學領域，羅耀拉和其諸多繼任者決定把年輕耶穌會士培訓成當時文化界的翹楚一事，大大加重了每個學生所必須接受的課業和必須鑽研的文學作品。對拉丁語文學風格的高度看重，使學生必須熟記重要的經典著作，例如西塞羅的演說文、昆體良的修辭學、馬提亞爾的雋語、賀拉斯、奧維德、維吉爾三人的長篇詩選，以及著名作品的「精彩片段」，例如李維版的漢尼拔對士兵演說文；對希臘語文學作品的興趣日增，使學生必須研讀從伊索寓言，至品達（Pindar）的頌歌、赫希奧德（Hesiod）和色諾芬（Xenophon）的著作，再至柏拉圖的對話錄、亞里斯多芬（Aristophanes）的《蛙》（*The Frogs*）、荷馬史詩的數個長段等種種作品。學生不只必須從上述古人名作裡習得風格和內容，還要習得表述方式和各種論證方式，以按照眾所認可的方式培養出自己的辯才。[24]

與此同時，學生還得熟諳古代基督教和多神教之間錯綜複雜的關係，熟諳這兩種傳統的典籍，因為在反宗教改革時期，興起名叫新斯多葛主義（neo-Stoicism）的學說。這種兼採多種思想的學說，把希臘時期後期、羅馬時期初期的思想元素與基督教思潮結合，創造出與原本的基督教人文主義有關係但又不盡相同的基督教人文主義。在這方面，熟記形形色色的典籍同樣是基本功，而且重點擺在其道德內涵勝於其文學風格的感染力。於是，抱持冷靜且有力之老死觀的塞內加，以及奴隸出身、對如何在嚴酷且難以捉摸的社會裡保住自身人格完整提出妙方的愛比克泰德（Epictetus），都成了利瑪竇精神世界的一部分。[25]

一六〇八年春，人生快走到盡頭時，利瑪竇從北京寫信給友人吉羅拉莫・科斯塔，說「我手邊根本沒書，因而我目前所印的書，大多是我記在腦海裡的東西」。那時，他記得最清楚的書可能是上述斯多葛學派或人文主義的著作：那年他所出版的中文著作《畸人十篇》，含有對普拉努德斯（Planudes）所寫之伊索生平的近乎逐字的直譯，以及愛比克泰德著作的詳盡意譯。因為這些引自上述西方著作的長句迅即被當時的中國學者擷取，並流通於他們的文集裡，轉介時就務必力求明晰和精確。[26]他更早的著作無疑也已借助於他過人的記憶力：在一五九五年出版的《交友論》中，利瑪竇盡情引用安德烈亞・德・雷森德（Andrea de Resende）同名著作所收錄之數十位古典時代作家的文句。我們無法一口咬定說利瑪竇旅行時未隨身帶著雷森德的著作，但研判不可能帶著。比較可能的情況，係他求學時讀過許多雷森德的篇章，並將它們深記在腦海裡，而利瑪竇的以下做法，使上述推斷更加說得通：他把他對友誼的心得從七十六則慢慢擴展至一百則，好似慢慢記起新東西，添加到他的著作裡。[27]一六〇五年利瑪竇出版中文著作《二十五言》，選入其中的愛比克泰德著作段落，可能也經歷類似過程；這些段落雖經利瑪竇予以重新整理和修改，全都來自《手冊》（*Encheiridion*），即他人將愛比克泰德的哲學著作去蕪存菁編成的書。利瑪竇可能也隨身帶著此書，但比較可能的情況，依舊係他求學時記住了愛比克泰德選集的內容，三十年後覺得它們在中國能派上用場，把它們從腦海裡叫出來。[28]一六〇一年利瑪竇奉萬曆皇帝之命編了歌集，以讓太監彈奏利瑪竇所獻給宮廷的羽管鍵琴時有歌可唱。而在此歌集中，利瑪竇肯定利用了他年輕時所記住的賀拉斯的詩、塞內加和佩脫拉克的散文，然後將它們巧妙結合，編成歌曲。[29]

要理解傳統記憶術如何用於利瑪竇所習得之學問的另一個重要領域——數學——則稍難一些。在這方面，利瑪竇在羅馬學院的老師是克里斯朵夫・克拉維烏斯（Christopher Clavius）。克拉維烏斯具影響力的著作，修訂並分析歐幾里德的《幾何原本》，一五七四年以拉丁語版問世，就在利瑪竇剛開始上文學院更高階課程之時。克拉維烏斯既是善於教導後進的老師，也在許多耶穌會資深教師不學數學且大力勸阻學生學數學之際，深信科學知識的用處。[30]克拉維烏斯強調對自然現象的細心探索，如何有助於人對精神世界的思索。他本身是傑出數學家和天文學家，後來和伽利略結交，常告訴羅馬學院的年輕耶穌會士，「必須讓學生理解到科學既對理解其他哲學有用而且不可或缺」，而且他拿那些因為欠缺基本的數學素養而在詮釋亞里斯多德、柏拉圖時犯下離譜錯誤的教授為例，要他們引以為誡。[31]

克拉維烏斯清楚知道他的學生在學院裡該學什麼：「天體的數量和運動、多方的觀察、星體效應——因它們的合（conjunction）、衝（opposition）、彼此相對距離而異——相關聯之物無止盡的分割、海水的漲落、風、彗星、彩虹、射氣等氣象學方面的事物，以及運動、質量、作用、距離、反作用之類事物間的比例，數學家已針對這些比例寫下不少著作。」[32] 克拉維烏斯寫道，老師要能把數學這門學科教好，得有超乎一般人的水平；學生則得特別用功，才能弄清楚他所認為對他們至關緊要的東西。一年級生（los lógicos）可用四個月時間讀歐幾里德《幾何原本》的頭四卷，用一個半月時間學實用算術，用兩個半月時間學行星，用兩個月時間學地理，假如還有在校學習時間，最終可以讀《幾何原本》的第五、第六卷。二年級生（los philósophos）可以用兩個月時間學（用於計算行星、恆星運動的）星盤，用四個月時間學行星運動理論，三個月學透視法，剩下的時間學製鐘、教會曆法計算方面的理論。有些表現優異的學生可以在第三年自學，研究較高深的天體理論，學習製作萬年曆、行星表、使用四分儀等。[33]

利瑪竇在羅馬學院師從克拉維烏斯學數學四年，大概是得到克拉維烏斯先期協助的那群學生之一。由於數學功課的要求，他在神學方面的學習甚至可能放緩，因為他在一五八〇年人在印度時才上完其神學課。[34] 一如其他大部分識字的西方人，他大概對克拉維烏斯著迷於「教會曆法計算」（二年級生該上的科目之一）一事所產生的效應，有親身的體驗，因為經克拉維烏斯改良的著名曆書——以當時教皇額我略十三世之名命名的曆書——一五八二年十月在歐洲施行，隔年在遠東施行，在那之前不久，利瑪竇和羅明堅進入中國，要落腳於肇慶。[35]

利瑪竇一輩子和克拉維烏斯維持深厚情誼，兩人交換書籍，互通書信，利瑪竇把他的老師介紹給中國讀者認識，說他是自歐幾里德以來最偉大的數學家、歐幾里德真正的傳人。利瑪竇在其談數學的中文著作裡提到歐幾里德時，只將其名粗略音譯為「歐幾里得」——不忘說歐幾里德生於「一千年前左右」，以使對此有興趣的中國人以為歐幾里德是信基督教的數學家，而非生活在西元前五〇〇年、信多神教的希臘人（其實後者才屬實）——卻為克拉維烏斯取了漢姓「丁」。這是個有趣的雙關語，類似那些用於打造記憶宮殿的雙關語，在此，他把Clavius一名轉變為意為「釘子」的拉丁語Clavus，然後把「釘」譯為中文的「丁」。「丁」是最簡單的漢字之一，形象類似歐洲語的大寫字母T；中國人當然知道這個字遠比其他大部分漢字容易書寫，用「目不識丁」一詞形容蠢蛋。利瑪竇開始嘗試將西方數學介紹給中國文人時，想必覺得這個成語用在他們身上甚為貼切。[36]

十三世紀時阿奎那就已清楚道出天主教會看重數學的程度。他認為數學是極適合年輕人的初學科目，因為其從一物直接推進到其性質的方法論，使其成為「最容易、最可靠的人類學科」。與此同時，數學知識與記憶理論的基本前提相契合，因為人的腦子能記住安排得有條有理的東西，在和諧的數學秩序裡找到特別容易記住的東西——歐幾里德幾何命題的排列方式就是絕佳例子。[37]想像和智力的結合，使幾何學得以發展起來；這門學科既展現人在根據自然法則運行的秩序裡所能發揮的力量，也展現人在其中所受到的限制；人能獲致數學知識，係人的一大成就，但人需要數學知識，也表明人的弱點。誠如阿奎那所主張的，上帝和天使不需要數學表和數學圖，因為他們會以單一的、整體的眼光看待所有事物。[38] 因此數學似乎提供了某種特別的精確：「它位於自然科學和神學之間，比這兩者都更確切。」與此同時，它不受情感束縛：「假使有個幾何學家完成真正的論證，他食欲好壞，高興還是生氣，無關緊要。」[39]

在十六世紀遍布歐洲各地的耶穌會學校裡，耶穌會士強調自然科學，不只為了與同樣強調自然科學的新教學校一較短長，也為了取悅已把這些學科的學習看得比其他學科重要的菁英和貴族。耶穌會強調數學技藝，藉此證明他們掌握了現代知識，承繼了文藝復興後期義大利人文主義的要旨。如果他們駁斥哥白尼的太陽中心說，繼續教授以七個水晶般星球環繞不動之地球的理論為基礎的天文學，那是因為他們看重這套理論的古老和其符合宗教教義，覺得駁斥此說的證據還不夠充分。[40] 一五七二年發現一顆新星和一五七七年看見一顆大彗星（都發生於利瑪竇在羅馬求學時），引發西方各地學者和天文學家辯論，促使克拉維烏斯重新檢討其某些假設，但最終還是未改變其原有的看法。[41]

利瑪竇一熟悉漢語和中文著作，就無法像他看待中國人的宗教實踐那樣，把中國人的科學知識看成不值一顧。例如，中國的天文觀測成就不凡，一五七二年超新星和一五七七年彗星，都被中國人詳細記錄下來，包括它們出現的確切日期、眼睛所見到的大小和亮度、運動方向。[42]但他能試著讓中國人相信，他們方法論的理論基礎仍不夠健全；誠如他在其中文版歐幾里德《幾何原本》自序裡所說的：「竇自入中國，竊見為幾何之學者，其人與書信自不乏，獨未睹有原本之論，既缺根基，遂難創造，即有斐然述作者，亦不能推明其所以然之故。」[43]利瑪竇說他有特殊的本事矯正此缺失。他不只把自己說成克拉維烏斯的弟子，把克拉維烏斯說成歐幾里德的傳人，還頗有自信的把自己說成某義大利知識傳統的代表：

吾西陬國雖偏小，而其庠校所業，格物窮理之法，視諸列邦為獨備焉。審究物理之書極繁複也，彼士立論宗旨唯尚理之所據，弗取人之所意。蓋曰，理之審乃令我知，若夫人之意又令我意耳。知之謂謂無疑焉，而意猶兼疑也。[44]

接著利瑪竇為其中國讀者概述了克拉維烏斯所傳授於他者。數學猶如一條大河，有四條主支流：算術、幾何、音樂、天文學加上年代學。利瑪竇以一首讚頌數學之多元組成的詩歌，闡述這道理：

此四大支流析百派。其一，量天地之大，若各重天之厚薄，日月星體去地遠近幾許，大小幾倍地球，圍徑道理之數；又量山岳與樓台之高，井谷之深，兩地相距之遠近，土田城廓宮室之廣袤，廩庾大器之容藏也。

其一，測影以明四時之候，晝夜之長短，日出之辰，以定天地方位，歲首三朝，分至啟閉之期，閏月之年，閏日之月也。

其一，造器以儀天地，以審七政次舍，以演八音，以自鳴知時，以便民用，以祭上帝也。

其一，經理水木土石諸工，築城廓作為樓台宮殿，上棟下宇，疏河注泉，造作橋梁，如是諸等營建，非惟飾美觀好，必謀度堅固，更千萬年不圮不壞也。

利瑪竇接著說道，這只是開端。數學也可用來製造各種機器以便提取重物或移動物體；數學可用於製造灌溉設施、排水機器，以為沙漠注水，使沼澤排水，用於製造水道閘門，用於光學，用於了解平面曲率，用於透視法和明暗法。最後他提到地理學這個說明地球的學科——山、海、國、洲、島、州郡，「分布之簡」，每個細部都符合羅經方位點，全都按一定比例呈現在圖上，以「不誤觀覽」。[45]

利瑪竇在中國時，涉獵了上述幾乎所有學問分支：測時法、光學、天文觀測、土地測量、音樂、地理學、幾何學。就其中大部分領域來說，他求學時所記住的知識，能靠他隨身帶來的幾本書所提供的資訊來補強。他手邊有墨卡托一五六九年的地圖、奧特利烏斯（Ortelius）一五七〇年的地圖、極盡詳細的緯度估算表，因此，要他計算日月蝕時辰、估算緯度、打造在任何地點都會很精準的一體性、可調整的日晷，乃至製作使他在中國聲名大噪的大比例世界地圖，都不是太困難的事。這些緯度估算表收於克拉維烏斯的《球體》（*Sfera*）和亞列桑德羅・皮科洛米尼（Alessandro Piccolomini）的《地球》（*Sfera del Mundo*）裡，利瑪竇旅行時始終隨身帶著。[46]尤其，克拉維烏斯的著作並不只著眼於理論陳述；還附有最詳盡的工作圖和注釋，讓學生不只可以從中理解如何使用器材，還懂得如何製作器材，詳細到木頭上的最後一個接合處和構架裡的最後一顆螺栓。[47]

尤其一五九六年後，利瑪竇有了一個很管用的新工具來計算天文，因為那年，他收到克拉維烏斯所致贈的一本他談星盤的新書。這本一五九三年在羅馬出版的新書，附有數十頁製作詳盡的圖表。克拉維烏斯的力求精確和徹底講求實用，使利瑪竇擁有一種極管用的計算方法。拜此計算方法之賜，歐洲學者把星盤譽為「儀器之首」，寫下大力吹捧星盤之功用的對話錄。[48]

利瑪竇如何看重他因精通數學和天文學而另外具備的本事，我們無從知曉；拜克拉維烏斯高明的翻譯和注解之賜，此時，新一代歐洲人已得以閱讀到歐幾里德的著作，但在當時歐洲的部分地區，歐幾里德的著作，除了供用於此時或許被稱之為「科學」的用途，的確還被拿來施行法術。克拉維烏斯翻譯的歐幾里德著作，一五七〇年在倫敦問世英文版。星術學家約翰・迪（John Dee）在為該英文版寫的序言裡，向他「瘋狂、魯莽、懷有惡意、倨傲的同胞」發出挑戰，欲使他們理解剛得到證實的數學定理如何支持占星術，理解「合理論證了自然光、光線之運作和影響、恆星和行星之神祕影響的數學技法」。[49]此外，他還欲證明歐幾里德的精確性進一步證實了他所看重的學科「人類地理分布學」，這門學科以人作為衡量所有事物的崇高數學標準，甚至催生出會成為「最高技藝」（Archemastrie）的那個了不起、最後的學科。這個最後學科會是「完整經驗的展現」，人只有靠這個學科，才能「具體體會到藉由所有數學技法得到的所有有用的結論」。[50]利瑪竇或許未如此陳述，但他若得知其性質和內容，大概不會感到驚訝。

地理學或許是利瑪竇所列出的數學諸分支裡的最後一個，但他在地理學方面的成就卻非常大。他製作出一幅以中文標注所有地名的精確世界地圖，成就非凡——這幅地圖歷經數十次未經授權的翻印，最後化為一幅由六個板構成的巨大世界地圖，擺在北京萬曆皇帝的寢宮裡，每個板寬超過六英尺。這不表示利瑪竇在製作此圖時未得到他人幫助：根據學者的耐心探究，利瑪竇針對美洲、北歐所寫的簡短注解，有許多係直接譯自他人送至中國給他的普朗基厄斯（Plancius）一五九二年地圖，針對中亞的文字說明則甚至非翻譯過來，而是直接抄自十二世紀中國學者馬端臨的百科全書《文獻通考》。就借用普朗基厄斯、馬端臨的資料來說，利瑪竇整個照抄毫無根據的資料，而與他作品看似嚴謹的科學精神相牴觸。[51]

無論如何，利瑪竇做這一切，其主要目的係使中國人看到他的科學成就，以使他們更願意接受他的基督教信仰。誠如他向克拉維烏斯所說的，正是抱持這股精神，他在他可調整之日晷的基部刻上漢字，指出若無對上帝恩惠的理解在背後支持，人的努力很難持續下去，並告誡那些看著日晷上時間消逝的人，人既找不回過去，也無法預見未來，必須在當下有機會行善時就行善。[52]

就個人關係領域來說，利瑪竇透過其對友誼的剖析，進一步強調上述看法。一五九五年他為南昌一明朝貴族出版了談此主題的小書，一六〇一年重新出版該書，內容有所擴充，增添了他的中國友人所寫的數篇奉承的序。據利瑪竇自己所說，這本小書為他在中國菁英階層贏得威望和讚賞，為他所寫過的其他任何書籍文章所不能及。明朝大學者針對此書發出的評論，更證實利瑪竇此說不假。[53]利瑪竇把友誼說成超越金錢利益和其他物質考量的東西，把兩個互不相干的個體連成一心的東西。患難時才看出真友誼，順遂時友誼很容易維繫，因而不具深刻的意涵。[54]利瑪竇引用塞內加的看法，說不為死去的朋友感到遺憾，因為他們活著時，他已預見他們終會逝去，他們死後，他當他們仍活著一般記得他們；他還引用西塞羅的看法，說未時時想著要幫朋友的人，不是真朋友，而是商人；從馬提亞爾那兒，他引用了帶嘲諷意味的警句：人朋友不多，歡樂就會較少，但悲傷也會較少；從普魯塔克那兒，他則引用了以下看法：從不值得一交的人裡挑朋友，猶如進入染坊，必然被染料濺上身。[55]這些感性之言大概很合利瑪竇之中國讀者的胃口，而《交友論》第二十四句所言，大概也不會有令他們吃驚之處：「友者過譽之害，較仇者過訾之害猶大焉。」令今日的我們感到吃驚者，係此句來自伊拉斯謨斯的著作，而伊拉斯謨斯受到羅耀拉嚴厲批評，十六世紀後期時他的著作通常不被視為耶穌會士所該讀之書。[56]利瑪竇樂於引用伊拉斯謨斯的著作，間接表明他想盡可能將有意義的引文搜羅進來，而非只往符合正統的著作裡找。

利瑪竇透過其中國友人散播《交友論》和其他著作，深信其中的道德意旨會為有識之人所看見。他未力推基督教教義裡較不妥協的部分，因而中國的碩學鴻儒很容易就接納他，認為他的學識與己幾乎不相上下。舉個簡單的例子，利瑪竇一結交著名儒家學者郭正域，即透過郭正域將他的著作轉給與郭齊名的鄒元標一覽。鄒元標出於禮貌看了這些著作，覺得其中的看法與己無甚扞格之處。鄒元標寫給利瑪竇的信有幸保存至今，我們因此得以頗為詳細的探明這位明代知識分子對耶穌會士的回應：

> 得接郭仰老已出望外，又得門下手教，真不啻之海島而見異人也，喜次于面。門下二三兄弟欲以天主學行中國，此其意良厚，僕嘗窺其奧，與吾國聖人語不異。
>
> 吾國聖人及諸儒發揮更詳盡無餘，門下肯信其無異乎？中微有不同者，則習尚之不同

耳。門下取易經讀之，乾即曰統天。敝邦人未始不知天，不知門下以為然否？[57]

利瑪竇或許不盡贊同鄒元標的看法，但肯定使用六線形（六爻）的乾卦來支持他的以下論點：在最早的中國典籍裡，中國人就有與基督教差異不大的神力概念。由六條全線構成的乾卦，具有「創造力」，並促成「元亨利貞」。某則對乾卦的早期評注指出，「大哉乾元，萬物資始，乃統天」，而且此評注者還說，了解此過程的「聖人」「大明終始」，理解如何「各正性命，保合大和」。[58]

一五九〇年代後期利瑪竇已針對如何使中國人皈依基督教發展出一套方法，而個人關係和科學素養是其中的兩把利器；我們可以很篤定的說，他希望透過與重要的中國學者嚴肅討論已被證明為正確的科學事物，使其中某些人信基督教。瞿汝夔，利瑪竇在中國最早結交的友人之一，一開始係因為相信利瑪竇有鍊金本事才找上利瑪竇，但後來和利瑪竇繼續往來，研究起克拉維烏斯的《球體》，初步翻譯了歐幾里德《幾何原本》第一卷，一六〇五年皈依基督教。這一翻譯屬初步摸索性質，翻譯品質參差不齊，但引起中國南部數位很有天賦的數學家注意。[59]我們不敢篤定說係歐幾里德的學問把上海學者徐光啟在一六〇〇年初次帶入利瑪竇的圈子，但歐幾里德肯定是徐光啟皈依基督教，一六〇四年考中進士，在北京翰林院任職後，使兩人交情不墜的因素。他和利瑪竇每天早上一起工作，為期達一年，在這期間逐行審讀克拉維烏斯版的《幾何原本》，最後聯手譯出文筆洗練的《幾何原本》頭六卷，並在一六〇七年予以出版。[60]高官李之藻看過此譯本後大為嘆服。在這之前，李之藻就因佩服利瑪竇的製圖術而與之結交；兩人就歐幾里德幾何學的意義有過幾次長談，聯手寫了數本數學書之後，一六一〇年李之藻終於皈依基督教，就在利瑪竇與世長辭之前不久。[61]

這些中國學者願意接受利瑪竇所介紹的西方科學一事，值得後人銘記在心。這些人不是想藉由接受西方思想來取得名望的社會下層人士。瞿汝夔出身顯赫，其父親瞿景淳一五四四年殿試拿到第二名，曾任明朝《永樂大典》總校，官至禮部左侍郎，卒後獲贈禮部尚書之位。[62]李之藻出身杭州軍人家庭，一五九八年中進士；遇見利瑪竇時，他已任職於工部。[63]徐光啟出身商人家庭，一五八〇年代赴多處任教——在明朝中國這有時代表不得志——但一五九七年他終於以優異成績考上舉人，然後，誠如先前已提過的，他在一六〇四年考上進士後，入翰林院，取得中國讀書人所最豔羡的職位。[64]

但這些人並未因為深受儒家傳統規範薰陶，就失去理解西方科學的能力：有一點值得強調，即在這些人最感興趣的每個領域裡——就瞿汝夔來說化學，就李之藻來說製圖術，就徐光啟來說幾何學——中國原本就都有本土漫長且複雜的實驗摸索歷史且有所成就，只是耶穌會士很少提及此事。[65]利瑪竇所能給他們的資料，當然不全然是新的，但他也提供了可供他們評斷自己既有知識的新視角，以及讓他們有了追求的目標。而他們有這樣的追求，則是因為他們堅信憑他的幫助，會找回中國已消失的一段過去。徐光啟為《幾何原本》中譯本所寫的序，就清楚表達了這份追求。這個中譯本係徐光啟根據利瑪竇口述寫下並予以潤色而成。徐光啟寫道，中國古代的統治者和學者曾精通計算、音樂、機械發明。秦始皇時（西元前三世紀後期）該皇帝焚書，這些技藝「畢喪」，於是中國學者「如盲人射的，虛發無效；或依儗形似，如持螢燭象，得首失尾」。[66]李之藻為利瑪竇的世界地圖寫了序，跟著該地圖一同出版，在此序中，他更清楚道出中國過去的成就，指出中國的地理學知識在元朝時有重大突破性進展，指出就連利瑪竇的地圖都不夠詳盡，未能標示出過去向中國進貢的所有國家。利瑪竇則指出，李之藻花了「一整年」仔細剖析他計算出地球緯度大小時所依據的數學原理。李之藻明白它們是「永恆不變的定理」而心滿意足後，才建議利瑪竇製作一幅更大的且會得到他背書的新版地圖。[67]

利瑪竇和這些人都愛書、愛印書。對於中國人識字的普及程度，他的看法流於誇大——「那裡不識書的人不多」——但他指出所有宗教團體都愛透過書本，而非透過布道或公開演講，來傳播教義，的確說的沒錯。[68]他以其一貫對這類小地方感興趣的作風，研究了所有學者都使用之墨條的製作方法和他們造紙、裝訂書籍的方式。他指出中國書易扯破，不易久存，因為紙太薄；他分發上等的西方紙張，一次分發數張，以讓中國學者看出差異，也強調他所隨身帶著的那一小批書的裝訂、鍍金之法。[69]他也感興趣於似乎在中國所有城市裡都如魚得水的那些學者兼書法家，在這些城市，他們若非靠為書藝較差的官員抄寫重要奏摺來賺錢，就是賣自己的書法作品謀生；他驚愕於請人抄寫一份字形優美的奏摺要價達八達克特，甚至幾行字就能賣十分之一達克特；[70]對於往往精於數學題材且願意為他人寫書卻放棄在其上掛名的專業學者，他則沒那麼佩服。[71]

利瑪竇始終留心中國社會裡有助於他傳教的人事物，善加利用印刷並且頗大規模印書。第一版中文的基督教祈禱用書，係在徵得肇慶知府王泮同意後，一五八四年由他和羅明堅一同編成（以大概起草於印度的更早期拉丁文版為本），然後在耶穌會士居所印出一版一千兩百本。[72]利瑪竇在羅馬學院就讀時說不定是被派去助德意志籍排字師傅製書的該學院學生之一，因為他明顯精熟於印刷的技術細節。他注意到中國的工匠能把一整頁反轉過來的手寫字刻在蘋果木版或梨木版上，速度之快和歐洲排字工人排好一整頁金屬活字相當，而且他指出中國這套辦法的最大優點，係能一次印出少量書籍，保存雕版供日後印刷之用，而且可迅速、低成本的小幅更改。[73]他覺得漢字的眾多和複雜頗「妨礙科學」，覺得中國人用雕版印刷術印了許多有害或無益的材料——由於每年印出的佛道教書籍甚多，他不得不這麼說——但還是覺得學界投注如此大量心力於出版，使許多中國年輕人和成人「免於墮入人性所易陷入的罪惡裡」。[74]

利瑪竇也曾一度指出中國人記住所讀的書，向別人複述其內容，傳教士能從他們這一特性得益，但令人遺憾的，他未跟著剖析中國人訓練記憶力的方法。在為自己的記憶術辯護時，他明顯欲以在遙遠的過去國王運用此術卓然有成一事，來讓中國人刮目相看：他寫道「般多國王」精通他所統治之二十二國的語言（指本都王國的米特里達梯〔Mithradates of Pontus〕）；「巴辣西（Balaxi）國王將兵數十萬，皆一一記其姓名」（指波斯王居魯士）；「若利未亞一國王」遣使赴羅馬，該使記住其在羅馬所遇見的數千官員的名字（指古希臘伊庇魯斯國王波洛士〔Pyrrhus〕的使者基尼阿斯〔Cineas〕）。[75]對中國讀者來說，這些名字都不具特別意義，只是如同咒語般要讓人不由得拜服。

這些例子有一明顯特點，即它們幾乎都和中國文人所關注的事物毫不相干，此事也生動點出以逐字直譯的方式把歐洲典籍譯介給明朝中國的缺點。在中國，這三個例子激不起共鳴。奉派出使國外並非受人尊敬的差事——事實上中國人幾乎從不做這事——如有人真的出使國外，也沒理由想記住外國人的名字；儒家文人不看重外國語言，反倒認為想要與其交談的外國人，例如利瑪竇，會學漢語；想在軍中求發展的官員甚少——事實上，誠如利瑪竇所知的，即使是高階軍職，也被普遍認為是低下的職業。[76]

他這三個例子大概借用自普林尼《自然史》（*Natural History*）裡談記憶的某個小段落，因為他所舉的這三個西方例子都可見於該段落。而令人好奇的，他與他的中國學者友人閒談時，是否不只談到這三個例子。[77]利瑪竇從小受到西塞羅、昆體良、塞內加之類拉丁語人文主義暨斯多葛學派作家薰陶，而這些作家都提供了可能會更容易讓中國人感興趣的好例子，因為它們具有中國人所看重的特性。例如，塞內加能記住一連兩千個名字或兩百行隨意列出的詩句，中國人若得知，會對其大有興趣。不管多少詩在眼前都能過目不忘的狄奧迪克底（Theodectes）和不管造訪哪座圖書館，都能把館裡藏書的內容全部記住的查馬達斯（Charmadas），同樣會令中國人生起興趣。[78]中國歷史上也有以同樣高超的記性聞名的學者，和這些西方歷史人物相比毫不遜色；利瑪竇那些受過教育的中國友人，不管哪一位，都有可能在聽過上述西方人的故事後，告訴他禰衡、邢卲、盧莊道、張安道的故事。東漢禰衡某次遠行回來後，把途中所見一碑的碑文全部牢記於心；邢卲「讀《漢書》五日，略能遍記之」，每次諸人在宴會上所寫的詩，他都能全數記住；唐朝盧莊道把書看過一遍，就能順背、倒背如流；強記的張安道，自小在與外界無往來的環境裡長大，始終以為每個人都有過目不忘的本事，後來經人客氣糾正，才知並非人人如此。[79]

有個問題，讓人思之，無論如何都覺得饒富趣味，那就是儒家和古羅馬這兩個傳統，在各有形形色色的博聞強記事蹟提供共同基礎的情況下，經由利瑪竇的基督教居中牽線，如何開始展開對話。與這些事例有關的交談，會是使人關注起人力（而非神力）問題並剖析理性在人類事務裡之位置的絕佳途徑。從中所能找到的相似之處的確非常顯著，而且不管是利瑪竇，還是他的中國友人，都會意識到這些相似之處。用普林尼的話說，如果尤利烏斯·凱撒能「同時口授和聽取報告，同時就重要事務向他的祕書口授四封信——或如果沒有其他事煩心，同時口授七封信」，隋朝的劉炫則能「口誦目數耳聽，五事同舉，無有遺失」。[80]如果盧修斯・西庇阿（Lucius Scipio）能叫出羅馬市民的名字，第米斯托克利（Themistocles）能列出雅典所有市民的名字，在南京任職的蘇頌，不也能把「士大夫家世、閥閱、名諱、婚姻無遺忘」。蘇頌還根據傳統的王朝史書，發展出自己一套按年代順序「記事」之法。[81]在商業或娛樂領域，也可找到中西相輝映的例子。霍騰修斯（Hortensius）記住拍賣場上每件物品的價格，陳諫「州縣籍帳，凡所一閱，終身不忘」，而且記住其織機所製布匹的詳細尺寸；[82]斯凱沃拉（Scaevola）騎馬回鄉下家時，能在腦海裡將他輸掉那場棋戲裡每一子所走的每一步重演一遍，王粲看人下棋，同樣能把下棋者所走的每一步重現。[83]

一如必要時可拿關於記憶術的爭論或拿對幾何學的分析，把觸及宗教的討論推到更高的層次，斯多葛學派的人文主義也可有同樣的用處。皈依基督教的徐光啟曾告訴利瑪竇，他最擔心的事，係他兒子會死掉，此時，不難想像利瑪竇會立刻想起他用來存放愛比克泰德的那間記憶室，因為愛比克泰德也時時有這樣的憂心。愛比克泰德用希臘文寫下這麼一段話，經利瑪竇翻譯成中文：「儻有受益於物而愛之，爾極思夫何物類也，從輕而暨重焉。愛甌耳曰『吾愛瓦器』，則碎而不足悼矣。愛妻子曰『吾愛人者』，則死而不足慟矣。」[84]或者，誠如利瑪竇所譯成中文的愛比克泰德的另一段話：「物無非假也，則毋言已失之，惟言已還之耳。妻死則已還之，兒女死則已還之。」[85]在這些例子裡，都貫穿著愛比克泰德所闡釋的斯多葛學派論點：「如果你決意讓你的孩子、妻子、朋友永遠不死，你就太蠢了；因為你決意讓不受你控制的事物歸你控制，讓不歸你的東西歸你。」[86]

徐光啟或李之藻吸收了這些思想和教誨後，利瑪竇就能進而帶他們認識內含於基督教信仰裡的一些更深刻的論點；那是他已在其《天主實義》裡親自寫下且印行的論點，《天主實義》概述基督教教義，以一名中國人和一名基督徒學者對話的形式呈現。但即使在這樣的書裡，利瑪竇都經由古典傳統引導中國學者認識他的重要論點，如在該書第三章中部某段落所見。在此，利瑪竇先是說道：「古西國有二聞賢：一名黑蠟，一名德牧，黑蠟恆笑，德牧恆哭，皆因視世人之逐虛物也；笑因譏之，哭因憐之耳。」[87]然後，從這座希臘堡壘，利瑪竇往前推進，希望吸引他的中國讀者跟著他走：

> 吾觀天主亦置人於本世，以試其心而定德行之等也。人的本家室在天，故現世者，吾所僑寓，非長久居也。吾本家室，不在今世，在後世；不在人，在天，當於彼創本業焉。禽獸屬於現世，今世也，禽獸之世也，故鳥獸各類之像俯向於地；人為天民，則昂首向順於天。以今世為本處所者，禽獸之徒也。[88]

就在利瑪竇極力向中國人說明他關於上帝和靈魂的道理時，極力兼顧他身為傳教士、教師、朋友、指引者的角色時，他仍始終把自己看成學生，竭力去解釋無法解釋之事，逃離愛比克泰德，最終卻倒回向柏拉圖。在《天主實義》某個極具說服力的段落裡，他以如下話語去打動已識和不識的中國文人：

天主正教以此頒訓於世，而吾輩拘於目所恆睹，不明未見之理。比如囚婦懷胎產子暗獄，其子至長而未知日月之光，山水人物之嘉，只以大燭為日，小燭為月，以獄內人物為齊整，無以尚也，則不覺獄中之苦，殆以為樂不思出矣。若其母語之以日月之光輝、貴顯之裝飾、天地境界之文章廣大數萬里高億萬丈，而後知容光之細，桎梏之苦、囹圄之窄穢，則不肯復安為家矣。乃始晝夜圖脫其手足之桎梏，而出尋朋友親戚之樂矣。[89]

這段話不只把克拉維烏斯的思想，連同柏拉圖的《理想國》（第七卷），一起編入論點裡，而且最後那個形象也挑得很貼切，因為誠如利瑪竇所非常清楚的，親友社交、同遊的歡愉是明朝上流社會所看重的一環。事實上，根據利瑪竇與人一用過的餐，可勾畫出他身心旅程的諸個階段，因為誠如他所說過的，在中國，人在桌邊吃飯或品茗時什麼都談，包括宗教。[90]一五八〇年代，在華南，利瑪竇小心翼翼出訪農村窮人家，在那裡，一家人圍著臨時湊合的祭壇，利瑪竇用結結巴巴的漢語小心為他們祈禱，而這一餐，誠如利瑪竇所說：「其間流露的真誠善意，比形形色色的菜餚，更令我們高興，儘管菜餚的確豐盛，而且就中國人來說，很美味。」[91]一五九〇年代初期，在中國中部，他來到一剛皈依基督教之商人的家裡，與商人一邊用餐，一邊探討主的用意。商人自在享受豐盛的菜餚，因為已揚棄佛教吃素的習慣。[92]

在十六世紀末的南京，在大官家享用久久才結束的大宴開始變得稀鬆平常，儒家學者邀當地大受歡迎的佛僧過來與利瑪竇辯論。而他詳細記載了他如何講述人性進程和上帝仁慈之間的區別，如何竭力記住正反方說詞的每個細節以供日後出版闢佛論著之用。[93]然後，一六〇一年後，他置身北京，迎來無休無止的宴飲，往往一天三場或更多場。對利瑪竇來說，此時已不再需要尋求中國人的接受，但社交往來和不斷用腦詮釋經籍，使他更加疲累不堪。[94]當時某中國人記載，這位耶穌會士在這些場合「飲啖甚健」，而無休無止的社交活動肯定傷了他的身體。[95]

在北京，利瑪竇每三年就要承受一次最嚴重的壓力，因為來自中國各地的考生湧入北京參加三年一次的會試，許多考生帶著引薦信前來見利瑪竇或帶來友人的書信和問候，他無法拒於門外。難怪利瑪竇在一六一〇年這個會試年走完人生旅程；該年五月上旬，他作完一輪訪問後回來，躺在耶穌會傳教所裡的床上，疲累不堪，頭痛欲裂。獲告知他大概很快就會好轉時，利瑪竇回道：「不可能，此病肇因於要做的事太多，會要人命。」[96]他的耶穌會士同僚和中國友人擔心他的安危，前後替他找來七個大夫把脈看病，這些大夫共開了三種不同的治療方法。

五月八日晚，他向神父熊三拔作了總告解。隔天下午他開始神志昏亂，此後直至五月十日當天未好轉。在這期間他不斷叨叨絮絮說要使中國人和中國皇帝皈依基督教。十日晚他受了臨終塗油禮。他已不再能動筆寫東西；已燒掉個人信件，把他其他手稿整理妥當，封好要給總會長阿夸維瓦的訣別信。但突然他轉向同伴，以微弱但尚能聽見的聲音說：「我最欣賞的人是科東神父（Father Coton），他目前住在法蘭西國王宮廷裡；我未見過他，但我決定今年寫信給他，祝賀他獻榮耀給主，讓他知道這裡的傳教情況。代我向他致歉，因為此刻我已不可能執行此任務。」利瑪竇雖然神志昏亂，講話卻頗有條理，因為自從法蘭西國王亨利四世放棄新教信仰改信天主教後，耶穌會士皮耶·科東就成了他的告解神父，而在艱困的處境下，科東履行此職非常稱職。在行將就木的時刻，利瑪竇大概夢想著成為中國長壽皇帝萬曆的告解神父。科東似乎是利瑪竇死前說出的最後一個人名。五月十一日晚，他直挺挺坐在床上，闔上雙眼死去。[97]

第六章——

# 第三個記憶形象：獲利與收穫

記憶宮殿矗立於高處，沐浴於均勻的光線裡。接待廳依舊靜悄悄，但裡面還有需要人去費心思量的東西。東南角有打得難捨難分的兩個武士；東北角有一名身為回回的西夏女子在等著。

利瑪竇挑漢字「利」來打造其第三個記憶形象。為打造出會令中國人記住的形象，他把「利」字縱向一分為二，從而產生兩個新表意符號，其中一符號意為「穀物」，另一個意為「刀刃」或「刀」。利瑪竇根據這兩個組成部分，打造出他的記憶圖像，「一個手持鐮刀，準備好收

割田裡作物的農民」。[1]

一如以往，這個記憶形象，除了表層意思，還另具特殊意涵。就此記憶形象來說，此特殊意涵來自此「利」（li）字與利瑪竇為自己挑選的漢語姓氏同一個字一事，儘管他根據自己的羅馬拼音法將「利」音譯為ly。從某個層面上來說，這個ly只是近似他名字Ricci之第一個音節的發音，而由於漢語裡沒有r這個捲舌音，用ly對應雖不中亦不遠。但漢語裡有數十個發ly音的字，其中許多字都適合拿來音譯他的姓。利瑪竇好似察覺到在他本身的傳教處境下（〈馬可福音〉第八章第三十六節：「人就是賺得全世界，賠上了自己性命，有什麼益處〔profit〕呢？」），在當地求生存、物物交易的環境下（〈創世紀〉第三十七章第二十六至二十八節：猶大對眾兄弟說：「我們殺我們的兄弟，藏了他的血，有什麼益處〔profit〕呢？」然後，原把約瑟棄置在坑裡的猶大的眾兄弟，同意將約瑟拉出坑裡，以二十舍客勒銀子的價錢賣給以實瑪利人），「利」（profit）字本身的歧義性。十年後，利瑪竇為後人了解其對這些跨文化含意的體認，留了一個小小的線索。他送了四幅圖給程大約，並附上題辭，在其中兩則題辭的末尾題署裡，他自稱「歐邏巴利瑪竇」，並以西文字母將他的漢姓音譯為「Ri」；在另兩則題辭的末尾，他自稱「耶穌會利瑪竇」，而這兩次，都把漢姓音譯為「Ly」。[2]

利瑪竇採用了這個代表獲利的新複合人物，讓他以具有利瑪竇姓氏的一個收穫者的形象呈現，把他擺在接待廳的西北角，西夏回回女子左邊，那兩個纏鬥的武士的斜對面。只要利瑪竇要他待在那裡，準備好隨時收割農作物，他就會一直待在那裡。

✦ ✦ ✦

在利瑪竇當時，逐利和宗教教條並存，而且不管信哪種宗教都在逐利。兩者的權衡取捨有時難以盡如人意。

例如，改宗的葡萄牙猶太人，受到宗教法庭無情重罰，有徹底破產之虞，於是開始把財產外移至法蘭德斯和義大利，一五七七年他們終於和國王塞巴斯蒂安談定協議，只要他們為他的非洲戰役出資二十五萬達克特，他就讓他們十年完全免繳異端罰金。猶太人給了錢，國王塞巴斯蒂安戰死，接他位的人撤銷此協議，認為塞巴斯蒂安的死係上帝對這樁骯髒交易的懲罰。[3]

帕爾馬王子（Prince of Parma）率領其信天主教的西班牙軍隊進攻由新教徒據有的安特衛普時，新教一方的領導人，奧蘭治的威廉（William of Orange），要市民挖開布勞夫加倫戴克（Blauwgarendijk）的大海堤，使海水淹沒安特衛普周邊的平原，以在一旦須耳德河遭帕爾馬封鎖時，此城能經海路取得補給。安特衛普肉商行會阻止市民執行威廉的建議，理由是他們在安特衛普和海堤之間新生地牧養了一萬兩千頭牛，海水一灌進來，他們就血本無歸。帕爾馬果然封鎖須耳德河，安特衛普無法自外取得物資，因此，一五八五年八月此城落入西班牙軍手裡，新教牧師遭逐走，安特衛普重回天主教陣營。[4]

利瑪竇在華期間，郵寄始終緩慢且未必能送達，但從澳門出來的信差通常如願抵達韶州或北京，傳教團因而不至於和外界脫節。但一六〇九年，受命從澳門帶信出去的年輕中國籍基督徒信差，認為已可以不必照往例送錢給香山縣的澳門—內地邊境守衛。守衛沒拿到錢，憤而將這名信差當間諜逮捕，押交當地知縣處理。知縣訊問後，將他送交知府。知府同樣訊問過後，將他送交道台。道台將他毒打一頓，下令終身監禁。這位道台行事很細心，也命人將信差所攜帶的二十五封信逐行譯成中文（逼正好在廣州參加商品交易會的葡萄牙人幫忙翻譯），然後把它們歸入廣州檔案室永久保存。這些信含有令中國人覺得可疑的資訊——例如澳門耶穌會學校經營詳情、澳門擔心荷蘭人來犯而展開的防務詳情——於是中國官府命令這些信件的收信人，韶州耶穌會士，離開中國。[5]

對於積聚金錢、財產一事，天主教會的態度始終莫衷一是；其回應，從誓言終身清貧，到花錢蓋起高聳的主教座堂尖塔，不一而足。羅耀拉在《神操》第一週末尾附上其對「國王基督」的看法，在其中表達了耶穌會士應該守貧的觀點。那些做神操的人會在腦海裡聽到基督的以下話語：「我要征服所有異教徒國度，因此，凡是想要與我一同投身此事業的人，都必須甘於使用和我一樣的食物、飲料、衣物等，也必須白天與我一起工作，夜裡與我一起守護。」[6]但好似意識到這些指示並不適用於世上一般人，羅耀拉要做此修煉的人在第二週第四天默想時，以更寬容的態度看待人的選擇；他把這一默想和對「兩個標準」的深刻默想擺在同一天——但在後一默想之後。在後一默想中，人必須反思要選擇路西法（Lucifer），還是基督，選擇富有、榮譽、驕傲，還是貧窮、甘於受鄙視、謙卑。用羅耀拉的話說：

以下是三種人的經歷。每種人都已因為愛上帝而得到一萬達克特，但那不盡然是他們所應得的。他們都想擺脫因貪戀這筆錢而生起的負擔，以拯救靈魂，在主那兒得到平和。若心存此貪戀，就無緣達到上述目標……

第一種人，想要擺脫對這筆錢的貪戀，以在主那兒得到平和，確保得到拯救，但直到去世之時，都未使出什麼辦法去實現這心願。

第二種人，想要擺脫這份貪戀，但在擺脫貪戀的同時，又想保住他們所已得到的錢，讓主遷就他，他們決定不為了到主的身旁把這筆錢給我們，儘管那對他們來說會是較好的做法。

第三種人，想要擺脫這份貪戀，但在這麼做時，既不想保住他們所得到的錢，也不想放棄這筆錢，只想照上帝給他們的啟示，以看來更能好好事奉、讚美上帝為準則，決定何者該為，何者不該為。與此同時，他們會竭力表現出好似已打破對這筆錢之貪戀的樣子。他們會努力不去貪求這筆錢，也不貪求其他任何東西，除非為了事奉上帝，他們必須如此。因此，想要更好事奉上帝的念頭，會是他們接受或放棄任何東西的原因。[7]

對於利瑪竇之類人來說，這些默想具有很特殊的意義，因為他是在喜愛錢、喜愛錢的用途的世界裡長大。他的家鄉馬切拉塔，在蒙田眼裡只是個小地方（一五八一年春蒙田從羅馬至安科納途中造訪了此地），而且境內真的美麗的建築不多，但它高踞在肥沃鄉野的一座錐狀小山上，入口處有座宏偉的新城門，景致還是頗漂亮。大門上有鍍金銘文「Porta Buoncompagno」，表明這裡是從羅馬穿過教皇國馬爾凱地區（Marches）之路的終點，此地區教皇使節的駐蹕之地。[8]鎮中央有著鐘樓和主教座堂的大廣場、教皇使節的府邸、商會會所、往下緩緩通往次廣場的那條狹窄石板路（耶穌會學校位在次廣場）、順著城牆繞行山坡或相隔一段距離往山下陡降、化為一段段凹凸不平台階的其他街道，他想必都非常熟悉，幾乎每一吋都非常熟悉，而且它們很可能為他在腦海裡打造的記憶處所提供了平面布置圖。當地的葡萄酒品質很好，利用熱氣使其揮發掉一半以使味道更醇厚，擺在路邊販賣。道路上往來不斷的旅人，徒步，穿朝聖袍，手持旗幟和耶穌受難像。這些旅人的出現，表明正漸漸接近洛雷托（Loreto）的聖祠。[9]

利瑪竇對佛羅倫斯也很熟，因為一五七二至一五七三年他在那裡待了將近一年。那時他二十歲，已發願當修士。[10]利瑪竇首次來到中國城市時，就是以佛羅倫斯為基準，說明該城市的大小：南雄是廣東北部繁忙的河邊貨物集散地，他在此使一位商人皈依基督教，為其取名朱塞佩（Giuseppe），說南雄「和佛羅倫斯一樣大」；他與侍郎一同造訪的縣城贛州，比佛羅倫斯「大」；南昌，利瑪竇口中「有著許多鍊金術士、搜尋珍奇古玩者、學者、對學習記憶地點體系感興趣者」的城市，是佛羅倫斯「兩倍大」——但在後來某信中，他說，由於熟悉了南昌城，他覺得這個城市和佛羅倫斯「一樣大」。[11]他首次說他想學漢語時，他向其前修辭學老師回憶起的人，也是佛羅倫斯的友人。[12]

利瑪竇在信中或《中國札記》裡不常提羅馬，儘管如此，羅馬在其腦海裡也很有分量。一五七一年他以見習修士身分進入羅馬奎里納爾的聖安德魯教堂時，帶了少許幾本書到該教堂旁邊的耶穌會士住所，其中之一是《羅馬城奇觀》（*Mirabilia Urbis Romae*）。此書描述這個昔日帝國都城往日的榮光，有插圖呈現其往日的輝煌。[13]他在中國時，曾要人送來最新出版、最昂貴且附有插圖的羅馬相關書籍，以便讓中國人了解羅馬的概貌。誠如他在一五九六年某信中向其往日同窗富利加蒂所說的，如果他能讓總會長或學院的某些老師送來一些這類的書，「對於身在此地的我們來說，那值得花上好多錢，而且會讓我們在這些人面前大大威風；如果對你來說花費太大，不妨來信告知要多少錢，我會從這裡寄（錢）過去，或寄去等值的東西」。[14]十三年後，他寫信告訴總會長阿夸維瓦的助手阿爾瓦雷斯，口氣相當不客氣：「我多次要求從歐洲寄來附有銅版畫的《羅馬古事記》（*Roman Antiquities*），以便拿給這些人看，不知是否因為我的信從未送達，或因為買不到，沒人寄此書過來。此刻我想提醒閣下，這本書在這裡會極有用，我懇請你費心關注此事，將它寄到北京宮廷給我。」[15]

利瑪竇離開羅馬後，一五八〇年代後期教皇西斯篤六世大興土木重建，改變了羅馬的面貌，最終照米開朗基羅三十年前的構想完成聖彼得大教堂的圓頂。他也無緣一睹教皇命人建造的新羅馬學院，此學院一五八一年動工，一五八五年建成，耗資估計四十萬達克特。但他能想像耶穌會宏偉新教堂耶穌堂（Gésu）的模樣。這座教堂一五七五年由樞機主教法內塞（Farnese）——帕爾馬王子的大伯——開始興建，利瑪竇求學時，該教堂尚未完工，但已用於做彌撒、布道、聽取告解。[16]利瑪竇當然親眼見過羅馬過節時的盛大隆重。最隆重的節日或許是聖體節（Corpus Christi），當天，教會要人雲集，魚貫走過長長大街，大街頂上有帆布遮陽，帆布從教皇宮殿搭到聖彼得大教堂大門。這道由帆布篷搭起的拱廊，兩側掛著最精美的織錦畫和所有樞機主教的盾徽，撐起帆布的柱子上掛著綠葉、鮮花組成的花環，大街旁的窗子有市民展示的布，布色亮麗。瑞士籍衛兵和騎馬騎兵，身穿紅絲絨制服，以整齊步伐行走在唱著歌的唱詩班和膜拜的群眾旁，膜拜者各持兩根白蠟燭，教皇則在喇叭齊鳴和從聖安傑洛堡傳來的鳴炮聲中坐著轎子出現。[17]

一五七五年禧年（jubilee）期間，利瑪竇正在羅馬求學，該年，數萬朝聖者從義大利各地湧至羅馬，有些朝聖團人數多達千人，場面之盛大令記載此事的安傑洛・皮恩蒂尼（Angelo Pientini）目瞪口呆，也令為英國讀者譯出皮恩蒂尼之記述的格列高里・馬丁（Gregory Martin）大為驚奇：

對於來自其他城市的其他團體（其中有些團體的成員全是紳士和貴族），我不知該用何言語形容，他們以數種方式展現引人注目的虔誠和博愛，配備了金銀材質的十字架和耶穌受難像、以最昂貴的絲綢和絲絨製成並飾有各種神聖圖畫的旗幟和橫幅，還有法衣、祭台罩布、祭祀器皿、樂器、唱詩班，供他們在旅途中和到了此聖城後做莊嚴彌撒之用；尤其是他們用於在每個朝聖團裡展現善意和虔誠之心的神聖器物，有些器物呈現死亡和罰入地獄，有些呈現天國的喜樂，還有些呈現富有戰鬥性的教會、勝利的教會、各等級的天使、多位殉教者和多種殉教場面；各式各樣的聖徒、純潔的聖母、舊約聖經故事、懺悔者的狀態；能打動基督徒人心的這些和其他一些類似東西。[18]

一五七八年抵達臥亞時，利瑪竇找到彰顯教會之輝煌顯赫的東西，它們雖然格局較小，但仍令人讚嘆。臥亞的三中殿式聖保羅教堂，有著華麗的主祭壇，飾有一幅描繪聖保羅皈依的巨畫和修士約翰・龔薩爾維斯（John Gonçalves）所建並經神父馬可士・羅德里格斯（Marcos Rodriguez）鍍金的神龕。這幅巨畫繪於一五六〇年代，出自神父埃瑪努埃爾・阿爾瓦雷斯（Emmanuel Alvares）之手。他在此教堂參加了由五名神父領導的晚禱儀式，與神父搭檔的唱詩班，由將近百名孤兒和準備受洗的印度本地慕道友組成，伴奏的樂器有多種，包括鈴鼓、喇叭、笛子、中提琴各數個和一台敲弦古鋼琴。他在此教堂向前耶穌會總會長佛朗西斯・博爾賈（Francis Borgia）贈給此教堂的十字架表達了崇敬之意，此十字架據說以真十字架的木頭製成；他也和廣大信徒一起做了彌撒，做彌撒的人多到需要三十名神父才應付得來。[19]臥亞是個充滿國際色彩的地方，在耶穌會士居所，利瑪竇發現自己所置身的團體裡，包括負責管理圖書的英格蘭籍見習修士史蒂芬・卡德納（Stephen Cudner）；兩位葡萄牙籍神父，一是其上級，每個禮拜日講道的馬丁・達・席爾瓦（Martin da Silva），一是教神學的喬治・卡爾瓦利亞爾（George Carvalhal）；掌管醫務室和食堂的法蘭德斯籍修士羅傑・伯爾沃茨（Roger Berwouts）；後來又有新到來的義大利人加入，即被安排到醫院工作的兩位神父魯道夫・阿夸維瓦（Rodolfo Acquaviva）和巴範濟。[20]

利瑪竇的信也顯示他很喜歡耶穌會士住所的結構。他目睹了此住所的擴建，住所裡有外屋、禮拜堂、宿舍，整個住所讓他覺得是一部十足一體化的「機器」，儘管烤麵包房、洗衣間、馬廄還在施工中。[21]其實，已在此住了很久的某人，在利瑪竇來到那個月寫道，這個宅院就像「一座開了許多美麗花朵的花園」。「那是令人快意的天堂，如果如此形容無妨的話，因為其材料的質地，其規模、風格、外觀，都是同類建築中最好的，從此修會的其他大教區過來的人都這麼認為。」[22]有位神父覺得，在規模和漂亮上，只有米蘭的耶穌會士住所可與之相比擬，耶穌會士聆聽有風琴和喇叭伴奏的唱詩班歌聲和迴盪於花園、果樹上方的甜美聲音時，真的可能自認人在歐洲。[23]與利瑪竇同時至臥亞的巴範濟驚愕發現這裡出奇乾淨，就連最窮的人——到處可見、可低價予以買下且膳食開銷低的黑奴——都穿剛洗過的棉質短褲和長褲，較有錢的人，擁有許多絲織品。他發現在這裡上釉瓷器多到不只用於飲食和貯存食物，甚至拿來當夜壺擺在床底下。[24]

但相較於羅馬，在臥亞，要擁有這麼華麗氣派的居住環境，難上許多。光是要找到高明的藝術家和工匠就很難。耶穌會士不讓印度教徒替他們畫基督教題材的畫，虔誠的穆斯林也不願畫這類肖像。[25]就連耶穌會藝術家創作空間也受到限制。有件事見諸記載但原因不明，即原籍法蘭德斯布魯日的馬可士・羅德里格斯，一五六三至一六〇一年住在臥亞，想一生投入藝術創作，卻只能製作小型作品；他的上司沒收他許多工具、設備，禁止他雕製他所熱愛的耶穌受難像，不讓他照日本神父的請求去日本。誠如一五九一年這位失意的藝術家向耶穌會總會長寫道的：「我的創作靈感毫無機會發揮。」[26]

或許就因為欠缺有才華的藝匠，才會出現一五八三年英格蘭籍畫家詹姆斯・斯多里

（James Storie）在與三名英格蘭籍旅人囚禁於臥亞監獄三個月後遭形同擄走的怪事。最初為這群人擔任翻譯者是神父馬可士・羅德里格斯，因為這四名囚犯不懂葡語，但其中兩人荷語說得不錯；其中一位囚犯拉爾夫・費奇（Ralph Fitch）把這位神父親切稱作「名叫馬可的法蘭德斯人……與我們結為朋友」。已在臥亞住了很久的精明荷蘭籍商人暨航海家約翰・林斯霍滕（John Linschorten），對馬可士的看法沒這麼正面，說已有人向馬可士偷偷通風報信，這些囚犯「擁有大筆錢，（馬可士）想要替耶穌會弄到這筆錢」。林斯霍滕接著對斯多里的遭遇作了很有意思的分析：

> 這些神父知道那些擁有這筆財富的人裡並沒有他，但因為他是畫家，而在印度，畫家很少，他們亟需一名畫家為他們的教堂繪飾，若從葡萄牙請來畫家要花很多錢，於是他們很高興他的出現，希望一段時間後其他三人，連同他們的錢，全都加入耶穌會。
>
> 最後，他們使這位畫家成為耶穌會士，他在他們的學院裡繼續待了一段時間。在那裡，他們給了他許多工作，以他們所能想出的特別照顧和友好表現讓他高興，而這全都是為了使其他三人受他們擺布。但其他三人依舊戒慎恐懼待在監獄裡，因為他們聽不懂前來看他們的人所說的話，也沒人聽得懂他們所說的。[27]

費奇和另一位友人最終偷偷逃離臥亞，喪失了他們和一些保人為取信於總督所提供的擔保物。但據林斯霍滕的說法，斯多里繼續待在他相對來講較好過的牢籠裡一段時間，才得到自由之身：

這位已成為耶穌會士的英格蘭籍畫家聽聞他的同胞已離開，而且發覺耶穌會士不再像一開始那樣優遇他，於是開始後悔，改變心意；而他既未曾作嚴正的入會宣誓，加上有人勸他離開他們的房子，他告訴他們，他自信能在這個城市謀生立足，他們無權無視他的意願留住他，而由於他們無法對他扣上任何罪名，他決心離開他們。他們用盡各種辦法以把他留在學院裡，但他不肯留下；他自己在城裡租了一間房子，開了畫坊，承接了許多工作，最後娶了印葡混血兒的女兒，從而順理成章在那裡度過餘生。從這個英格蘭人那兒我學到各方面的知識，認識阿勒頗和奧爾穆斯（Ormus）之間的貿易、航海情況，學到陸路旅行所該遵守的規則和習慣，還有沿途所有城鎮和地方。[28]

自一五一〇年阿方索．德．阿爾布克爾克從比賈布爾的穆斯林蘇丹手裡奪下臥亞以來，臥亞一直是葡萄牙人的領地，因此，它成為繁榮的宗教、戰爭、貿易中心並不足為奇。但利瑪竇一五八二年後期來到澳門半島時，該地也已是興旺的城鎮，儘管葡萄牙人住在這裡不到三十年。澳門情況甚為奇怪，因為名義上它仍屬於香山縣，歸中國知縣管轄。澳門居民可能遭中國官府搜索、沒收財產，被一道防衛嚴密的城牆與中國內地隔開，中國人一週只能通過城牆兩次，而且必須持有官方通行證。[29]一五八二年時澳門人口已達一萬左右，其中或許有四百或五百人是葡萄牙男子，其他則是他們的印度籍或中國籍配偶、他們所生的混血兒、黑奴、諸多修會的成員、三百或四百戶以翻譯、開店、手工藝維生的中國籍家庭。澳門有三間教堂、一間大醫院、一家慈善機構。[30]耶穌會教堂尤其漂亮，因為一五七一年時原本樸素的木造屋頂已換成瓦屋頂——瓦屋頂則是澳門－日本貿易的會長安東尼奧・德・維略納（Antonio de Vilhena）所捐建。利瑪竇甚至在耶穌會的大院裡有間小房子。這是他的友人羅明堅為迎接他的到來而事先興建——羅明堅一五七九年從臥亞派至澳門，在他的堅決要求下利瑪竇也被調至澳門——耗資三十達克特，錢則是當地居民所捐；在這裡，利瑪竇能平靜且不受干擾的，在一群已受洗的中國基督徒協助下，潛心研究中國，這些人以老師兼通譯的身分協助他。[31]

但利瑪竇若覺得在此與更廣大的世界脫節，那只是錯覺，因為澳門商人經商成功或失敗的每個細節都會影響耶穌會士對擴大教務的希望。澳門的榮枯又主要取決於葡萄牙卡拉克船營運的順利與否。這些船又稱「黑船」，每年一次從臥亞經澳門至日本。葡萄牙王授予貴族成員、金融界要人、軍事領袖指揮這支船隊的權力，此舉形同保證讓他們獲致龐大利潤（除非發生船難），而這得歸因於十六世紀後期遠東經濟活動的兩大現象。一是中國、日本境內金銀兌換比率不同，因為在中國白銀是主要的交易金屬貨幣，而且供應不足，始終不怕無法脫手，而在日本，白銀是較不受喜愛的貨幣，又大量鑄造。因此，精明的商人用在日本所取得的白銀在中國買進絲織品，再運至日本脫手，藉此能獲致高達三至四成的投資報酬率；如果能把中國黃金運到日本換白銀，獲利更可能高達六成。[32]第二個現象是明朝皇帝禁止與中國直接貿易，原因出於倭寇不斷襲擾中國船隻和沿海城鎮。有些日本商人開始在菲律賓、東南亞尋找新市場，嘗試購買越南，乃至遠到孟加拉或波斯所造的絲綢，但大部分日本商人還是滿足於和葡萄牙人交易。而最適合充當中間人者正是澳門葡萄牙商人，他們不必擔心那些企圖心甚強且善於經商的中國人與之搶生意。[33]

為了將獲利維持在最高水平，澳門的商人想出一套辦法，即由三位選出的「代理人」（procurator）監督向中國人購買絲綢之事；這三人（其中一人往往是耶穌會士）確保在廣州兩年一次的商品交易會上所買進的絲綢由澳門所有合格市民共享，欲藉此讓每個人都分到一定數量的絲綢，「使隨之轉手得到的利潤足以支應其家庭一年維持其身分地位之所需」。[34]這些代理人把澳門所有居民一年的最高絲綢定額訂在一千六百擔（每擔約合西方一百三十三磅）。然後這些絲綢由國王的總船長所統領的船運到日本，以固定價格一整批賣給日本商人聯營企業，藉此防止日本人藉由拖延購買壓低價格。所有葡萄牙商人都收到嚴格指示，不得在固定配額之外另行出售絲綢，絕不能偷偷將日本投資者的白銀運回澳門供用於購買絲綢（不足為奇的，許多日本人要求這麼做）。教會和官方聯合執行這些禁令：非法運送日本人的白銀，除了會被沒收這些貴金屬，還會遭開除教籍，在壟斷協議之外另行在日本出售絲綢者，則被課以巨額罰金——據記載有個貪心的船長遭罰高達四百盎司的白銀。[35]

對絲綢的需求非常大，因此日本人的獲利也很高，十六世紀後期內戰那些年，不同的日本貴族爭相以優厚條件爭取葡萄牙人將黑船停靠自己所控制的港口；日本大將軍豐臣秀吉對此貿易特別積極，一五八一年間命令其代理人在長崎買下將近十萬磅生絲，隔年再於薩摩買下同樣數量的生絲。一五六〇年代，耶穌會士竭力針對可能會想皈依基督教的日本貴族推進貿易：一五七一年後，船隻定期停靠迅速壯大的口岸長崎，而長崎的統治家族信基督教。十六世紀末，整個長崎市曾有幾年時間嚴格來講歸耶穌會士所有，因為有位剛皈依的日本貴族立契約將長崎轉讓給他們。[36]

外科醫生路易斯．德．阿爾梅達（Luis de Almeida）是一五五〇年代與日本通商最成功的早期商人之一。他在日本樂善好施，為孤兒蓋了棲身之所，為痲瘋病患和梅毒患者蓋了醫院。一五五六年阿爾梅達正式加入耶穌會，捐了約四百達克特，耶穌會士迅即將這筆錢投入絲綢貿易。獲利甚大，但也不穩定；一五七三年「黑船」在日本外海遭遇颱風失事，損失慘重，五百人溺死，損失價值將近八十萬達克特的貨物。[37]印度以東地方的會務視察員，利瑪竇的前老師范禮安，一五七八年間擬出新商業協定的細則，該協定保證讓耶穌會的日本傳教團從絲綢貿易得到其所需的部分收入（但碰上上述災難時例外）。每年裝船出貨的中國絲綢共一千六百大包，范禮安從澳門政務委員會那兒為耶穌會士爭取到將其中五十大包撥給他們；他估計耶穌會士能以每一大包九十達克特，總計四千五百達克特的價錢，從中國商人那兒買進這些絲綢，然後以每一大包一百四十達克特，總計七千達克特的價錢，在日本脫手。兩千五百達克特的毛利，當然要再扣掉運費和其他稅費（占毛利一成三），但一年淨利仍可望達到約一千六百達克特。范禮安還為此協定加了一條精明的附件，使澳門政委會同意萬一絲綢無法在日本全賣掉，耶穌會士不必像其他商人那樣承擔虧損；反倒，耶穌會士的五十大包絲綢會始終被算作是任何頭幾筆成交買賣裡的一部分，以此確保他們收入無虞。根據其他文件，我們知道以澳門為大本營的耶穌會士也能把未賣掉的絲綢交給日本的神父供日後出售，從而省下將其運回澳門的開銷，在船隻離開日本後還能將大量絲綢留在日本，由其他商人代銷，藉此，在某些年，他們能另外賺進兩千達克特。[38]

耶穌會士投身絲綢貿易，的確招來非議。范禮安動身赴東方之前不久，特倫特公會議剛結束不久，會上，高階神職人員力促對投身此貿易者施以暫時中止教籍，乃至開除教籍的懲罰。[39]但中國、日本境內的耶穌會士，不像拉丁美洲的耶穌會士能靠龐大地產掙得豐厚收入，或者不像在臥亞那樣具有靠造船和規費支持的龐大商業基礎，覺得如要繼續其慈善、傳教事業，除了投身這類貿易，別無選擇。他們繼續把錢投入跑長崎的葡萄牙卡拉克船，一如他們把錢投入每年航行於阿卡普爾科、馬尼拉之間的西班牙大帆船。他們用以為自己辯解的論點，往往幾近於似是而非：如果未真的觸碰到要裝運上船的絲綢，那就不算是做貿易，或者未踏足中國人市場，就談不上是投入生意買賣。[40]范禮安一五七〇年代剛至遠東傳教時，認為有必要就此事向耶穌會總會長麥古里安徵詢意見，指出此貿易嚴格來講其實完全由中間人掌理，因傳教團貧窮，此貿易變得正當合理。麥古里安未立即答覆，而是轉而向教皇額我略十三世徵詢意見。教皇同意此事後，麥古里安才正式同意范禮安的做法，但澳門收到此許可訊息時，離最初做下決定已過了三年或更久。雖得到教皇許可，澳門、日本的耶穌會士還是對此事感到良心不安，其中某些人請求禁止耶穌會士涉足此貿易；一五八〇年代後期，總會長阿夸維瓦才重新確認麥古里安的看法，要耶穌會士繼續做金融投資。[41]

一五八二年後期利瑪竇來到澳門，發現始終在為東方傳教團想方設法取得財力支持的上司范禮安，與四名貴族家庭出身且已皈依基督教的日本人同在鎮上。范禮安要護送這四人回歐洲，帶他們謁見國王。這四名年輕男子在澳門用功學習拉丁語、葡語、西班牙語，學習欣賞歐洲音樂。但那年所發生的事正凸顯以海上貿易為基礎的整個財務結構何等脆弱，因為那年七月載著絲綢駛往日本的兩艘卡拉克船，有一艘在台灣外海失事沉沒，但乘客、船員獲救；這四名日本貴族子弟十二月終於搭船前往歐洲，但他們所屬的小船隊共三艘船，有一艘不久後就在新加坡外海失事，四名日本人所搭的船進水，不得不把價值數十萬達克特的船貨丟進海裡，減輕負重，但此船還是在麻六甲附近擱淺。[42]

駛回臥亞和歐洲的船隻和其上的船貨泡湯，對耶穌會的財務有重大且深遠的影響，如果船隻在抵達葡萄牙人所控制的麻六甲之前就沉沒，影響尤其大，因為船隻若抵達麻六甲，得繳巨額的過境費，而其中某些錢日後會以國王匯回給他們之款項的型態，送到耶穌會傳教團手裡。[43]但一五八二年駛往日本那艘卡拉克船失事，損失了價值二十萬達克特的船貨，其中本該會分給耶穌會的收入達整整八千達克特，而像這樣的船難，誠如利瑪竇所指出的，立即使剛起步的耶穌會中國傳教團陷入危機。這不只因為耶穌會士損失了白花花的錢；運絲船所賺的錢「支撐整個（澳門）城」，澳門虧了這麼多錢，城裡還會願意資助耶穌會士的人就會變得很少；耶穌會士可以說承受雙重打擊。羅明堅等耶穌會士可以隨葡萄牙商人前去廣州參加兩年一次的商品交易會，甚至經安排借住行經廣州的朝貢使團所使用的客棧，但無法讓當地中國官府同意他們永久住下，總是得在貿易季結束後回澳門。由於上述行之有年的規定，船隻失事對耶穌會士的衝擊也就更大。[44]

就是在這個政治上繁忙、經濟上困頓的時期，以澳門為大本營的耶穌會士終於在一五八二年首度獲准定居於中國，從而實現了一五五二年（利瑪竇出生那年）死於中國外海的沙勿略（Francis Xavier）所念茲在茲的夢想。接下來幾年，他們的傳教團，財務依舊岌岌可危，內部的團結毀於使西班牙人和葡萄牙人失和的世仇，面對中國人忽冷忽熱的對待，他們只能逆來順受。但就在如此不利的情況下，耶穌會士還是想辦法取得雖然不大但穩定的成果。整個一五八〇年代，中國境內只有兩或三名耶穌會神父，加上只有一或兩名中國籍見習修士和六或七名家僕，而在這十年的大半時候，他們全都只能在肇慶傳教所活動。一年皈依基督教的中國人平均在十五人左右，其中許多人是老人和病人；受洗者人數似乎較可觀，但神父承認他們大多是性命垂危的嬰兒。[45]一五九〇年代，肇慶傳教所已遭中國人關閉，但在韶州、南昌、南京這三個新的傳教中心，成果卻更大；這時六至十個神父，加上許多見習修士，開始使數十人皈依基督教，其中某些人是在文壇或商界卓然有成之人。[46]一六〇一年之後，在北京開設第四個傳教所後，耶穌會神父增至十七人，入教者增為一年一百五十人或更多，其中許多人來自富裕且有影響力的家庭。[47]一六〇五年傳教事業似乎來到前所未有的頂峰，明朝宗室某個非長子的一支，有三人一起入了教。耶穌會士翻譯這三人的皇子頭銜時，打破傳統用語習慣，將他們稱之為「王」（kings），並替他們取了適切的教名：嘉士柏（Caspar）、梅爾基奧（Melchior）、巴爾退則（Balthasar）。[48]在此時前後，利瑪竇得意說道，耶穌會在中國的成就不只很可能和在日本的成就一樣斐然，而且說不定會和「自使徒傳道至今所已取得」的任何成就不相上下。[49]

根據現存的利瑪竇、羅明堅信件，他們從傳教之初就非常執著於一個辦法，即藉由送對禮物給中國人使中國人入教，因為他們認為這是整個傳教事業成敗的關鍵。在一五八〇年寄給耶穌會總會長的初步採購清單中，羅明堅要求送來介紹舊約聖經故事、描繪耶穌受難奇事的插圖本、介紹基督教國度的插圖指南（以讓中國人理解歐洲是文明開化之地，而非都是不守規矩的商人）、一本裝飾華麗的聖經。[50]一年後，羅明堅詢問是否可請教皇「施捨」一千達克特，並由葡萄牙商人帶來澳門。在這個看好傳教前景的早期，他計畫使萬曆皇帝入教，因為他要求送來一些盛放聖徒遺物的聖盒、一本「四語並陳、有裝飾且華麗的大部頭聖經」（顯然意指剛送給印度蒙兀兒皇帝阿克巴的那套八卷本普朗坦多語版聖經）、呈現舊約聖經和新約聖經故事且可用來「裝飾中國皇帝之房間」的掛毯、可供中國皇帝列席彌撒儀式的豪華禮拜堂所需的一切陳設用品。羅明堅還說，他的「中國友人」也已具體建議他贈予中國皇帝兩個鐘——大鐘擺在宮中報時，從遠處就能聽見其響聲，另一個為小鐘或家用鐘，類似「我離開羅馬那年（即一五七七年）樞機主教奧爾西諾送給教皇的那個鐘」。[51]

接下來幾年，耶穌會士的漢語水平還不足以用該語言說明複雜的科學思想，即把鐘當成博取中國人好感的主要器物之一。中國製鐘技術相對較落後，使這一決定更加切實可行。宋朝時中國人研製出以水和沙驅動，具有複雜擒縱機的鐘，以及隨之而來匠心獨具的裝飾性、機械性設備，但一一二七年北宋覆滅後，中國的製鐘工匠遭強行移走，這一輝煌成就就此一去不復返。但在一五七〇、八〇年代的歐洲，製鐘技術出現革命性變化，尤其發展出以小而有力的螺旋發條作為驅動裝置，使歐洲製鐘業者能以驚人速度將鐘小型化，進而促成鐘的銷售對象擴及中產階級，而不再只限於此前的主客戶——有錢人或公共機構。隨著這一擴張，製鐘技術走上勞力專門化，在設計、裝飾、製造方面精益求精。[52]羅明堅大體了解這些技術發展，一五八三年向新任總會長阿夸維瓦再度請求送來鐘時，他請求送來「一座手掌高、內有平衡錘的金屬鐘，因為對這裡的紳士來說，那些把（平衡錘）擺在外面的鐘並不怎麼討喜」。[53]羅明堅已把他最好的鐘送給廣州一位高階軍官，以爭取他支持傳教，但此舉，誠如他可能也預料到的，只是徒增羅明堅送禮的壓力，因為其他官員也要他送同樣的鐘。一五八二年八月利瑪竇帶著另一件這樣的鐘來到澳門時，羅明堅想必覺得這是上天眷顧，因為儘管兩廣總督已收到一副眼鏡，還有總值超過一千達克特的上等絲絨、多彩浮雕寶石、水晶鏡，還是一直索要鐘。這座鐘則係耶穌會臥亞省會長文岑蒂諾．羅德里戈（Vincentino Rodrigo）所贈給中國傳教團（這副眼鏡係羅明堅送的特別禮物。他因為身體出現特別疼痛的膿腫而臥病在床，為自己不得不缺席可能惹惱這位官員而緊張不安，此膿腫則係當地一名大夫欲為他放血時找不到靜脈所致）。[54]

這時已復原的羅明堅，還有（和利瑪竇同搭一船來到澳門的）巴範濟，一五八二年後期帶著要送給總督的鐘前去肇慶；一五八二年十二月三十日（此為舊曆，而非新頒行的額我略曆，次年新曆才在遠東施行）總督接待他們兩人，收下鐘，把他們安置在佛寺裡，似乎想要讓他們就此住下。[55]但誠如中國境內耶穌會士所已體認到且會一再體認到的，中國官僚體系未因為收了禮就回報以長期的保證。這位總督一五八三年春被免職，耶穌會士除了離開住所回澳門，別無他路可走。范禮安絕望於在中國的傳教成績，要巴範濟去日本；新兩廣總督准許耶穌會士再度於肇慶住下時，巴範濟已上船出海。這一次換利瑪竇陪羅明堅去，兩人於一五八三年九月十日抵達該城。

隨著中國境內第一個耶穌會士住所開闢，耶穌會士迎來新的財務難題，而且直至一六一〇年春死於北京，利瑪竇都在為財務難題而傷透腦筋。事實上，利瑪竇時時在操心土地所有權、住所、不動產價格的問題，因而在筆下詳細記載了晚明時期這方面的經濟情況，為後人提供了在他處不易找到的寶貴資料。在他們的第一個基地，廣州西邊的肇慶，當地知府「分配」給他們位在某寺院邊緣的一塊地。這裡位在城牆外的河邊，四周是菜園和小村舍，村舍雖美但很小。[56]耶穌會士決定在此蓋一間磚屋，屋裡中央走道兩邊各有兩間房間，窗子布局採西式，屋後有走廊可欣賞河景，而非蓋中式的合院式建築。施工第一階段結束時，耶穌會士已花掉超過兩百五十達克特。[57]其中一些錢係他們隨身帶過來，有些靠賣掉一件稜鏡籌得，有些係澳門富人加斯帕爾．維埃加斯（Gaspar Viegas）所贈，還有一百達克特係向澳門中國人借來。但這裡沒有地可供蓋一間像樣的教堂，利瑪竇和羅明堅開始買下旁邊數塊小地，包括一些「小屋」，以便蓋一間教堂，闢「一塊菜園」。這方面至少花掉二十達克特，而這些買地之舉可能引發當地不少民怨。不支持他們傳教的當地新上任官員一五八九年逼他們離開肇慶時，總督出價六十達克特買這些建築物，他們極力抗議，心知總督打算把此屋納為己用，心知此價遠低於市價，但也只能接受。[58]

在廣州以北的韶州，他們的下一個基地，利瑪竇願意以八至十達克特的價錢買下位於該城邊緣河邊一塊一百三十英尺長、八十英尺寬的地，地主得知他有意購買後，把價錢抬高至八十達克特。由於地主貪心，利瑪竇似乎未出價就得到當地官員允許其建屋，結果此舉大概也使原地主極反感於他。在此，耶穌會士同樣想擴大規模，於是看中鄰近一塊地，那是農地，有兩座池塘，要價五十達克特。[59]這些資金來自澳門的匯款，但等到利瑪竇再度搬遷，搬到江西南昌時，此資金來源已極不穩定，他們於是最初決定用租的，資金則來自教會已撥給他們使用的五十達克特；結果願意租房子給他們的中國人甚少，而且當地官員不願明文允許他們買屋。於是利瑪竇最終用六十達克特買下一間小房子，這次房子位在城牆內。官員既已口頭允許，利瑪竇即不再進一步要求白紙黑字寫下，用原要租屋的五十達克特，加上他賣掉其可調整的精巧日晷所得的錢，買下此屋。[60]此屋始終不適合居住，因為小且動不動就淹水，但利瑪竇離開後，接他位的耶穌會士決定用一千兩百達克特的錢買下一棟可改闢為修士見習所的大宅時，遭遇當地百姓強烈反對而未果，最終廉價賣掉小房子，不得不以五百達克特的錢買下比原屋大不了多少的新房子；這次買屋最終陷入所有權糾紛，走上複雜的法律談判。[61]

利瑪竇開始在南京、北京尋覓房子時，已是經驗豐富的談判高手。他需要大宅來安置他的耶穌會同僚、他們的許多職員、形形色色的見習修士、皈依者、訪客，而且知道外國人買大宅必會招來民憤、民怨，於是他轉而尋找中國人口中鬧鬼的房子。藉此辦法，他以四百達克特的價錢，在南京買到一間足以「容納八至十名傳教士」的房子，數年後在北京以七百達克特的價錢，買到「有約四十間大小房間」的更大房子。[62]在南京和北京，利瑪竇都租屋至少一年才買屋，以化解當地人的疑慮，以更加了解當地仲介所能提供的房子。在這兩個城市，他也欲以信用狀的形式從澳門直接匯來大筆錢，但在這兩地，他都遭騙走錢，他因此斷言「在信貸方面，中國人很顯然完全不可靠」。[63]在南京和北京，利瑪竇都極力逃避隨著持有這類地產而來的基本勞役、繳稅義務，而且如願：在南京，他說服知縣免除他們在所在區域巡夜、打更的義務，在北京，說服官府讓他們永遠免繳城市稅——很可觀的一筆數目，因為據估計一年城市稅達五達克特。[64]

至此，耶穌會士終於展現其過人理財本事，與先前屢遭挫折，殊若天壤。一五八四年春，在中國僅住了幾個月的利瑪竇和羅明堅，想要蓋一棟房子、一間教堂，想要養活自己和與他們同住的僕人，想要滿足他們的通譯和通譯之家人的所有開銷，就已用盡他們所帶到中國的所有錢。根據記載，就在這時，肇慶知府王泮告訴他們，如果替他從澳門弄來一座鐘，他就伸出援手——讀到這段記載，讓人覺得這簡直是必然發生的情節——耶穌會士當然趕緊照辦。[65]他們在中國所做的許多事的成敗，都取決於官員捉摸不定的一時興致或突然的變卦。有了王泮作靠山，原本可能得身無分文、聲名掃地、抬不起頭的溜回澳門的羅明堅，反倒搭乘知府由三十多個船工划槳的氣派平底船，走水路風光進城。羅明堅發覺澳門居民拿不出現金，而且為該年從日本回來的貿易船推遲返回時間而焦慮不安，因而不願再施捨錢財給耶穌會士供他們買新鐘，羅明堅乾脆把澳門最優秀的製鐘匠派去肇慶，和利瑪竇一同製鐘。這個人在哪裡或如何學到冶金術和製鐘術不得而知；利瑪竇稱他是「原籍印度的加納利群島島民，膚色黑」，但除了說他手藝精湛，未有其他詳細交代。王泮指派兩位中國籍金屬工匠與這位黑工匠一同工作，而這支多語言的團隊工作似乎很順利，在利瑪竇本人某種程度的參與下，造出一座能用的鐘。諷刺的是，費了這麼番工夫，王泮府邸沒人能好好將此鐘校準。或許因為鐘本身不平衡或上發條方式不對。不管出於何種原因，王泮把它還給利瑪竇，毫無埋怨之意，利瑪竇則把它掛在自宅裡。[66]

在這期間，羅明堅繼續於澳門募款，利瑪竇則過著勉強餬口的日子，甚至把他的一件用威尼斯玻璃製成的稜鏡賣掉，以支應當下的生活開銷——其實賣了二十達克特，而他很清楚它遠不值這個錢。[67]另一方面，羅明堅最初只借到一百達克特，但一五八四年初春，一五八三年那幾艘船終於回來時，他時來運轉。原來，那年一場大火毀掉長崎許多地方之後，這些船只是被耽擱得比他們所預期還要久些而已。接下來他能去肇慶和利瑪竇會合，帶去四百多達克特的錢，其中部分錢是加斯帕爾・維埃加斯再度相贈，剩下的則大概來自耶穌會士從返回的貿易船分到的獲利，據說這次貿易船出海的獲利特別豐碩。[68]交上的好運好像還不夠似的，一年後總會長阿夸維瓦另送來四個鐘，全是發條驅動（horiuoli di molla）；其中一座「用於擺在桌上」，風格傳統，每個整點、每一刻鐘以一連串不同的音符報時，但另外三座——反映歐洲製鐘術的日新月異——小到可用帶子掛在脖子上。除了這批寶物，國王腓力駐馬尼拉的代表還加贈了一座鐘，也是發條驅動，「工藝一流」。[69]

從差點破產到隨著奇珍異品或大量銀塊送到而突然變得富裕，這中間轉變之劇烈，有助於我們理解為何有那麼多中國人認為利瑪竇必然懂得鍊金之術。不足為奇的，他一再否認自己有特殊的鍊金本事，但始終未能完全打消這類傳說。晚明時期，鍊金實驗主要著眼於兩個領域，兩者都與道教信仰有關：其中一個實驗專注於煉製長生不老藥，另一個則以將賤金屬轉化為銀為主。在這兩個領域，汞（在中國稱作朱砂）因其顏色、重量、始終如一和能與其他金屬合為汞合金的特性，係主要的原料之一。[70]利瑪竇推測中國人覺得他是專精於轉化金屬的鍊金術士一說可信，係因為葡萄牙商人的確在廣州買進大量的汞，然後用船運到印度和日本，返程時滿載白銀。耶穌會士未承認其有外來的收入來源，因此，中國人順理成章認為耶穌會士的確在以汞煉銀或與正在做此事的葡萄牙鍊金術士有往來。[71]但幾乎毋庸置疑的，利瑪竇本身的態度使中國人更加相信他有鍊金本事：他不只積極參與實驗室的實驗和科學器材的製造，而且閉口不談財務。他甚至可能暗示他的確具有特殊本事，因為我們知道他曾告訴一位耶穌會同僚，他「認為，與其承認他在財務上倚賴澳門，承認自己是鍊金術士，倒比較無害」。[72]

耐人尋味的，中國人猜測汞和白銀製造有關，的確猜對了。西班牙人在墨西哥薩卡特卡斯（Zacatecas）、祕魯波托西（Potosi）的大規模銀礦開採作業——利瑪竇在其世界地圖的注解裡提到波托西是世上主要的白銀產地之一——在較密集且能低成本熔煉的銀礦得到開採後，十六世紀後期已開始衰落。後來，由於把汞齊化手法用於處理較低產量的銀礦石，這一衰勢得到遏止，並開始出現對全球經濟影響甚大的新榮景。這一手法初問世於德意志境內礦場，一五七二年用於波托西銀礦，從那之後，拉丁美洲白銀的生產——從而西班牙帝國的金融力量——就完全取決於可取得之汞的供給順利與否。[73]在十七世紀初期開始開採祕魯萬卡韋利卡（Huancavelica）的汞礦之前，西班牙人主要倚賴從西班牙阿爾馬登（Almadén）汞礦跨過大西洋大量運過來的汞，加上伊德里亞（Idria）汞礦開採的汞。英格蘭私掠船非常清楚這項貿易的重要性，拚命攔截從西班牙出航的運汞船，就和他們攔截滿載白銀返回西班牙的西班牙大帆船一樣拚命。誠如船長托馬斯·懷特（Thomas White）一五九二年所指出的，他的船「和睦號」（Amity）截獲兩艘共載了一千四百箱汞的西班牙貨船之後，「西班牙國王因這些水銀遭劫走，等於每損失一英擔的水銀，就損失一英擔的銀，從而損失了祕魯銀礦主本要交給他、價值六十萬英鎊的銀」。[74]利瑪竇在祕魯有個交情甚好的耶穌會友人，即他的馬切拉塔同鄉巴蒂斯塔·費羅（Battista Ferro），我們不只知道他們保持聯絡，而且知道利瑪竇希望把費羅調到中國傳教團。一五九九年西班牙人、葡萄牙人的關係緊繃到使這兩個傳教團的交流形同中止，他才打消此計畫。[75]

利瑪竇也研究了葡萄牙人從東南亞把龍涎香運到廣州一事的詳情，以及明廷亟欲取得此產品的心態，因為中國人認為把龍涎香配合朱砂，製成長生不老藥，能延年益壽。[76]若說他約略了解一五八〇年西葡兩國合併後曾興盛一時的穿梭貿易，倒也合情合理。後來，西葡兩國間的歧見再度浮現，此貿易才衰退。這項貿易興盛期間，許多中國汞運到日本，而從中國直接運貨到馬尼拉的可能性受到認真看待，因而促成馬尼拉總督和墨西哥大主教通信談論此事。在某個難得分析經濟的段落中，利瑪竇以清楚易懂的字句探討了這些貿易的可能性，說西班牙想與中國直接貿易，但澳門葡萄牙人蓄意從中作梗，葡萄牙人擔心西班牙人把太多拉丁美洲銀倒入廣州市場，從而壓低價格，破壞他們在該地有利可圖的金融交易。葡萄牙人一直大方濟助耶穌會士，因此耶穌會士必然支持他們想維持獨立自主的念頭。[77]

利瑪竇在中國期間從未擺脫掉其與鍊金術的這份關係。早期在肇慶傳教時，有個不老實的入教者聲稱他有證據證明耶穌會士有鍊金本事，傳教士因此遭遇一場嚴重的危機；此人憑藉其與利瑪竇的關係，弄到錢和女人，最後遭人揭露。[78]使事態更加棘手的，在肇慶城外的山裡有廢棄的銀礦；銀礦裡住著無家可歸且常常劫掠當地村民的人，此事使白銀生產和非法活動相伴而生的看法流傳更廣。[79]有謠言說耶穌會不願交出其用水銀煉出白銀的鍊金祕訣，因而於一五八九年遭逐出肇慶。此謠言不只在當地傳開，而且日後還被寫入一本中文書裡出版，在利瑪竇生前廣為流通。[80]

利瑪竇善於鍊金的名聲，在他未到南昌時就已在該地傳開，南昌本來就以境內有人鍊金而聞名，而利瑪竇面對此傳言，完全無法反駁。誠如一五九五年十月他寫給至交好友吉羅拉莫·科斯塔的信裡所挖苦道，這個「名聲」永遠無法打消，因為「我愈是向他們保證我對這些事一竅不通，他們愈是不相信」。[81]一五九八年利瑪竇首次短暫造訪北京時，宮中有個資深太監派手下歡迎利瑪竇，想摸清楚他鍊金本事的高低；得知利瑪竇無法把汞變成銀，這名太監即下令他離京。[82]生命走到盡頭時，利瑪竇仍為此名聲所累，由一六〇九年他寫給巴範濟的一封頗氣惱的信可見一斑。瞿汝夔在成為基督徒之前曾找利瑪竇學鍊金術，那年，與他交情甚篤的瞿汝夔太過沉迷於鍊金術研究，利瑪竇不得不要求他作個總告解，照羅耀拉的《神操》修行以回到正軌。[83]中國學者沈德符，在北京最後幾年期間住在利瑪竇附近，從而與利瑪竇很熟，在筆下回憶萬曆年間之過往時寫道：利瑪竇「不權子母術（不搞高利貸），而日用優渥無窘狀，因疑其工爐火之術」，換句話說有人懷疑他靠法術自行造錢。沈德符還說，他個人不相信利瑪竇是鍊金術士。[84]

耶穌會士與中國人的關係，大體上也出現同樣含糊不清的現象，尤以在服務領域為然。在此領域，獨立自主和逢迎拍馬往往只是一線之隔。幾乎從一開始，利瑪竇和羅明堅就都不知不覺陷入為中國人辦事的處境。因此而有一五八五年夏羅明堅奉廣東巡撫的請託去澳門買朝廷所索要的羽毛之事。這些羽毛，尤其是較昂貴的羽毛，中國人需求甚大，此前就有中國人向羅明堅要過這東西。中國人愛羽毛，若非因為想拿它們獻給朝廷，就是因為他們驚愕且欣喜於一五七〇年代後期某方濟會修士從馬尼拉帶到廣州地區，用不同顏色的羽毛拼貼成的畫和圖案——「手藝之精，猶如用手畫上」。[85]羅明堅曾想過弄來一隻活駝鳥獻給萬曆皇帝：他寫信告訴總會長阿夸維瓦，「活駝鳥會是送給中國國王的絕佳禮物，因為他非常看重駝鳥羽毛，凡是非本土的活動物或活鳥都被當成寶貝」。[86]耶穌會士從未涉入將活駝鳥運到北京的物流瑣事裡，但還是把駝鳥羽當一回事：一五八〇年代西班牙打算遣使出訪中國，羽毛製品是該使團欲獻給萬曆皇帝的重要禮物之一，而利瑪竇在一五八四年為中國人製作的第一幅世界地圖裡，根據各國所生產的羽毛，標示出諸多拉丁美洲國家，此舉可能指涉阿茲特克人把插了羽毛的服裝用於儀式，乃至戰爭的習慣。[87]

利瑪竇本人，一五八九年經由肇慶官員轉達，收到北京的請求，要他替朝廷弄來幾匹歐洲上等的鮮紅呢子，他為此去了一趟澳門，搭官員所提供的船去。在澳門，他利用其與當地葡萄牙商人的關係，買進中國人所想要的每樣東西，而且「用非常好的價錢」買到。[88]一五八五年雙邊貿易和傳教政策更緊密交織在一塊，那年，前肇慶知府的兄弟從浙江老家大老遠南下，帶著一批上等絲綢，想在廣州商品交易會上賣掉。未能如願脫手後，他找上耶穌會士，表示若幫他脫手，他保證讓他們隨他一同回浙江，在那裡開設新的傳教所，耶穌會士隨即找來葡萄牙商人，用還不算太低的價錢，當場買下這批絲綢。[89]

在上述事例裡，每一次的財務操作都伴隨著明確的傳教目的：第一個事例裡，羅明堅買到所要的羽毛後，能把傳教士孟三德一起帶回中國；第二個事例裡，利瑪竇買下所要的鮮紅呢子後，有機會和范禮安長談會商；第三個事例裡，羅明堅找人買下絲綢，藉此爭取到赴新省探索傳教可能的機會。

同樣的，耶穌會士雖不是托缽修士，但從置身中國之初，他們就表明願意接受任何能取得的施捨。羅明堅在傳教之初，收下廣州官員提供的免費住宿，乃至一些食物和鮮魚；利瑪竇收下虔誠中國信徒所捐的焚香和油，用於他們第一座禮拜堂裡的香爐和祭壇油燈；他和羅明堅一起收下澳門中國人所借給他們的錢，用以助他們建成他們在肇慶的第一棟房子。[90]此外還有中國人所贈的現金，這些錢係中國人出於禮貌或好奇登門拜訪利瑪竇時，連同名帖一起留下，有時多達十達克特，有時五達克特，還有時只是一把銅錢。[91]有些官員看過宗教畫後——例如利瑪竇用玻璃盒裝著，帶著遠行的小型基督三聯畫——或獲贈基督教小冊子時，留下頗可觀的贈禮：肇慶當地統兵官獲贈最早的基督教教義評注後，留下三達克特，此評注則是利瑪竇和羅明堅用他們還不是很有把握的中文寫成；欲前往北京的交趾支那使節，途經肇慶時，留下銀子和焚香，以換取數本上述小書。另有中國學者送了桌椅，或供用於耶穌會士在不同時期所租住之房子的裝飾用品。[92]

要收下多少，始終是需要小心處理的問題，但大部分贈禮總能用某種說詞使人收得問心無愧。對於他人致贈的交通工具，利瑪竇幾乎來者不拒，因為交通工具非常昂貴，而有能力提供交通工具的高官，其交通工具通常係朝廷所免費提供。因此，儘管手頭現金不足，他還是能頗為體面的出行，或搭乘由縴夫拉著逆流而上的豪華中式帆船，或有士兵和巡夜人一路護送的小船，或騎馬去野餐，或乘坐最多由八人抬的轎子，並有馱畜載運其行李。[93]就連他出門赴宴時，有錢的中國東道主都會支付他雇轎夫的錢，給他隨行的僕人小費。還有些時候，慷慨的中國友人乾脆給他大筆銀子，以讓他旅途更舒適些，尤以利瑪竇聲名大噪後為然，或者這些友人替他預付了旅行開銷，卻未告知他，於是，有次利瑪竇乘船出遠門，正準備要為兩間艙室和禮拜堂所需一切物品的存放空間討價還價時，獲告知不必付錢，因為他的一個友人已幫他付了錢，而且付的是這趟行程可能之花費的兩倍錢。[94]

中國人這類突如其來的慷慨相助，使利瑪竇個人得以過上較輕鬆愜意的日子，但支持不了需要長期進行的傳教工作，而且每當政治氣氛轉為不利於傳教士，這些慷慨都會消失無蹤。一五八五年，范禮安與印度總督談定，每年應給予每個在中國傳教者一百達克特和做彌撒之用的幾罐葡萄酒，此協議且被國王腓力二世確認為「永久有效」。這筆錢會取自向在麻六甲停靠之商船徵收的過境費，由前去參加每年三月、十月之商品交易會的葡萄牙人轉交。[95]除了來自日本絲綢貿易的收入和上述國王發放的津貼，在中國的耶穌會士還會收到來自澳門葡萄牙人的許多大禮，尤以一五九〇年代為然——有一次捐贈了五百達克特以供養中國本土的神職人員，另一次捐贈了兩只銀質聖餐杯，供用於中國境內的祭壇，還有幾次捐贈了數百達克特現金或房契。[96]

許多捐贈者的確信教虔誠，期盼耶穌會士在中國傳教順利，除了為了助益自己的靈魂和拯救中國人的靈魂，別無居心。但也有人可能係因為耶穌會士幫忙解決了棘手的財務─法律麻煩、找回脫逃的奴隸而捐贈。利瑪竇本人參與處理了這些事，將它們直言不諱寫於筆下；當時，澳門每戶葡萄牙人家平均養了五或六名男黑奴（未計入這些黑奴的妻子、小孩），在中國的耶穌會士也養了黑皮膚的「卡菲爾人」、「印度人」僕人和看門人，而這些人肯定不是自由的雇傭勞動者。在這樣的環境裡，利瑪竇沒理由隱瞞上述奴隸脫逃之事。[97]利瑪竇寫道，在澳門，許多奴隸逃離主人進入中國，在那裡和當地中國統兵官簽契約，為他們賣命。中國人歡迎這些奴隸，視之為「勇敢且活力十足之人」，尤以那些受過葡萄牙人軍事訓練的人為然；有些奴隸是日本人，即「在戰場上令所有中國人害怕的人」，還有些是黑皮膚的卡菲爾人和爪哇人，這些人雖沒那麼令中國人害怕，還是「令敵人膽寒」。[98]

耶穌會的辦法係找出那些已受洗為基督徒的脫逃奴隸，勸他們眼光放遠，最好回主人那兒，在澳門的基督教環境裡繼續生活，而不要與不信教的中國人為伍，就此度過餘生，尤其中國人再怎麼樣還是「把他們當奴隸般對待」。奴隸表示願意回去時，耶穌會士會與他們的主人和澳門主教商議完全赦免他們的罪過；然後助奴隸越過邊界回澳門。誠如利瑪竇所說的：「這不只拯救了許多原本可能迷失在異教徒之間者的靈魂，而且讓因此找回往往很值錢之奴隸的奴隸主賺了數千達克特的錢。」[99]

如果中國人知道這些交易，只會使原本就對耶穌會士活動心存懷疑的中國人更加懷疑。誠如利瑪竇在寫給總會長阿夸維瓦的信中所說的，明朝中國人普遍不喜歡澳門，而且凡是決定在澳門居住的中國人，也跟著被他們厭惡：

> 澳門位於中國邊陲，來自那裡的人都被中國人視為外人和會傷害中國的人，受到中國人猜疑。凡是與那裡做生意的人都被視為卑鄙之人，到處受懷疑，以至於中國人控訴他人，想要說對方壞話時，就會說「他是常去澳門的人」。而且這種事我親眼目睹。[100]

這段話間接表明明朝中國人已開始體認到澳門已成為獨立的外國人聚居地，因此把對外國人的敵意也擴及到澳門的中國人身上，就和他們敵視定居海外，從而揚棄傳統價值觀——儒家價值觀——的中國人一樣。利瑪竇若見過明朝學者張燮在針對外國人和國外旅行所寫的指南裡對葡萄牙人的描述，可能會更加堅定其與葡萄牙人保持距離的想法：「佛郎機身長七尺，眼如貓，嘴如鶯，面如白灰，鬚密卷如烏紗，而髮近赤。」除了這段分析，張燮還寫到他對跟著葡萄牙人過來的天主教神父之勢力的看法：他們似乎為數頗多且擁重權，對國家政策甚有影響力，罪犯被押去處決時，他們吟誦聖書經文。[101]

傳教團自一五八三年得到中國人接納，就一直擺脫不掉中國人這種害怕、厭惡心理。該年，落腳於肇慶的利瑪竇不得不向正受到自己城民激烈施壓的中國官員保證，他不會從澳門另外帶人來此區域。利瑪竇想要化解外界的批評，於是告訴肇慶官府，他想在這個祥和的城市落腳，純粹因為它「遠離貿易和澳門其他世俗活動的喧囂」，但當地已到拿到功名的儒士覺得這不可信。他們示警道，羅明堅和利瑪竇之於肇慶，就如最早來華的葡萄牙人之於澳門——看來很單純的一群人，卻會人數日增，最後多到趕不走。[102]一五八九年官府迫於民意壓力終於把耶穌會士趕出肇慶時，官府給出的理由之一，係耶穌會士新蓋的房子位於河邊，他們若搭乘航行甚快的非法船順該河而下，很快就能抵達澳門，把中國的所有祕密告訴葡萄牙人。[103]

要理解利瑪竇最終用什麼辦法解決在中國貿易、獲利的問題，得回頭看看他如何使用送禮來打通關節。為了該送什麼或不該送什麼給中國人以最有利於傳教，傳教士上演了一齣沒完沒了的戲——半夢想、半真實的戲——而羅明堅的駝鳥只是這齣戲裡特別富有想像力的例子之一而已。最大氣的送禮構想，出自腓力二世在菲律賓的代理人胡安·巴蒂斯塔·羅曼（Juan Battista Roman）。一五八〇年代初期，他想在中國打開一處口岸供西班牙人通商，於是建議西班牙國王遣使赴萬曆朝廷，向皇帝獻上價值六萬至七萬達克特的禮物：這些禮物應包括十二匹或更多匹來自新西班牙的馬；絲絨、錦緞、金線織物；法蘭德斯地毯、威尼斯稜鏡和鏡子；大鐘、油畫、玻璃器皿；紅酒和白酒；劍和其他鍍金兵器。[104]耶穌會士支持這個遣使構想，而且在原本的遣使構想因得不到西班牙支持而胎死腹中後，范禮安仍指望教皇從羅馬派正式使團至北京，建議送上價值四千至六千達克特的禮物，而且這些禮物應是由教皇送給中國皇帝，由四名耶穌會神父轉呈。[105]結果，使耶穌會士得以在北京就此居住百餘年的禮物，拿一五九九年卡拉克船失事報銷後澳門耶穌會會長所勉強湊到的錢，加上變賣利瑪竇當時在中國的家當所得，共計九百達克特去買，還剩下一點點。[106]但誠如利瑪竇所得意指出的，為了在一六〇一年一月某日把這些禮物運進北京，動用了八匹馱馬和三十多名挑夫：有三幅宗教畫，其中一幅是裝在玻璃盒裡的基督三聯畫，一幅是聖母子和施洗者約翰隨侍在旁的三聯畫，一幅是聖母子三聯畫（最後一幅被笨手笨腳的挑夫摔到地上，裂成三塊木板，誠如利瑪竇所挖苦道，在歐洲鑑賞家眼中，此畫就此一文不值，但這一摔裂反倒使它在中國人眼中更顯得有歷史，從而使它更有價值）。還有一座帶有鐘錘的大鐘，一座發條驅動的較小的桌鐘；一本鍍金祈禱書和一部漂亮的亞伯拉罕．奧特利烏斯（Abraham Ortelius）地圖集傑作《世界概觀》（*Theatrum Orbis Terrarum*）；數個稜鏡和沙漏、數條彩色腰帶和幾匹布、數枚歐洲銀幣、一根犀牛角（名貴的傳統中藥材）、一台不透過鍵盤彈奏而是用撥子撥弄琴弦的小型古鋼琴（本來也會有一台帶有風箱的小型手風琴，係為人在澳門的利瑪竇特別訂做，但送到南京時，他已北上）。[107]

利瑪竇細心一一列出這些禮物，表明儘管相較於先前更大氣的送禮計畫，它們顯得很寒酸，他們還是很看重它們。利瑪竇深信歐洲列強就該如此向這位把自己關在宮裡但權力甚大的中國皇帝展示他們的富裕和本事，卻驚愕發現其他某些外國貢使團對這個儀式性的獻禮非常漫不經心：他最初被安置在接待外賓的北京客棧，而在那裡他發現中國人輕慢來訪的外賓，把外賓安置在沒有家具、「如同羊圈」的超小房間裡，外賓則獻上廉價的木柄金屬劍、形同用麻絮結合之鐵板的「胸鎧」，或看來隨時會倒下的瘦馬，藉此表達他們的蔑視——利瑪竇說，全是「肯定會使人大笑」的東西。[108]

但獻禮和入住外賓客棧，使耶穌會士順理成章得到禮部的官方津貼，即足夠養活五人的米和肉、鹽、蔬菜、酒、木柴，以及一名侍候他們的全職僕人。經過不斷請願，耶穌會士獲太監轉達，朝廷口頭許可他們搬出客棧，在北京租屋；官方繼續提供五人份的伙食津貼，還有每月值八達克特的銀兩。幾星期後，一位同情利瑪竇的高官保證，一旦未送出伙食津貼（這樣的事常發生，令耶穌會士生活大為不便），會給予等值的現金，即每個月另給六達克特。[109]這些錢金額不大，但令耶穌會士安心，而且除了這些錢，他們還另外收到饋贈，例如一六〇二年大學士沈一貫一時興起命人送來值四十達克特的銀兩，還有數匹布和毛皮。利瑪竇依禮回贈，送給沈一貫兒子一個用威尼斯玻璃製成的稜鏡。誠如利瑪竇在其他地方所記載的，由於經稜鏡過濾的光極為純淨，有些中國人相信這些稜鏡值兩百至五百達克特，把它們稱作「無價的寶石」，但其實在歐洲，用八枚拜奧科（baiocco，在義大利，每枚拜奧科的價值不及一枚達克特的百分之一），就能買下其中任何一個。[110]有了如此多樣的收入來源，耶穌會能撐過絲綢船毀於暴風雨或落入私掠船之手所導致的短暫危機；最重要的，在北京，中國人公開金援利瑪竇和其同僚——加上北京和南方城市相隔遙遠——使耶穌會士得以暫時省去一惱人麻煩，即向中國人證明耶穌會士並非完全受制於澳門葡萄牙人這個麻煩。

利瑪竇的成就，大半來自精心的盤算，而非無心插柳，儘管他人逐利時，耶穌會士偶爾可跟著受惠，得到很可觀的意外收穫。例如，非基督徒的中國人想印製他的《天主實義》等宗教書在諸省販售以增加收入一事，就令他特別高興，此舉使基督教義傳播更廣，光靠耶穌會士辦不到。[111]但一般來講他冷靜務實看待傳教工作，為種種可能的意外狀況預作綢繆。他謹記新約聖經針對在田裡收割穀物、得到豐收的農人所發出的許多告誡，但力求不好大喜功或期望過高。一五九九年他告訴吉羅拉莫．科斯塔：「眼下，我們人在中國，還不是收穫的時刻，甚至不是播種的時刻，而是要開墾蠻荒森林，與潛藏其中的野獸、毒蛇交手的時刻。」[112]九年後，他寫信告訴同一友人，如今在中國，已建立四個耶穌會基地，投入工作的耶穌會神父和修士已達二十人，他可以宣稱他們的確擁有一部大「機器」——對利瑪竇來說具特殊意義的一個詞，將近三十年前他就用此詞稱讚位在臥亞的住所——但他還是覺得「在這裡，果實還處於播種階段，而非採收階段」。[113]

他用音樂來為那個可能的收穫做準備的方式，更具啟發性。羅耀拉明言禁止於耶穌會禮拜儀式裡使用合唱樂，擔心那會使神父怠忽聖職，使平信徒以為耶穌會士和其他修會的修士差不多，但音樂是羅耀拉所無法貫徹其意志的領域，利瑪竇在世時，使用音樂——包括歌唱和彈奏——在耶穌會裡盛行且大受歡迎。[114]從利瑪竇的其他許多本事來看，令人有點意外的，利瑪竇不善音樂，儘管在羅馬和馬切拉塔時對音樂無疑了解甚廣，卻不懂鑑賞音樂。中國音樂引不起他的共鳴。他注意到中國音樂在公開表演功夫和宗教儀式上的效用，但覺得從中難以找到和諧悅耳之音，懷念起他在歐洲所習見的鍵盤樂器和四聲部。[115]但他穿越中國時所隨身帶著且一六〇一年時得以獻給朝廷的禮物之一，係一台小型的撥弦古鋼琴。若非利瑪竇一六〇〇年間在南京時利用空閒請耶穌會神父郭居靜——精於樂理，但因神父職務在身無法離開南京——教剛來的年輕神父龐迪我（Diego Pantoja）彈奏數首奏鳴曲，教他如何為此樂器調音，這件禮物本會只是奇珍異物，或許幾乎毫無用處。[116]後來利瑪竇帶著龐迪我到北京，當皇帝如利瑪竇所願對古鋼琴大感興趣，要耶穌會士教四名太監樂師彈奏時，龐迪我已做好準備，有能力教他們。

利瑪竇再次展現其待人處世的圓融和先見之明。其中兩名太監年輕，很快就把西方音樂學上手，但其中一個已七十歲的老太監學得很吃力，利瑪竇因此要他們每個人各只學一首，如此一來，那個老太監即使學得慢——花了一個月才學會他那一首——也不會在宮廷裡丟臉。等老太監學會期間，利瑪竇和兩名較年輕的太監趁空編了八首中文歌，供用古鋼琴伴奏時演唱。[117]

利瑪竇的歌詞，可想而知，以道德、宗教為題。他寫到人心如何竭力靠向上帝，寫到人追求長壽的愚蠢，寫到比起樂器的和聲充塞他們演奏所在的廳堂，上帝的恩典更肯定能充塞世界，寫到青春如何在人還沒來得及想到過正派生活就悄悄溜走，寫到上帝如何使我們無比光榮，而我們卻貶低自己，寫到死神如何不放過任何人，既不懼怕國王宮廷，也不同情窮人的陋屋。遺詞用字並非特別優美，但旨在配合簡短的歌詞，同時以最清楚的方式闡明其道德意涵。以下是這組歌詞的第二首：

牧童忽有憂，

即厭此山，
而遠望彼山之如美，
可雪憂焉。

至彼山，
近彼山，
近不若遠矣。

牧童、牧童，
易居者寧易己乎？

汝何往而能離己乎？
憂樂由心萌，
心平隨處樂，
心幻隨處憂，
微埃八目，

人速疾之，
而爾寬於串心之錐乎？

已外尊己，
固不及自得矣，
奚不治本心，
而永安於故山也？

古今論皆指一耳。
遊外無益，
居內有利矣！[118]

利瑪竇這一組八首歌一問世，據他自己所述，立即大受中國文人喜愛，迅速被人付印流通。聽過這些歌或看過歌詞的中國官員，向他說他們很高興這些想法如今傳入宮裡，因為宮中的風俗人心有需要改進之處。[119]由於法律規定除了宗室、太監、妃嬪，任何人不得進入內宮，因此利瑪竇當然從未聽過宮廷樂師在龐迪我伴奏下唱他寫的歌，但他在歌詞裡設計了一些雙關語，因而光是想像太監——或說不定經他們調教過的妃嬪——在紫禁城裡唱他的歌，他想必就暗暗心滿意足。例如，在此歌最後一個對句裡，他比較了「外在」生活相較於「內在」世界的缺點。他所用的「內」、「外」這兩個詞，代表了中國傳統政治思想、道德思想裡的幾組對立物之一，不只可用在精神狀態或所處位置的差異，也可用於外夷和中國居民之間的差異，或內廷以外世界和不讓外人窺見的隱密內廷之間的差異。此歌末尾的「利」字，也是利瑪竇所為自己選用的漢姓，因此，宮中每有人唱起「居內有利矣」，那人其實也在唱「宮中有個利瑪竇」。當然他其實還未住在宮中，但他抱著這樣的希望；與此同時，那些未被他聽到的歌聲會帶著他的夢想進入平靜的夜空。

第七章——

# 第三幅圖：所多瑪之人

針對要擺在《程氏墨苑》裡的第三幅圖，利瑪竇從老克里斯班・德・帕斯（Crispin de Pas）在安特衛普所製作的一組講述羅得（Lot）生平的版畫裡，挑了一幅。德・帕斯以四幅畫說明羅得生平。第一幅畫裡，主聽聞所多瑪城（Sodom）的罪惡後，宣布祂要毀掉此城。第二幅，所多瑪的人欲強行闖入羅得家，以侮辱那些被安置於他家避難的人（其實是天使）時，祂把所多瑪的人弄瞎。第三幅，在此城就要被毀的緊要關頭，羅得、羅得之妻和兩個女兒在天使保護下逃出城，而羅得之妻不聽囑咐回頭望，變成了鹽柱。第四幅，兩女兒把父親灌到醉醺醺，然後和他同睡，以延續他們家的香火。[1]

利瑪竇想要用〈創世紀〉第十九章第二十四至二十五節的文字，讓中國人認識所多瑪城的罪惡和該城的下場：「當時，耶和華將硫磺與火從天上耶和華那裡降與所多瑪和蛾摩拉，把那些城和全平原，並城裡所有的居民，連地上生長的，都毀滅了。」令人遺憾的，一如聖

Crispin de Pas fecit et Gossart

彼得在水中掙扎那幅畫，這四幅畫有個小小問題，即它們全都無法完全符合利瑪竇所想要表達的。最終他挑德．帕斯組畫的第二幅，因為該畫最能說明那一刻的混亂：天使伸出手，把所多瑪的人弄瞎；羅得緊握雙手，懇請所多瑪的人住手；所多瑪的人滾落地面或伸出手欲抓住那個陌生人，就在他們所引以為傲之城市的遙遠塔樓下方。為闡明他的觀點，利瑪竇比聖經版更清楚交代此故事的來龍去脈，而在他的前兩幅圖裡，他未交代加利利海或以馬忤斯這兩個地方的名稱，但在此畫裡，他給了Sodom一詞他所能找到的最近似的漢語音譯，以讓中國人此後和耶穌會神父討論時有個明確的焦點。音譯Sodom的最後一個音節時，他刻意選用了和他自己漢語姓名裡的「瑪」同音、不同字形的漢字「痲」。他為此圖題了辭，並為題辭取了標題「淫色穢氣，自速天火」：

上古鎖多痲等郡，人全溺於淫色，天主因而棄絕之。夫中有潔人落氏，天主命天神預示之，遽出城往山。即天雨大熾盛火，人及獸、蟲焚燎無遺。乃及樹木、山石，俱化灰燼，沉陷於地，地瀦為湖，代發臭水，至今為證。天帝惡嫌邪色穢淫如此也。

落氏穢中自致淨，是天奇寵之也。善中從善，夫人能之；惟值邪俗而卓然竦正，是真勇毅，世希有焉。智遇善俗則喜，用以自賴；遇惡習則喜，用以自礪。無適不由己也。[2]

把利瑪竇的題辭擺在此圖旁邊，其所予人的感發比德．帕斯所想要激發的更為強烈。因為會在大火裡付之一炬的，正是我們能仔細端詳其臉孔的人、被暴風雨的天空襯得輪廓無比鮮明的這些高聳的圓頂和塔樓。廣場變成惡臭、永遠不會消失的湖。這幅圖裡只有羅得和天使，沒有他的兩個女兒和妻子，也就可省去許多費事的解釋。在古老的經文裡，為何妻子變成鹽柱，或為何女兒和父親睡——這類問題的解釋可留待日後、別的場合。

✦ ✦ ✦

一五五九年八月教皇保祿四世以八十三歲高齡去世，羅馬城頓時陷入暴亂、慶祝之中。有群人衝進雅致的宗教法庭總部洗劫，毀掉檔案，放掉他們所找到的每個囚犯，最後放火燒掉該建築。晚近在卡匹托爾山（Capitol）立起的宏偉教皇像被打倒在地。有人把一頂黃帽子——教皇保祿四世命令羅馬猶太人戴的那種帽子——放在已躺在街上的教皇雕像頭上，意在譏笑此教皇。另有人把雕像的主軀幹拖走，丟進台伯河裡。教皇當夜下葬，簡直是偷偷下葬，葬在聖彼得大教堂地下室裡，「能埋多深就埋多深」，而且其墓有衛兵把守；外頭，街上滿是兜售諷刺、挖苦文章的小販，諷刺、挖苦的對象則是這位死去教皇和其三個惡名昭彰的侄子，卡拉法家（Carafas）三兄弟。[3]

群眾如此回應保祿四世之死，諷刺的是，這位教皇熱衷改革教會，過著簡樸刻苦、奉獻一生、無比虔誠的生活。但改革政策的執行，使他與各方為敵。他對西班牙那股毫無商量餘地的仇恨，他不讓腓力二世得逞並要從西班牙人手裡奪回那不勒斯王國的決心，把阿爾瓦（Alva）公爵的部隊招來羅馬城門外，把吉斯（Guise）公爵的部隊，出於法國的反干預行動（最終失敗收場的行動），招進馬切拉塔街頭。教皇保祿四世採行高舉道德大旗打壓所有公共娛樂的無情政策，逮捕在梵蒂岡領土裡被發現和情婦在一塊的男人，判他們在槳帆並用大帆船上划槳至死，禁止所有狩獵活動，甚至一律禁止跳舞，於是，誠如當時某人所寫的，羅馬一整年「猶如都在過大齋節」。[4]他在羅馬和安科納以有計畫的行動無情迫害猶太人，逮捕有猶太人情婦的基督教徒，迫使猶太人住進用牆圍住的聚居區裡，禁止猶太人和基督徒交易食品原料或為基督徒治病；逼猶太人賣掉位在教皇領地裡的大部分財產，藉此為教會取得價值五十萬達克特左右——約實際價值兩成——的龐大地產。他每個禮拜四出席宗教法庭的重要政策會議，授予宗教法庭審判官全新的權力，例如除了有權追捕犯了異端邪說罪的人，還有權追捕犯了不當性行為罪者：逮捕性侵害婦女或買春者；處決被判定犯了雞姦罪者，其中有些人處以公開燒死。[5]就上述最後一個刑罰來說，羅馬市民覺得特別諷刺，因為此教皇三個權大勢大的侄子之一，樞機主教卡洛・卡拉法（Carlo Carafa）——除了生活之豪奢簡直超乎人想像，又熱衷打獵和賭博——還淫亂出了名，風流對象男女通吃，似乎人盡皆知，就只有教皇一人不知。當時住在羅馬的法國大詩人約阿希姆．狄．貝萊（Joachim du Bellay），寫詩嘲笑這位樞機主教的年輕男戀人，詩中內容讓人想起古羅馬詩人奧維德的情詩和泰克斯托爾（Textor）對蓋尼米德（Ganymede）的描寫，而貝萊的詩只是當時流通的諸多侮辱性作品裡最文雅的而已。庇護四世繼保祿四世當上教皇後，一五六〇年將卡洛．卡拉法處死——死得特別慘，因為劊子手用來絞殺他的繩子，兩度在他就要昏過去時斷掉。[6]

這些事發生時，利瑪竇人在馬切拉塔，年紀還小，除了從旅人那兒，或許還透過神父的布道，得知一二，對這些事所知甚少。但此故事的道德意涵，放諸四海皆準：它觸及權力與人性弱點的相關性，談到人們既愛高舉道德吹毛求疵，又蔑視約定俗成的規範。此故事與聖經的觀點毫無違和，在先知以賽亞的書裡就可發現這點。在該書中，所多瑪城的下場，喻示憤怒的上帝所不斷重述的人間世的下場。對以賽亞來說，悲慘的乞丐、性感迷人且在腳上掛著叮噹作響之鈴鐺的女人、妾、嘔吐的醉漢、太監，都在說明一個能像自毀那般快速的摧毀他人的奢華淫靡的世界。在此，雞姦是對崇拜偶像一事的懲罰，火和硫磺則是對雞姦的懲罰；在此，以賽亞對好王希西家（Hezekiah）大喊道：「並且從你本身所生的眾子，其中必有被擄去、在巴比倫王宮裡當太監的。」[7]

利瑪竇對於當世城市裡奢侈、貧窮、罪惡猖獗一事的些許了解，不只來自傳言和聖經裡的先知。他童年時馬切拉塔就醜聞頻繁，而且充斥著為了淫慾而殺人的情事，或非婚生子引發社會問題的情事。[8]同樣在一五七〇年代，為了該把妓女住所安排在哪裡，是否該把她們集中於一地，若集中於一地，該選在何地這些問題，馬切拉塔市民激烈辯論；城市元老作出的每個選擇，可想而知都激起當地居民反對。[9]

在羅馬街頭，一如在當時任何城市，同樣存在種種程度不一的高貴、墮落行為。信教愈虔誠，這方面的事就看得愈多，因為不管哪個教堂，只要教堂排定哪天舉行特別的禮拜儀式，那天往往就會有乞丐群集於該教堂周遭。格列高里・馬丁寫道，「這麼多這麼悲慘的人」，「聚集在道路兩旁，那場面是我從沒見過的」。有人告訴馬丁，許多人不願棲身於此城慈善醫院，寧可躺在外面街道上，在上教堂的市民路過時，碰運氣找他們施捨，而與跛子、瘋子、瞎子、啞子或聾子一起露宿街頭，因為他們希望從路人隨興的施捨裡，得到比教皇庇護四世所規定的每日七銅錢的救濟金還要多的錢。[10]他大概和利瑪竇一樣不曉得，這些乞丐裡有許多人被他們不為人知的乞丐頭細心編為約十九個小組或「專長組」，以病人、身體殘缺者、土耳其戰爭老兵或被魔鬼附身者的角色出現，並受過精心調教以符合這些角色的要求，藉此獲取公眾最大的同情。[11]但兩人大概都會十分清楚此城始終存在之社會不幸的另一面，因為一貧如洗之人或妓女所生的棄兒，結成龐大隊伍巡行街頭，使此城居民始終忘不了他們的存在——使城民始終良心不安。這些棄兒成群結隊，有時超過四百人，在聖徒日到選定的教堂，以展示他們所收到的施捨。羅耀拉特別關心這些孩兒的遭遇，協助成立了慈善基金會收養。[12]

十六世紀後期，羅馬境內有六百至九百名登記在案的妓女，收費從一至十二達克特不等，另有許多女奴在荒年時落得以更低的價錢賣淫維生。與賣淫業有關聯的人——提供住所、拉皮條、接待顧客者——為數或許是妓女人數的十倍多，而羅馬人口只十萬左右。教皇幾次欲把賣淫業限制在羅馬城幾個小角落，都未能如願，如果妓女選擇聯合行動，一起把銀行裡的錢提出來，大銀行會破產。[13]

人如何看待這種社會剝削和不幸，當然視人的視角而定。格列高里·馬丁驚嘆於一五七〇年代羅馬控制賣淫業手段之嚴厲，儘管他承認一五六七年教皇欲徹底禁絕城中賣淫失敗收場。他描述了妓女被限制在此城某些區域活動，「苦於法律和法令之擾」，因而「她們過著野獸般的生活，極不愜意」。她們被迫戴短面紗，穿特殊款式的衣服，無權立遺囑，或死後無權享有基督教葬禮，或無權搭公共馬車，始終抬不起頭。[14]但一五八一年旅居羅馬時，蒙田更驚嘆於妓女的無所不在；據他描述，搭乘公共馬車或漫步街頭看妓女是羅馬人的一大消遣，妓女在窗邊或陽台上展示自己，「騙人本事高超，因而我常驚愕於自己的目光總不由得被她們吸引過去。禁不住衝動下馬，要她們為我開門後，看到她們比實際面貌還要漂亮許多，我驚奇不已」。其他羅馬人則會透過其馬車車頂特別挖出的洞打量這些女人，有個羅馬傳道者以令蒙田激賞的有趣雙關語，將這種「觀星」活動說成「用我們的馬車製作星盤」。[15]

不管利瑪竇對於羅馬的情況係睜眼直視還是視而不見，一五七七至一五七八年他住在里斯本期間，行乞、賣淫，還有蓄奴之事，大概會更清楚呈現在他眼前。里斯本是國際貿易城市，葡萄牙海外帝國的總部，城內既有許多本地商人、前往印度以東地方或巴西的工人，也有許多死在海上之水手的遺孀、貧窮的農民或他們逃離貧瘠鄉村的孩子。[16]據一五七八年也住在此城的佛羅倫斯商人菲利頗．薩塞蒂（Filippo Sassetti）所述，里斯本到處是妓女。黑奴人數最多，但其中也有零星的中國人、日本人。在此可看到有意買奴者測試奴隸品質的好壞，要他們跑跳，張嘴檢查牙齒，再決定要不要買；每個奴隸要價三十至六十達克特不等。[17]在臥亞，也可見到這些遭社會遺棄的人，還有新一類人，即中印混血兒。這些混血兒往往源於令人心痛的被綁架孩童的買賣，而這種買賣係葡萄牙人——在犯了輕罪的中國人主動協助下——在澳門所建立起來。[18]

在臥亞，耶穌會士有奴隸為他們幹活——在臥亞白人不幹粗活——在澳門，奴隸到處可見，人數為自由民的五倍之多。[19]利瑪竇在其《中國札記》裡公開談到他如何積極將逃到中國的奴隸送回澳門的葡萄牙人當局，他在中國時帶著黑奴——「印度黑人」（gente negra dell'India）和一名「非常黑的卡菲爾人」（cafro assai negro）——他們在耶穌會住所裡工作，做家務和守夜，至少在他傳教頭幾年是如此。[20]他的漢語還不流利時，另有黑人擔任他的通譯數年——他們可能是澳門漢人和黑奴通婚所生，從小當成基督徒養，兼通漢語和葡語，因而是此差事的理想人選。利瑪竇有次承認這些黑人嚇到中國人，後來他傳教時未再提到他們；隨著漢語說得愈來愈好，他大概漸漸改用中國籍僕人。[21]

誠如利瑪竇所知，一直有中國人被賣去海外為奴。對於此事，他未給予道德判斷，只說這或許是上帝要中國人皈依基督教的方法之一，因為這些奴隸有時被西班牙人、葡萄牙人買去，後來被他們的主人或當地神父改變信仰。[22]許多被賣去海外者，在中國時並非奴隸，而是在中國東南部被擄走，賣給外籍買家，而賣價出人意料的始終變動不大，每個女孩或男孩十五至二十達克特；其中有些人出身書香門第，最終成為葡萄牙籍歷史學家和軍人的祕書或助手。一五九五年臥亞總督明文規定，凡是被裁定犯了買賣中國奴隸罪的葡萄牙人，一律處以一千達克特的天價罰款。[23]

針對中國人淪為奴隸一事，利瑪竇認為中國人自己要負很大責任，並認為中國社會到處有奴隸，與中國人性格的缺陷有關聯，例如既好色又膽怯。[24]他抱持這樣的立場，其實反映了他對中國社會整體的看法。他絕非如今人有時所認為的那樣不加批判景仰中國，其實為如何評價這個國家和其政府深感苦惱，而且從未獲致綜合性的結論。他只是呈現兩組相牴觸的看法，而且無疑覺得這些看法都接近事實。

就受他肯定的方面來說，有許多事物讓他自然而然予以讚賞，甚至覺得非歐洲所能及。

中國幅員廣闊、地形多樣，境內生產的作物非常多種（他發覺幾乎只缺橄欖和杏仁），菜園小但照顧得很好，愛花，江西的瓷器（「世上最上等、最漂亮的東西」），中國人別出心裁將煤用於烹煮和供暖，對古青銅器、水墨畫、書法的鑑賞能力、中國印刷術的先進和低成本，都令他讚賞。[25]關於儒家道德思想，他抱持肯定態度，甚至予以理想化，因為他想要向自己教會的領導人證明，中國人皈依基督教會是水到渠成，再自然不過。他總結道，中國人的葬禮和祭祖儀式並非迷信，知縣主持的祭孔大典不具宗教意涵，儘管的確燒香、獻上牲禮；信奉儒家思想，就像加入某學院，而非信某個具體的神學教條。中國人的確持萬物有靈的觀點，富人喜歡納妾，但除此之外——且如果他們會避開佛教和／或道教的話——他們「的確能成為基督徒，因為他們的學說的本質未含有與天主教信仰的精義相悖的東西，天主教信仰也不會給他們帶來什麼妨礙，反倒有助於達到他們書裡所說的，他們欲建立的安寧祥和的共和國」。[26]

為協助達到這樣的道德境界，中國人建立了一體化的官僚體系，並由一批都御史監督該體系的運行，而利瑪竇喜歡把這些都御史比擬為使古斯巴達秩序井然的五督政官（magistrate）。於是，儘管皇帝權傾天下，中國具有「共和國的許多要素」，因為皇帝始終回應大臣的倡議，而且這些大臣對於如何處置一年高達一億五千萬盎斯白銀的稅費收入，有最終的決定權。[27]甚至在宗教信仰上，中國人對自己的神鮮少表現出普見於羅馬人、希臘人、埃及人身上那種「不得體的行為」。事實上可以說，「我們在歐洲所知道的那些異教徒，在宗教事務上所犯的錯，個個都沒有比中國人少」。[28]

但這些理想的花園裡隱伏著毒蛇。在《中國札記》中間處，描述韶州城外的佛寺時，利瑪竇精心建構了一個修辭結構，以闡明這一點。他第一次造訪韶州時，應邀去了該寺：

我們發現那裡有片平坦的河谷，河谷一端盡頭和兩側都立著不算太高的山巒，山上密布果樹和其他景觀樹，樹木四季青綠。谷地裡全種了稻和其他可食植物，引用溪水灌溉，溪水終年不涸，但流經河谷中央，直到青山之外，豐沛純淨的河水滋潤那裡的萬物。[29]

但這個賞心悅目的地方，這個不折不扣的中國伊甸園，坐落著供奉某禪師（譯按：禪宗六祖慧能）之肉體真身的佛寺（譯按：南華寺）。八百年前，這個禪師以身餵蛆，在利瑪竇看來，使禁慾苦行之行顯得愚蠢可笑。這時住在該寺的中國和尚，連這種偏離正道的虔誠都不復有，與此地恬靜的田園風光形成強烈對比：「他們十足墮落，不只其中許多人無視佛寺清規娶妻生子，還幹起搶劫勾當，殺掉行經的路人。」[30]中國人和他們的統治者，也從原本較高貴且已半遭遺忘的純潔狀態，墮落入欺詐、貪婪循環往復的處境，毒打變得司空見慣，地方上盜賊橫行，掌權者監守自盜，因而需要另找人監督掌權者。中國人表面上極為謙恭有禮，暗地裡人與人相互猜忌，誰都不能信——連同鄉、朋友、親戚，甚至自己小孩都不可信。這個國家的經濟生活也四分五裂，因為市場上每樣東西始終都有兩種價錢——「一種針對當地人，另一種，價錢低很多，針對到處都為數眾多的官員」，而且不管想要什麼，都能用這些低於行情的價錢從工匠、商人那兒買到，於是許多老實幹活的人不得不逃到外地。[31]

一五八五年十一月，即進入中國後不久，利瑪竇寫了封信給他羅馬學院的前同窗朱利奧·富利加蒂，信中描述了中國老百姓無所逃的恐怖統治：他寫到，知縣公開接見百姓的場面，比羅馬教皇還要盛大隆重，皇帝則關在皇宮裡，終日與他的女人、太監、鳴禽、花木為伍，日子過得尊榮卻悲慘，猶如亞述暴君薩達納帕魯斯（Sardanapalus）。[32]後來利瑪竇更進一步詳述這看法，說皇帝變得很害怕，不再接見朝臣，不敢外出，除非私下外出，而且外出時有一列數輛一模一樣的馬車以混淆耳目，他則隱身於其中一輛；這個皇帝似乎「猶如置身於想殺掉他的最大仇敵的地盤裡」，而非置身於自己所統治的國度，他把日子過得「猶如地獄的翻版」。[33]

對利瑪竇來說，這個地獄的翻版由諸多要素構成。其中之一係他花了不少筆墨詳述的宏大氣派。一六〇二年利瑪竇去到紫禁城宮中的大院，滿懷感激匍伏於空蕩蕩的龍椅之前。他寫道，這些宮中大院能容三萬人，而皇帝的大象、三千名皇家衛士、高大的宮牆，都更添威嚴和氣勢。[34]在《中國札記》和信件裡，利瑪竇都驚嘆於從中國南部走水路運來，用以重建皇宮之樹木的巨大，雪松木梁的粗大。他抵達京城時這些雪松木梁的要價從一千至三千達克特不等。他曾站在耶穌會士住所門口，看著宮中建築的基石，由巨大獸拉車載運，轟隆隆經過其面前。獸拉車由一百匹騾拉，有人告訴他，每顆基石也要價一千達克特，儘管來自附近的採石場，皇宮本身則估計要花掉三百萬枚金幣，以當時的匯率計算，或許相當於三千萬達克特或更多。[35]

明朝皇帝墓葬區位於北京城西北邊，群山環抱，其中的萬曆皇帝陵（定陵）規模更為巨大，石材、木材、磚塊、運輸的成本隨之更高。萬曆皇帝極關心其陵墓的每個建造階段，還不到二十歲就開始建造自己的陵墓。[36]利瑪竇和其年輕樂師朋友龐迪我，都善於利用此皇帝欲把自己陵墓建得恢宏氣派的心態，投其所好，以博取好感；皇帝透過太監轉達，就歐洲人的風俗給了他們一份問題清單時（其中包括問到國王葬禮），耶穌會士給了用心的答覆，在其中詳述了一五九八年九月西班牙王腓力二世去世、下葬的詳情。他們告訴萬曆皇帝（同樣由太監轉達），腓力二世的鉛質內棺先放進木棺裡，再放到一特別建造之教堂裡的石墓穴裡。[37]他們也獻給皇帝一幅「耶穌名」（The Name of Jesus）宗教版畫，畫中呈現神聖羅馬皇帝、教皇、數名國王和王后，在他們的審判日那天，跪在天使和地獄之間；萬曆皇帝看了大為著迷，要宮廷畫家依樣照畫，但予以放大且上色。此次如願討得皇帝歡心，他們進而獻上一幅描繪威尼斯聖馬可大教堂和其廣場的大畫、一本含有一組版畫的書，這組版畫詳細描繪埃斯科里亞爾（Escorial）一地腓力二世王宮裡的聖洛倫索教堂，但後來，令他們氣惱的是，他們得知這本書被一名高階太監據為己有，從未送到皇帝手上。[38]獲告知歐洲的統治者有時住在其高大建築物的樓上，萬曆皇帝似乎放聲大笑，在他看來，這種做法太荒謬可笑。利瑪竇不由得尋思，「所有人都甘於維持其自小習得的模式」。[39]但萬曆這個謎樣的人物，這個看來既獨裁又處處受到限制的皇帝，最終對利瑪竇影響甚大。利瑪竇臨終時表達了他對耶穌會晚輩同僚皮耶·科東（Pierre Coton）的激賞，如果可以據此研判利瑪竇的內心想法，利瑪竇可能憧憬著有朝一日成為萬曆皇帝的告解神父，一如科東成為重新皈依天主教的納瓦爾兼法蘭西國王亨利四世的告解神父。[40]

但利瑪竇始終無緣當面和這位皇帝交談，更別提使他皈依天主教，而在皇帝只與其宮中女子、太監交談的世界裡，太監的權力必然水漲船高，因為他們成為皇帝與宮外官員聯繫的唯一憑藉。利瑪竇與皇帝往來全是透過太監，而對於此情況，他的看法又是有褒有貶，一如細心讀過聖經者可能會有的想法。因為，在〈但以理書〉第一章第三至四節，巴比倫王尼布甲尼撒（Nebuchadnezzar）不是要他的太監長，從擄來的以色列人裡挑選「通達各樣學問、知識聰明俱備」，因而能學會迦勒底語，「足能侍立在王宮裡」的人？根據諸多例子可清楚看出，利瑪竇和北京太監一同忙於他的科學工作時，其中許多人給他留下好印象。除了來自宮中音樂部門那四個跟著利瑪竇學他的歌詞、跟著龐迪我學彈古鋼琴的太監，另有四名太監於一六〇一年跟著他學如何替宮中的鐘上發條、檢修，而和他一起組裝鐘的太監，為鐘的外殼上了精美雕刻和裝飾；此外還有來自數學部門的太監助他組裝了十二份巨幅世界地圖。一六〇八年初期，皇帝命利瑪竇為他和他家人送上這些地圖，雖是皇帝一時興起，他無法不從命。這些人成為利瑪竇口中「我們的朋友」，他們造訪耶穌會士的北京住所時，表現得「極為親切」（con molto amore）。[41]

其他例子則顯示，他與數名在政治上握有實權的太監也交情甚好。利瑪竇知道，太監往往「出身社會最底層」，但萬曆年間，他們也是「國王的僕人、顧問兼朋友，因此可以說他們在治理這個王國」。[42]老太監馮保狂妄、耳聾，很想從利瑪竇那兒得到一個威尼斯玻璃稜鏡，一五九九年在他的南京府第極盡盛大且殷勤的接待了利瑪竇。太監馬堂一五九〇年代時已是公認中國最有權勢的人物之一，朝中大官提醒利瑪竇絕不可把馬堂當下人差來遣去，但就是這個太監在一六〇〇年邀利瑪竇去天津，招待他觀賞雜耍表演，讓利瑪竇看得目瞪口呆：用小刀玩雜耍的人同時拋接三把小刀，雜技演員把巨大瓷罐頂在腳上旋轉，接著拿瓷鼓和大木桌做同樣動作，有個跳舞的男孩拿出一個人偶，然後和它嬉戲、在地板上一起翻滾，像極了在和人玩——誠如利瑪竇所不得不承認的，這些全「令人著迷」。[43]

利瑪竇在華居住期間，太監是至少三次重大危機裡的關鍵人物，而這三件事利瑪竇在其歷史著作裡都有提到。其中一場危機發生於一五九八至一五九九年，即中國與豐臣秀吉在朝鮮交手之後，當時，北京部分皇宮意外遭焚，皇帝因此派太監去中國中部、南部籌措重建資金，為此，太監不顧後果強闖民宅，為了達成上級所交付的配額橫征暴斂，導致臨清、蘇州等城市居民和粗工工人大舉起事。[44]有個為利瑪竇在南昌、南京間跑腿傳信的人遭搶劫殺害，屍體丟入河裡，此事可能和當時的動亂、恐怖有關聯。[45]

第二起危機與一本匿名小冊子出現後，萬曆皇帝和其太監一六〇三年掀起的恐怖整肅浪潮有關。這本小冊子流傳於北京，文中抨擊皇帝的寵妃鄭貴妃和那些陰謀讓皇帝廢掉不受疼愛的長子，改立鄭貴妃之子為皇太子的人。利瑪竇逼真描述了當時的濫捕、無所不在的特務、對文人的嚴刑拷打、大和尚真可喪命之事。受牽連的真可，遭指控與人合寫了這份「妖書」，萬曆皇帝於是下令以竹棍擊打三十下，導致真可傷重不治，享年六十。真可既是信教虔誠的苦行者，也學問淵博，寫得一手好文章，與當時中國許多大文人交好，包括大劇作家湯顯祖。在一段岔離主題的記述中，利瑪竇說人們瞧不起真可，因為雖然「他動不動就吹噓自己完全不在意與身體有關之事，但挨打時，卻和其他凡人一樣哭喊」，從中可見他對佛教的敵視有多根深蒂固。[46]

最後一起危機和太監高寀有關。他不顧後果說服皇帝派官員去馬尼拉尋找傳說中呂宋島的金山銀山。這支中國考察隊的出現，加上定居於菲律賓的中國商人、工匠日增，使西班牙人相信中國即將派兵入侵，從而引發一六〇三年屠殺華人的慘案，將近兩萬華人喪命。利瑪竇最擔心的事，係北京耶穌會士遭牽連，和西班牙人的屠殺華人之舉扯上關係，在一六〇五年寫給羅馬友人馬塞利（Maselli）的信中，他描述了他當時的焦慮：「朝中對此事議論紛紛，我們擔心因此遭波及，因為在此事之前，我們始終小心翼翼不讓人知道我們是（西班牙人的）朋友。」有個去了菲律賓的中國官員把馬尼拉西班牙人所寫的一封信帶回福建，此一隱瞞差點遭揭穿。誠如利瑪竇接下來所寫的：

> 此信翻成中文，轉送至北京，信中寫到此信寫於「天主一六〇三年」，正是我在我的教理問答裡所採的那種紀年形式。但上帝讓此事只為保羅博士一人注意到，我警告他勿向他人提及此事。還有一件事有助於讓我們與他們信同一宗教之事不被人知道，那就是他們把上帝一詞譯成西班牙語詞 Díos，而我們用的是葡語詞 Deus。47

北京神父竭力防止中國人把他們和西班牙人、菲律賓人看成一夥，而太監全心忙於自身事務、上層官員透過其影響力或參與去扯朝廷的後腿，大概使北京神父更容易遂其所願。利瑪竇在信中提到的「保羅博士」是正幫他翻譯歐幾里德《幾何原本》的上海學者徐光啟，而徐光啟顯然認為不應讓他的翰林院同僚知道這份不利於耶穌會士的證據，其中有些同僚，尤其是信佛教者，若得知此事，可能會樂於拿來對付利瑪竇。

一六〇五年時利瑪竇已頗為確信，只要花錢疏通，就幾乎可以高枕無憂。有時貪腐反倒提供了護身符：

> 這個國王對自己宮中的太監極為殘酷，往往拿微不足道的藉口把他們打死，因此他們個個都不關注宮外之事，除非是那種可能給他們帶來大筆錢的事。朝中官員懂得如法炮製，也就是向來朝廷辦事的省官索錢，要這些省官把他們在鄉村、城市從人民搜刮來的錢，拿出一部分給他們。於是，北京城成了不折不扣奢華淫靡的混亂之地，充斥各種罪惡，正義或虔誠在任何人身上都蕩然無存，或者說沒有人想要使自己清清白白。[48]

這段話的措辭和宗教改革陣營的批評者加諸羅馬和腐敗羅馬教皇的指責——把教皇斥為「巴比倫城的妓女」——驚人相似，而利瑪竇對佛教的以下指控，更強化這一相似之處：佛教代表了「錯綜複雜到沒人能充分理解或描述的一套腐敗的教義」。利瑪竇以其說教的口吻寫道，在北京這個腐敗城市，住著「一群縱情享樂、沒有男子氣概的人」（gente oeefminata, deliziosa）。[49]

利瑪竇的交友圈包括富人，因此至少熟悉這些奢靡淫逸行為的一部分社會背景，因為他寫道，人卸任或離開某城市時，往往參加「七或八場朋友辦的這類宴會，以收受並贈予恩惠」。他說中國的「酒比較像啤酒，不是很烈，如果喝太多，醉了，隔天早上也不會覺得不舒服」，由此說的切合事實，可見他上述的心得並非來自淺薄的觀察。但從他筆下北京城裡到處可見喝得酩酊大醉的人，可知他上述的打趣言語未必盡然——城中街道上，搖搖晃晃走著「滿身酒氣的人，倒在地上，說出、做出無以計數丟臉的事」。在這方面，窮人和官員的唯一不同之處，在於官員淫逸放蕩有辱官箴之後，可以坐在拉下簾子的轎子裡被人抬回家，不致讓人看到其醜態。[50]

利瑪竇很清楚北京城裡的苦難和貧窮。我們無法判定他是否知道成群在北京街頭遊蕩那些人，他們往往是最悲慘的社會棄兒，係聽命於父母受閹割後卻無法如願進宮工作的年輕人，這時四處遊蕩，欺壓可憐的商販。[51]我們也不知道他是否清楚北京富人的白銀和窮人所用的銅錢間複雜多變的兌換比率，導致一五九〇年代成千上萬窮人，在慈善救濟體系因管理不善和官員怠忽而瓦解時喪命。[52]他已皈依基督教的友人徐光啟非常了解窮人的不幸；他可能曾向利瑪竇說過，冬天時乞丐用一枚銅錢的價錢，就可以在夜裡鑽進擺滿禾草或動物毛皮的舊倉庫裡，以免凍死。[53]

我們的確知道，在為了討論科學、宗教而走訪北京文人時，利瑪竇在北京城穿街過巷，因為他對自己騎馬走過街頭的情景留下一份令人難忘的記述，說他和當地所有較有錢的人一樣，臉上戴著黑面罩，以抵禦乾燥月份時令北京不堪其擾、會把人刮疼的沙塵暴。他騎著租來的馬或騾，帶著他的印刷版北京要人寓所位置指南，如此行走於北京城裡時，能得益於面罩遮臉使人認不出他的好處，特別仔細打量四周。[54]

利瑪竇說中國「這個國家有很多奴隸」。他把此現象部分歸因於男人天生的好色：「他們不能沒有女人，又沒錢買女人，於是向富人賣身為奴，以讓富人把他的一個女奴送給他當老婆；於是，他們和他們的孩子永遠為奴。」還有些男人，娶得起自由之身的女人，卻養不起孩子，於是以二或三達克特的價碼把孩子賣掉，利瑪竇難過寫道，「比一頭豬或一匹不堪用的馬還便宜」，而即使沒發生饑荒，如此低的價格都是行情價；饑荒時，價格更掉到那的一成。[55]在其《中國札記》原稿的某些段落裡，利瑪竇有更深入許多的說明，但十七世紀時謹慎的耶穌會編輯把這些段落從此書的印刷版刪除。利瑪竇看到牢牢根植於中國人性格裡的色慾，使男人不願等到成熟（他認為二十歲成熟）才挑性伴侶。許多年輕男子十五、乃至十四歲時就有了第一個女人，結果是「許多男子變得非常虛弱，從此生不出小孩」。此外，他寫道：「全國各地，除了那些人盡皆知的通姦之事，還有許多公開賣淫的妓女。光是在北京這裡，據說就有四萬妓女公開攬客；這些女人做這一行，若非因為自己選擇如此，就是因為被不良男人買去，然後男人逼她們用這種污穢的方式賺錢維生，後一原因的不公不義更嚴重許多。」[56]當時的明朝人大概至少會同意利瑪竇對妓女數量和公開賣淫一事的看法，指出即使在小村子都可找到妓女，在較大的城市，妓女則成千上萬。在北京（一如在羅馬），妓女由官府登記在案，必須繳稅；她們並非像佛羅倫斯妓女那樣慵懶站在門口，但娼館有特別的門，門中間用絞鏈接合，因此，門的上半部半開時，行經的人可慢悠悠打量裡面的妓女。[57]

在中國，耶穌會士得面對令人不安的不當性行為指控。置身肇慶不久，就有個皈依基督教的中國人指控羅明堅神父與該地一有夫之婦通姦，該婦的丈夫附和這一指控，說他把老婆打了一頓，問出真相。這是典型的敲詐事件，而羅明堅最終證明自己清白。[58]龍華民（Longobardi）神父在韶州受到類似的指控，後來遭指控和他有染的那個女人，經知縣用刑，坦承和龍華民無關，同時承認與當地另外數個男人通姦，才還龍華民清白。[59]中國人不斷散播這類傳言，在小鎮的市集日演戲，嘲弄基督徒和葡萄牙人，把葡萄牙人演成一邊揮劍，一邊用念珠念經，並任由他們的神父和當地女人鬼混。抨擊耶穌會士和他們教民的漫畫銷路甚好，這些漫畫和文人所張貼的長文，更加強化這些戲的效果。[60]

利瑪竇寫道，中國的年輕演員是「這整個國家裡最卑鄙、最邪惡的人」，說其中許多人自小就被他們的主人買下，然後學跳舞唱歌。他寫下這段文字時，心裡可能想起上述令人遺憾的戲。[61]但更可能的情況是這些上了濃妝的年輕唱戲男子，強化了他在北京看到男娼時心中的反感，和他對北京一地男同性戀公開程度的憂心：

最能彰顯這些人之不幸的事，就是他們縱情於違逆自然的色慾，就和縱情於人固有的色慾一樣稀鬆平常：而且這種事既未被法律禁止，也未被認為不合法，甚至人不以此為恥。人們公開談論此事，到處都有人做這樣的事，沒有人阻止。在某些城鎮，此一惡習最為普見——例如在此國的京城——光天化日的街上，有許多打扮得像娼妓的男孩。有人買下這些男孩，教他們演奏、唱歌、跳舞。然後，這些可憐的男人，一身華麗打扮，像女人一樣用胭脂化了妝，被帶進這個可怕的邪惡圈子。[62]

上述字句寫於一六〇九或一六一〇年，利瑪竇即將告別人世之時，但一五八三年他來到中國才幾星期時，就在寫給范禮安的信中表達了類似的觀感，信中他談到「這裡每個人都熱衷的駭人罪行，似乎沒有人覺得這很丟臉或予以制止」。[63]還未找到大量證據，利瑪竇就抱持此看法，二十五年後經過仔細觀察，更加堅信此看法，而他這種出於道德規範的憤慨其實完全呼應他當時的道德觀。事實上，在利瑪竇來華之前就出書介紹中國的兩個歐洲人，都以類似的口吻書寫。加萊奧特·佩雷拉寫到中國人時，說「我們在他們身上找到的最不應該的事是雞姦，這是在較卑劣的一類人裡非常普見的一種惡行，而對最優秀的人來說，這種事也毫不奇怪」。[64]加斯帕爾・達・克魯斯修士表達了大同小異的看法，還說這個「違逆自然的惡行」「完全未受到他們指摘」，他表示不該如此時，中國人表露驚訝之情，說「從未有人告訴他們這不應該，也未有人說這是惡行」。[65]達・克魯斯說，就是因為這一惡行的猖獗，一五五〇年代後期，上帝懲罰了中國某些城市，先是施以可怕的地震，繼而放出摧毀整個村鎮的閃電。為強調這個論點，他指出，帶來這些天災消息的中國人「嚇到好似整個山西省變得杳無人煙，就像羅得的女兒看到所多瑪、蛾摩拉兩城被毀後，以為全世界都毀滅一樣」。達・克魯斯推斷，這個天災和其肇因或許預示了敵基督就要降臨。[66]

加斯帕爾・達・克魯斯修士和利瑪竇神父都表現了身為忠貞的教會成員所會有的反應，即基於原則，堅決譴責所有肉慾，但對任何不可能促成生育的男性縱慾行為，反彈尤其激烈。阿奎那的著作已賦予這種道德立場不可動搖的嚴正性，他認為符合自然法則的交媾，就是所有鳥獸都在做的那種兩性結合，人類自不例外，也應效法。因此，自瀆和——根據阿奎那立論的邏輯——同性交媾和男女肛交都要嚴禁。套用阿奎那在《反異教大全》（*Summa Against the Gentiles*）裡的嚴厲話語：「謀殺為第一大罪，摧毀已真實存在的人類本性，而這種罪使人的本性無從生成，似乎是第二大罪。」[67]這種行為被認為和伊斯蘭教有關一事，係基督教後來如此譴責同性戀時所牢牢抱持的看法。最早的《古蘭經》西方語言譯本，指出經中所提到寬容同性戀之事，中世晚期的許多資料提到恣意無度的同性戀行為，提到孌童和男妓院的存在，或提到性虐待男奴之事。第一次十字軍遠征後，基督徒建立了耶路撒冷王國，該王國最早的法律裡，有一條規定將「雞姦者」處以火刑，而以特別聳人聽聞的口吻描述穆斯林如何侵犯被俘的基督徒男孩、男人、神職人員、主教的說法，在歐洲廣為流傳，使十字軍遠征更加得到支持。利瑪竇痛斥北京那些化了妝的年輕人時，其所用的言語幾乎和三百年前威廉·亞當（William of Adam）抨擊伊斯蘭孌童的用語一模一樣。[68]

一五四二年馬丁·路德寫了一封非常用心——其實真切感人——的信給友人札斯丁·喬納斯（Justin Jonas），以安慰妻子死於難產的喬納斯，而在路德於信中隨口說出的一段話裡，可看到上述看法的延伸。路德寫道，「因為誰不對當今世界種種令人厭惡之事感到厭煩？——假使那該被稱作世界，而非日日夜夜有那些雞姦者以惡行折磨我們靈魂和眼睛的地獄」；在此，路德清楚表明他口中的雞姦者意指「土耳其人、猶太人、天主教徒、樞機主教」。[69]以嘲笑口吻把這些人歸為一類，天主教徒自然無法接受。我們發現耶穌會士，例如在一五七〇、八〇年代耶穌會的思辨領域裡獨領風騷的著名人物彼得·卡尼修斯（Peter Canisius），在其《教理問答》裡重申經過更新以符合時代要求的阿奎那對同性戀問題的看法。卡尼修斯把特別重要的聖經經文匯集在一塊，包括〈創世紀〉（第十八、十九章）描述所多瑪、蛾摩拉兩城下場的部分、先知以西結筆下上帝評論這兩個城市的部分（第十六章）、〈利未記〉（第十八章第二十二節）所提出的嚴厲警告：男人「不可與男人苟合，像與女人一樣；這本是可憎惡的」。許多教會神父，甚至路德亦然，把所多瑪城的罪惡詮釋為主要是既貪婪、又懶散、又對窮人的困苦無動於衷，但卡尼修斯表明，他認為這種詮釋不夠充分，無法接受。他寫道，所多瑪的男人，除了未能幫助「貧困者」，還「犯了這項最令人厭惡的罪，這種罪不擔心會觸犯上帝的法和自然法」。[70]

利瑪竇在馬切拉塔求學時，其所聽到的正是這種詮釋。當時，一五六六年，庇護四世痛斥同性戀的文告在那裡發布。這些也是十六世紀後期耶穌會士前去東方時隨身帶著的詮釋，而當時盛行的在熱帶各種罪惡較易滋長一說，使這些詮釋更為人所信。[71]有個搭船來到臥亞的耶穌會士，幾乎一到就寫了家書說「這裡日夜都很熱，學院裡的人睡覺大多不蓋被，總是穿輕薄內褲和無袖襯衫，白天只穿非常輕薄的棉背心；天氣熱得每個人都欲振乏力」。據耶穌會向來的宿舍規定，住在宿舍裡的人睡覺時要蓋好被，百葉窗要關上，而我們知道負責管理臥亞宿舍的耶穌會士，很快就斷了執行此規定的念頭。[72]

有些觀察家，例如義大利商人佛朗切斯科．卡爾萊蒂（Francesco Carletti），對於因此而生的感官享受讚嘆不已；男人穿著寬鬆飄逸的寬袖白衣，女人看去像是「在車床上所切削成」，四肢「像雕刻成，輪廓分明，一眼就能判定她們如何給打造出來」。卡爾萊蒂想找到一個明喻，以更清楚說明印度女人的穿著，於是說她們衣物上褶襉的打法，「一如宗教界的白法衣等衣物的打摺方式，而且沒上漿，因為那個地區的水和驕陽已足以維持這些褶襉，使它們始終硬挺」。[73]這段描述很可能屬實，但這裡的觀念聯合（association of ideas）卻十足令人遺憾，而且或許間接表明當地神職人員積極清除臥亞地區所有男同性戀思想的一個原因。來自臥亞宗教法庭審判官的信，談到這種「醜事」的盛行和嚴厲防治的需要。在臥亞，一如在羅馬，凡是雞姦敗露的男人都遭公開燒死。[74]

耶穌會士所表露的這份厭惡之情，並非只見於特定地方，他們的所作所為其實在遵循已被沙勿略本人所認可，供遠東教會奉行的一套推理、行為方式。一五四九年他從日本寫了封公開信給臥亞年輕一輩的耶穌會士，表示對同性戀在日本僧界根深蒂固的程度感到震驚，而此事似乎不被當成一回事，更是令他震驚不已。日本和尚把送去他們那兒受教育的少年拿來發洩性慾，被人質問此事時，還哈哈大笑。他寫道，「此惡行根本已成為習慣」；「和尚克制不了自己，犯下違逆自然法則的罪，對此不否認，而且公開承認。此外，此惡行廣為周知，所有人，男女老少，都很清楚此事，習以為常，因而既不為此心情抑鬱，也不感到驚駭」。[75]

沙勿略寫道，還有和尚公開與尼姑同住，如果尼姑懷孕，就用藥打掉胎兒，或者小孩一生下就殺掉。有個耶穌會士說，一年後沙勿略為了「盛行於他們之間的那個令人痛惡的雞姦罪」，對著一群受到驚嚇的日本和尚大喊（這些和尚剛在他們寺裡免費招待了沙勿略一餐）。寺院住持聽到此指控，不屑回應。[76]

一五八〇年，赴遠東視察會務的范禮安已體認到，天主教神父對前來耶穌會士住所學習的日本學生態度嚴厲、少了溫情，可能因此造成非常類似的情況：「更糟的是，他們在教會裡，也就是在我們的住所裡，過得這麼不快樂，其中許多人經常沉默寡言，隱藏真實感受，開始做出粗俗、不應該的事，有些人係為了藉由非常不可取的方式得到慰藉，有的人則是為了逼（耶穌會士）認清事實。」[77]范禮安欲找到不偏不倚且會抑制「這些人之墮落性格」的立場（但我們每個人都易陷入的那種墮落除外），而他在一五八〇年為耶穌會的日本神學院擬訂的校規中，一絲不苟的規定學生要睡在榻榻米上，榻榻米與榻榻米間用木頭小長凳隔開，整夜都要亮著燈。[78]在日本住了將近二十年的佛朗西斯·卡布拉爾（Francis Cabral）神父被調回臥亞時，覺得情況毫無改善。誠如他在一五九六年寫到羅馬的信裡所說的，日本的同性戀行為是妨礙他們遵守教規的主要因素。他們「對肉體的厭惡」和他們的「惡習」，「在日本被視為很體面的事；有身分地位的人把自家子弟交給和尚，要子弟接受這些方面的調教，同時滿足和尚的性慾」。[79]

這類主流觀點對遠東傳教士影響甚大，因此，來到遠東的西方人，看到某些地區沒有同性戀，往往覺得有必要對此現象提出複雜的解釋。威尼斯商人切薩雷·費德里奇（Cesare Fedrici）就因此寫道，緬甸（勃固）女人所穿的撩人開衩裙，「窄且貼身，每一步都使她們露出腿和其他部位」，係她們為了使她們的男人不致出現「違逆常理的行為」而特別設計。[80]在同一地區的一位傳教士一五四四年推斷，那裡沒有雞姦之事，係因為該地的統治者應其王后的請求，已下令所有男人在「陰莖的皮和肉之間」繫一個小鈴鐺，藉此成功遏止了那個見不得人的「令人厭惡的罪行」。[81]

明朝時，法律明文禁止男同性戀（利瑪竇似乎不知這點），但這種行為確實還是盛行。十六世紀後期男同性戀是否因為悠閒的新都市生活風格問世和道德觀念改變而劇增，無從斷定。與利瑪竇同時代的明朝學者謝肇淛，引用了十世紀作者陶穀的話，以證明宋朝京城蜂窩狀的小巷裡有許多願意出賣肉體的男妓，而在這方面，晚明時差異不大。謝肇淛寫道：「今京師有小唱，專供搢紳酒席，蓋官伎既禁，不得不用之耳……間一有之，則風流諸搢紳，莫不盡力邀致，舉國若狂矣。此亦大可笑事也。」謝肇淛覺得，先前的作者認為男同性戀之風「大率東南人較西北為甚」，即使真曾如此，這時肯定已不復然：在北京，一半以上的男妓來自山東臨清，終止了浙江（尤其紹興、寧波）男子稱霸此行業的局面，這些浙江男妓一度惡名最為遠播。[82]謝肇淛還說，在明朝，男人女裝所在多有，而在前幾朝，則是女人男裝打扮。[83]

一五八一年走訪羅馬期間，蒙田驚訝得知幾年前在聖約翰教堂辦過幾場葡萄牙人男男婚禮，這些同性伴侶「同床共枕、共住一屋簷下」一段時間，然後被捕，遭以火刑處死。[84]如果利瑪竇聽過這類事——上述男男婚禮之事據說發生於一五七八年，即他離開羅馬的隔年

——明朝學者沈德符會讓他確信這類習俗盛行於世界各地。一六〇〇年代初期在北京結交了利瑪竇的沈德符，在其研究社會風俗的著作《敝帚齋餘談》中寫道，在福建省，男同性戀者往往同住一屋，而當地人不以為異。男同性戀伴侶裡「長者為契兄，少者為契弟。其兄入弟家，弟之父母撫愛之，如婿。弟後日生計及娶妻諸費，俱取辦於契兄」。當地人甚至造出一個特殊字（「㚻」）來表達這類伴侶之關係的親暱和模稜兩可，把「男」字裡向來用來指稱「男性」的「力」部拿掉，代之以「女」部。沈德符說：「㚻字不見韻書，蓋閩人所自創。」[85]其他數項資料也證實謝肇淛、沈德符研究當時同性戀之盛行所得到的結果。例如，晚明流通甚廣的春宮畫，雖然以描寫男女歡愛場景為主，但也有多幅春宮畫若非描繪男人與女人肛交，就是描繪男男相交。這些男子被說成在行「翰林風」，由此清楚可見男男相悅之風在位居社會上層的文人圈裡有多盛行。[86]

一五五〇年代後期，即利瑪竇年紀還小而教皇保祿四世在位期間，宗教法庭已特別積極打壓同性戀，到了十六世紀末，利瑪竇開始在中國傳教時，宗教法庭毫不留情的打壓之手已伸向世界另一端，來到馬尼拉。一五八〇年代期間，西班牙人在馬尼拉以同性戀罪名將數名華人男子以火刑處死，而且明朝學者注意到此一悲慘遭遇。誠如明朝地理學家張燮在對菲律賓的扼要評論裡所寫的：「呂宋最嚴狡童之禁，華人犯者，以為逆天，輒論死，積薪焚之。」[87]

隨著這類懲罰的嚴厲變得眾所周知，耶穌會士自然要潔身自好，避免沾上這方面的污點，但並非總是能如願。羅明堅和龍華民遭指控通姦之事，以及其他與耶穌會士居所有關的不堪入耳的傳言，都是明證。矢志獨身的耶穌會士，帶著黑人男跟班（至少在傳教初期）和年輕僕人、見習修士，必然招來流言蜚語。利瑪竇寫道，有次他被指控把一個被下了麻醉藥的男孩扣留在他房子裡，暗指他已和這個男孩上過床，然後打算把他賣給澳門的葡萄牙人。[88]有個天主教神父偷偷將一名二十歲中國青年——原是某和尚的徒弟——從中國帶到澳門，並讓那個青年在澳門受洗後，西方傳教士就甩不掉這類指控。憤慨的中國人揚言，若不交還那名年輕人，要截住葡萄牙船，沒收所有貨物，毀掉澳門。葡萄牙人不情不願屈服，一名葡籍高階神職人員將該青年護送回廣州，然後被逼著目睹那名青年為自己的不檢點受毒打。[89]

在這些問題上，耶穌會士力求維持嚴謹的道德立場，以防中國人再生猜疑。一五八四年利瑪竇和羅明堅一同漢譯了第一版「十誡」，在翻譯第六誡時，未將其簡單譯為「勿通姦」，而是譯為「莫行淫邪穢等事」。[90]利瑪竇在其說明基督教教義的《天主實義》中，以遠更堅決的語氣強調這點，但在此之前，他已在一篇長文裡，根據八個理由說明教會的獨身理論。這篇長文闡述前人贊成獨身的論點，而這些論點可見於保羅致哥林多人和提摩太的書信裡和愛比克泰德針對道德之人需要關注俗世需要一事的反思裡。[91]利瑪竇的八個理由如下：世間大部分男人得為了生存與人競爭，因此，那些有家室的男人，為了養家活口，沒有閒工夫思索屬靈之事；克制性慾使人「如去心目之塵垢，益增光明，可以窮道德之精微也」；貧窮加上獨身，使人更容易作為他人的道德榜樣；要把天主教傳播到世界各地，需要全身心的奉獻；在歐洲，人熱衷於傳播天主教，神父在大眾裡所扮演的角色，類似農民每次收割後特別留下來供繳交田賦和作為種籽的穀物所扮演的角色；人能想到的人類最高追求係接近上帝，而由於某些人認為「天下寧無食，不寧無道；天下寧無人，不寧無教」，他們把一生奉獻給宗教；傳教士不能有妻小之累，始終願意一受召喚，就前去要他們去的地方，因為「苟此道於西不能行，則遷其友於東，於東猶不行，又將徙之於南北」；最後，人獨身後，更接近天使，更接近上帝，因而打起鬼怪更有威力。[92]假獨身，或拒斥婚姻但不禁絕色慾，係世上最糟糕的事，誠如利瑪竇在說明其八個理由後，在以下這段嚴正的文字裡所說的：

乃中國有辭正色而就狎斜者，去女色而取頑童者，此輩之穢污，西鄉君子弗言，恐浼其口。雖禽獸之匯亦惟知陰陽交感，無有反悖天性如此者。人弗赧焉，則其犯罪若何？吾儕同會者收全己種，不之藝播於田畝，而子猶疑其可否，況棄之溝壑者哉！[93]

在《神操》第一週，羅耀拉要每位神父練習用全身心去思索罪，運用所有的記憶力、推理力、意志力，把上帝的恩典與天使之罪、亞當之罪和隨他們而生的人類在世之罪相比較，以盡可能理解上帝的恩典。那一週該做的第二個修煉，係深刻自省，深思每個人所已犯下之罪的「令人憎惡之處和惡意」，直到能清楚看出罪行的醜惡和可怕，從而徹底看清自己為止：「我會把自己視為墮落和惡習歪風的根源，無數罪惡和最令人反感的毒害都從那裡生出。」這一自省不會帶給人悲傷，反倒會讓人「驚呼神奇，加上澎湃的心情」，因為作此修煉者，既意識到自己罪的深重，同時開始意識到會赦免這類罪的上帝其恩惠的真諦。[94]利瑪竇和其在中國的耶穌會同僚大概在自己如此修煉時作過這些自省，而他們的總會長阿夸維瓦其實常敦促他們在辛苦傳教時，勿忘了就基督、撒旦這「兩個度量標準」作這些至為重要的反思。[95]

一五九〇年代，阿夸維瓦採納耶穌會成員的意見，針對這些修煉擬訂了新的指南，在其中進一步闡發其對該要人如何修煉、該要哪種人做這些修煉的想法。他的結論是羅耀拉針對這些修煉的運用所設下的限制仍應奉行，尤其是信教再怎麼虔誠的已婚平信徒，都不得探究全部這些修煉這項限制。阿夸維瓦遵照羅耀拉的做法，同樣強調讓那些「已改造自我後仍留在俗世」的人至少閱讀第一週的修煉內容所會帶來的好處，同樣提醒傳教士，不只要入教者在靜修時，「如果可能的話」，也要在其「自家」，做這些修煉。一五九九年這項最後決定，一六〇一年得到重新確認，該年，阿夸維瓦寫信告訴傳教士，當地的上級人員「應表現得隨時可以且願意接受任何想做《神操》的人」。[96]

至於利瑪竇多常帶領中國人做完第一週的神操，只有零星線索可茲了解。第一次似乎是一五九一年間在韶州帶一個已入教，名叫「柯敦華」（Cotunhua音譯）的富商做，第二次是帶柯敦華的友人瞿汝夔這位學者暨鍊金術士做。[97]就柯敦華來說，利瑪竇清楚指出，他較願意做這些修煉，因為他先前信佛，已有默想的底子；就瞿汝夔來說，利瑪竇相信熱衷於鍊金術的瞿汝夔，當初因為怕死而無休無止追求長生不老藥，但此時他已滌除怕死之心。

羅耀拉和阿夸維瓦都強調，第一週修煉時有一點要特別注意，即反思自己的罪時勿流於刻板，尤以運用到感官時為然。誠如阿夸維瓦所寫的，就基督徒的生活作默想時，應「在腦海裡想像，猶如用想像之眼來觀照我們所冥想之事的發生之處」。但對罪的默想引發大不相同的問題：冥想者清楚人類的所有弱點，對自身的缺點深表痛悔，卻必須讓心抽離，以免跟著產生邪惡想法或做出那些罪事。羅耀拉建議，思索罪時要收到成效，最佳之道係讓記憶力、意志力、推理力三者保持最無分軒輊的平衡，不讓其中任何一者獨占上風。頗令人意外的，阿夸維瓦竟推斷，那些「在這方面最有本事的人」，不是那些腦筋呆板的人，而是那些「想像力特別強」的人。[98]這段話或許可解讀為腦筋最好、學識最淵博的人能看透這項修煉的各個面向，能理解為何需要控制激情，只因為他們太清楚激情的侷限和複雜。或許利瑪竇把這個深刻見解局部告知了瞿汝夔和柯敦華，畢竟正是他以犀利的筆鋒告訴中國人，「人及獸、蟲焚燎無遺」，正是他以冷酷敏銳的想像力，告訴中國人「乃及樹木、山石，俱化灰燼」。[99]

第八章

# 第四個記憶形象：第四幅圖像

一五九九年八月中旬，利瑪竇寫信給友人吉羅拉莫．科斯塔。這不久前，利瑪竇收到科斯塔兩封來信，日期分別注明為一五九五年、一五九六年。科斯塔的來信常令利瑪竇陷入沉思，因為科斯塔也來自馬切拉塔，只年長利瑪竇一歲，一五七〇年代初期就加入羅馬的耶穌會。就這封信來說，利瑪竇流露的感情尤其真切，因為科斯塔的兩封來信重述了利瑪竇雙親已過世的惡耗。後來發現此消息為誤傳，但當時利瑪竇不可能知情，回信時他簡短表達了他失去雙親的心情；也提到收到其他友人的消息，他非常高興，例如尼古拉．本奇維尼（Nicolo Bencivegni）的狀況。本奇維尼是他和科斯塔小時候在馬切拉塔的老師，「在我們最稚嫩、最脆弱的年紀教導我們，因他的指引，成就了今日的我們」。科斯塔、本奇維尼傳來的消息都是好消息，都談到他的家鄉地區，談到耶穌會士在那裡的工作情形，利瑪竇得知後很高興。然後他又說，猶如突然想起似的，「過去我多次向這些野蠻人吹噓說，主耶穌把他和他母親度過此生的房子，從好幾英里外搬到我所出身的地方。我向他們講起此事和上帝在西方所創造的其他奇蹟，他們聽了驚訝不已」。[1]

在此利瑪竇顯然指的是洛雷托（Loreto）的聖母祠，言語之中簡直以擁有該祠而自豪。聖母祠離海不遠，四周綠意盎然，遍布果樹和葡萄園，從安科納坐車過來不遠。聖母祠本身是一間九．五公尺長、四公尺寬、五公尺高的房子——據認聖母就在這屋子收到天使傳報並養育兒子耶穌。據傳說，天使把這間房子神奇搬離巴勒斯坦的拿撒勒，先是搬到阜姆（Fiume），然後雷卡納蒂（Recanati）城外的森林，最後搬到洛雷托。最初這間房子未被人認出，棄置在林中，屋內珍藏著其最寶貴的聖徒遺物，福音書作者聖路加所畫的聖母像；十三世紀末，十六名來自雷卡納蒂的年輕男子，在所見異象中受到提點而前去拿撒勒，證實仍可見於該地的聖母家的地基與洛雷托這間房子的長寬完全吻合，此屋自此聲名大噪。

掛在洛雷托聖母堂的說明文如此講述此事，該說明文寫於十五世紀後期並譯成法語、德語、西班牙語；接二連三的教皇詔書和在此發生奇蹟的報導，也確證此聖祠是聖母住過的房子。利瑪竇在世時，這間樸素的房子已成為著名的聖祠，四面被亮眼的大理石圍屏包住，此圍屏係安德烈亞．桑索維諾（Andrea Sansovino）所設計，由教皇尤利烏斯二世和其後四位教皇出資。隨著聲名大噪，此聖祠有所改變：為防止信徒的蠟燭引發火災，將漆成藍色且飾有繁星點點的木頭天花板拿掉，古老的雪松材質聖母子雕像裹上珍貴織物以防雕像腐壞，桑索維諾的大理石圍屏則被包在一座宏偉的教堂裡，教堂的正立面由布拉曼帖（Bramante）完成於一五七一年。利瑪竇在華期間，這座聖祠大概會一再浮現於他的腦海，因為羅耀拉對做第二週修煉者所下達的以下指示具有第一週所未有的豐富內容和意涵：默想過耶穌基督透過童貞女瑪利亞取得肉身降世一事之後，應該特別花工夫「去看看位於加利利省拿撒勒城裡聖母的房子和房間」。[2]

十六世紀後期加諸這座原本樸素之聖祠的富麗堂皇，未損及其濃烈的莊嚴氣息，至少據蒙田的說法是如此。蒙田一五八一年四月參觀了此教堂，在該聖祠留下一塊完全用銀精工打造的還願牌，牌上刻畫了他和妻女三人膜拜聖母的情景。蒙田說此教堂「漂亮且巨大」，布拉曼帖所增建於其外的建築是「人們所可能見過做工最精緻、最賞心悅目的大理石建築」，然後把他最高的讚美留給這間簡陋的小房子：「這裡沒有裝飾，沒有長椅或跪墊，牆上沒有畫或掛毯；因為這座建築本身就是放置聖徒遺物的聖盒。」他還說：「在那裡所切實體會到的宗教氣氛，比我所見過的其他任何地方都要多。」[3]同一時期來過此教堂的其他人，回鄉之後許久，仍記得洛雷托聖母堂作連禱時令人難忘的背景音樂，而介紹洛雷托和聖母在該地之治病神蹟的出版品非常興旺，一五七〇年代時馬切拉塔已是這方面的出版業中心。[4]

從羅馬去洛雷托朝拜，途中必經馬切拉塔，利瑪竇大概很小的時候就知道這座聖祠和該聖祠使此地區成為聖母朝拜中心一事。事實上，在馬切拉塔，誠如該鎮所有鎮民所知，就在利瑪竇出生的四年前，女鎮民貝爾納迪娜·迪·博尼諾（Bernadina di Bonino）已見過聖母顯靈；在其求學期間，為紀念此事，一座宏偉的教堂正在興建，就蓋在此神蹟的發生地點上。數起官司延誤了施工進度，但馬切拉塔聖母堂還是在一五七三年建成，成為該鎮最引以為傲的紀念性建築之一，使已有二十座教堂的該鎮又多了一座值得稱許的教堂，堂中有繪製於中世紀的精美濕壁畫和繪畫。[5]親眼見到如此具體呈現的聖母威力，利瑪竇的信念會更加篤定，因為剛與柔畢具於聖母一身而且澤被所有人。從薩克森的魯道爾弗斯描述其對聖母澤被蒼生之威嚴的親身體驗，可約略感受到這份心情。這一描述會深深打動羅耀拉，並透過羅耀拉所留下的指示，打動他的追隨者。他的指示與聖母在有罪的凡人和她在天上的兒子之間扮演中保的角色有關：[6]

因為一如在春天時，太陽開始升上高高的天空，把賦予生機的明亮光線灑在大地，在冬天的寒霜中不得伸展的植物全都開始再度復甦；藏身於每個山洞、獸窩、鳥巢的禽獸，因為光明重返大地而開始甦醒，再度展現活力，以歌唱和愉悅的讚美表達牠們的喜悅；老人和青年為光明的到來而雀躍；整個地表被妝點得很美麗，到處在歌頌、歡喜——當賦予生命的聖母，最顯赫的天后，身披陽光到來，我們的心情亦是如此。她，一如太陽，進入我們的心裡，我們對她的記憶湧現於我們的腦海，我們的腦海一片明亮，毫無烏雲；因為所有無情全都不斷融化於此一光明的輝煌裡；凡是乾枯的都受到天恩的露水滋潤；黑暗遁逃；新光明出現，無盡的歡樂主旋律為我們問世。[7]

魯道爾弗斯的妙句，「所有無情全都不斷融化於此一光明的輝煌裡」，或許間接表明利瑪竇為何在聖母面前找到慰藉的另一個理由。身為家中十四個手足的長子，利瑪竇從身為貴族的母親喬凡娜．安傑萊利（Giovanna Angelelli）那兒不可能得到太多關愛，他在其所有信件裡只提到母親兩次，一次係請求她祈禱時勿忘了為他祈禱，一次係表達他對母親花了許多時間在教堂一事的滿意之情。[8]他與父親、兄弟姊妹的關係，如果根據他的信研判，似乎全都很淡漠，因為信中充斥著對家裡沒人寫信給他的埋怨。[9]只有寫到祖母拉莉亞（Laria）時，他才流露真摯的喜愛之情，而拉莉亞去世時，又是由當時住在西耶納的吉羅拉莫．科斯塔，而非由哪個親人，告知他此惡耗，此事似乎正說明他與家人關係的疏遠。得悉此惡耗後，利瑪竇於一五九二年寫道：「我總是無比傷感的想起小時候她對我的慈愛，想起我對她的深深虧欠，她多次像我的第二母親般養育我。」[10]

利瑪竇收到傳達此惡耗的科斯塔來信時，正因為嚴重腳傷無法下床。一五九二年夏，在韶州，數名中國青年於夜裡攻擊傳教士住所，利瑪竇跳窗逃走時扭傷了腳。利瑪竇痛苦躺在床上一事，讓人想起七十一年前羅耀拉在床上痛苦度過的長長幾個星期，只是他的傷較輕微。當時，法軍圍攻龐普洛納（Pamplona）城，羅耀拉遭一枚法軍彈丸打斷右腿。醫生在他的右腿摸找骨頭碎片，裝了一根金屬支架以防右腿自此萎縮，變得比左腿短，並重新打開傷口，以換掉穿出右膝蓋骨的一塊骨頭碎片，在這過程中，羅耀拉看到聖母和其兒子現身走向他，讓他從中得到勇氣。他說這一異象使他的心平靜下來，他的肉體從此不再困擾於欲念。[11]一五二一年九月下旬羅耀拉終於能下床時，先是抄錄了薩克森的魯道爾弗斯著作的精選段落，然後去見他的姊姊；一五九二年八月利瑪竇能再度站起來時，他連做了三次彌撒，全都是在追憶拉莉亞的心情下所作，然後開始針對那些攻擊傳教團的人，打一連串累死人且似乎沒完沒了的官司。這些活動，加上澳門醫生無法讓他完全復原，使他就此也要跛腳度過餘生。[12]後來，在北京，經過一天的久行或久站，腿上的疼痛再度折磨他時，我們幾乎可聽到利瑪竇低聲念著但丁在《神曲．地獄篇》裡用來介紹自己和自己之追求的詩句：

*Poi ch'ei posato un poco il corpo lasso,*
*Ripresi via per la piaggia diserta,*
*Si che 'l piè fermo sempre era 'l più basso.*

於是，讓我疲累的身體休息片刻後，

我繼續上路，爬上荒涼的山坡，
站得較穩的那隻腳始終比另一隻腳低。

這個譯文僅能譯出部分意思；因為但丁在此使用了亞里斯多德和教堂神父那種極能引起共鳴的言語，以說明精疲力盡的朝聖者，憑著思念貝雅特麗齊（Beatrice）所帶來的勇氣，跛著腳堅定不屈往上爬時，如何拖著左腳走。[13]

利瑪竇跛著腳向光明走去時——此處的跛著腳既指真的跛腳，也有象徵艱難慢行之意——不只有異象和回憶帶給他慰藉，也有真實存在的祈禱用東西一路上給他勇氣。我們可以猜測，蒙田那個把洛雷托當成聖盒的想法，在利瑪竇小時候去過此聖祠後，也存在於他的腦海裡；他十六歲求學時，從馬切拉塔搬到羅馬，那時他的確就真的在一個處處是聖徒遺物的城市裡住下。當時人相信，在羅馬一百二十七座教堂的諸多聖祠裡，可找到聖彼得和聖保羅的遺體、福音書作者聖路加的頭和聖塞巴斯蒂安的頭、亞利馬太的約瑟（Joseph of Arimathea）的手臂、印在威羅尼卡（Veronica）所一度據有之亞麻布上的基督臉。羅馬也存放著刺入基督身體側邊之長矛的矛尖、一塊真十字架的殘片、刺穿聖塞巴斯蒂安之箭的箭頭、基督和其使徒吃最後晚餐時所用的那張桌子、付給出賣耶穌者的那三十枚銀幣的其中一枚、捆住聖保羅的鎖鏈、基督提供給眾多飢餓者的那五條大麥麵包的局部、基督用以洗他的使徒之腳的那條毛巾、基督走上彼拉多的房子時所走過的樓梯、將基督釘在十字架上的那些釘子的其中一根、來自他冠冕的兩根荊棘。[14]

使某些地方成為聖地的特殊傳說，重要性與這些聖徒遺物不相上下。例如，聖母大殿（Santa Maria Maggiore）建在教皇利伯略（Liberius）在位時的某個降下八月雪的地點；羅馬人仍把此教堂稱作「雪地聖母堂」（Our Lady's Church of the Snow）。就是在這裡，在很久以前某次做禮拜期間，有個天使發聲回應聖額我略，因此，在利瑪竇的時代，唱詩班還是不回應「願主的平安始終與你們同在」這個祝願，冀望會有天使再度說出「而且與你們的靈同在」。瑪利亞在伯利恆生下基督時，先是將他放在棲身之處的牛欄裡，而這個棲身之處和牛欄，有一部分位在羅馬，受到細心保存。聖傑羅姆（St. Jerome）寫道：「對於曾有這個小嬰兒在其中啼哭過的這座牛欄，應以沉默表示敬意，而勿出以對它來說太鄙陋的言語。這個童貞少妻在這間陋屋裡生下了我們的主。」羅馬夫人寶拉（Paula）理解聖傑羅姆那個充滿敬意的誓言，在這個地點虔誠度過一生。耶誕節時這裡自然而然是信徒中意的過節地。[15]

不足為奇的，利瑪竇踏上繞過半個地球的旅途時，盡可能多的帶上這類聖徒遺物。我們知道他在中國時隨身帶著一個很小的十字架，以及某些聖徒的遺骨碎片和一盒來自耶路撒冷的土，這個小十字架以真十字架的殘塊製成；他把這些東西視為珍寶，放在他的個人行李裡，以免在宮廷裡受到褻瀆。傳教順利時，他把這些東西分送給因他入教者，其中某些人得意且公開昭告擁有這些東西。例如中國第一個聖母會的創辦人李路加（Luke Li），請人畫下自己家中的入教者，而畫中諸人脖子上都掛著小小聖盒，但看到這些聖盒的人當然不清楚裡面裝了什麼。[16]

這位李路加在北京創辦了一個中國天主教徒團體，其成員定期聚會，以向聖母致敬並獻身於善工。因此他聲稱自己是把「聖母會」帶進中國的第一人。這類團體背後的理念，在反宗教改革時期盛行於歐洲許多地方。由虔誠男女組成的小團體誓言獻身於崇高的精神服務事業，以強化他們可能已屬於的大組織或大機構的工作成果。他們誓言參加定期集會（通常是一週一次），誓言常常告解和團契，誓言探索他們的村鎮所亟需的社會服務、和解、慈善救濟的方式，藉由這些誓言，這些團體得以不致散掉。成員不必是修會成員，而十六世紀中期，從帕多瓦和那不勒斯的婦女，到佛羅倫斯的工匠，再到威尼斯、熱那亞、西耶納境內所有於醫院裡和針對窮人從事類似活動的社會團體，都有許多人是聖母會成員。有個團體甚至在努力讓失和夫妻重修舊好時，負擔與丈夫分居之女人的生活費用。[17]馬切拉塔第一個這樣的聖母會成立於一五五一年，即利瑪竇出生前一年，並在帕多瓦的聖安東尼教堂舉行會議，一五五一年該會成員遷移到更合適的洛雷托聖母堂之後，才不再於該處開會。[18]

利瑪竇是否是此團體一員，不得而知，但他肯定是羅馬聖母會的活躍會員。羅馬聖母會一五六三年由比利時耶穌會士暨神學家揚·勒尼斯（Jan Leunis）創立於羅馬耶穌會學院。

一五六九年時，即利瑪竇加入此會前不久，它已迅速壯大到分成兩部，一部的會員為十二至十七歲之間，有三十人左右，另一部的會員則是十八歲和十八歲以上，有七十人。隨著會員人數續增，又再細分，這一次分成二十一歲以上者、十四至二十一歲者、不滿十四歲者三個團體。[19]這些年輕耶穌會士團體大概會和許多平信徒團體一起工作，後者活躍於羅馬一如在其他地方。在利瑪竇求學於羅馬期間，發展有成的羅馬平信徒團體裡，有人探訪監獄，分發寢具和打地鋪用的草席，為囚犯安排好上訴或醫生看病，替囚犯還債，或給予死刑犯精神慰藉。如有窮人去世，由殯葬隊（Compania de Morte）給予他們像樣的葬禮，罪犯遭處決的話（限於自承是基督徒者），由慈悲隊（Compania de la Misericordia）將其葬於受過祝聖的地方，不讓他們掛在絞刑架上供渡鴉果腹。還有些團體為那些出身良好、這時一貧如洗、又不願低聲下氣乞討的人（Vergognosi）提供慰藉，另有些團體調解市民糾紛，或照料精神錯亂者或精神失常到可能傷害他人者。[20]

勒尼斯的特殊貢獻，在於讓耶穌會學生有了強固的內部團結，其用意在於把他們的學問融入為基督教奉獻的生活裡。赴海外傳教自然而然成為許多學生奉獻心力的重點，而值得注意的，勒尼斯本人很想去印度以東地方服務，但因他一頭痛就會眼睛看不見，他的上級命令他留在國內，他因此無法如願。有次去洛雷托聖母堂朝拜後，他不再頭痛，心懷感激的他自此開始與學生會面，致力於加深他們奉獻聖母之心。[21]如此統合耶穌會學院裡的諸多力量後，激勵這個團體盡心奉獻的那些理念，散播到西班牙和法國，再散播到葡萄牙和其海外領地。文獻裡常提到臥亞的聖母會，這些團體在該地積極協助滿足奴隸的需要，積極促使穆斯林改宗，積極致力於根除納妾的習俗，積極促使動輒爭吵的市民重修舊好——最後這項工作頗為費事，因為在某個半年期間，據記載發生了約一千五百件糾紛。[22]利瑪竇來到澳門時，也有類似團體正在該地成立，而或許因為他在羅馬或臥亞有參與過聖母會的活動，范禮安於一五八二年後期派他領導新成立的澳門耶穌會會眾，其用意在協助住在澳門且晚近入教的中國人、日本人強化精神生活：葡萄牙人不得成為其會員。[23]

一五八四年教皇額我略十三世頒布的教皇詔書，已授予羅馬聖母會特別的威望，稱它是「首要」的聖會，熱衷於組織工作的總會長阿夸維瓦進而於一五八七年為這些團體制訂了新規。[24]阿夸維瓦的作為之一，係加強對聖母會高級職員的規範，要他們每兩個星期作一次告解；他也具體規定每個週日開一場沒有外人出席的會（除非得到特許），下令一如以往不讓外人知悉聖母會的活動情況，每有新人要加入聖母會，都要經由當地會員選舉來決定，禁止女人入會，因為他認為女人「不易受教誨」。[25]

利瑪竇向李路加解釋了這些規定，然後李路加予以進一步的發揚，一六〇九年成立了北京聖母會，成立日，頗為適切的，就選在聖母誕辰。此事顯然令利瑪竇大為感動，他在其《中國札記》的親筆草稿末尾記述了此事，而根據此草稿的結構，這些字句可能是他得病去世之前的最後手跡。他記載了曾是利瑪竇友人李之藻之家臣的李路加，如何為其每月聚會布道、祈禱的小小聖母會制定規則，中國籍會員如何向北京教堂獻上花、蠟燭、焚香，如何在教堂裡調解糾紛、協助囚犯，如何把心力主要用在為死後無錢得到像樣葬禮的入教者，提供像樣的基督教葬禮。至一六〇九年耶誕節，此會成員已增至四十人。[26]於是，我們可以看出，從某個層面上說，這些活動係以利瑪竇在羅馬的經驗為基礎，大概局部遵行了阿夸維瓦的指導準則，但還是有新的變通。把心力用在提供像樣的葬禮一事，尤其可能打動自小受了儒家孝順長輩之思想薰陶的中國人，因為在這些中國人看來，替長輩辦個體面的葬禮是後輩的義務——徐光啟花了一百二十達克特為其父親買了一個棺木，李之藻則為利瑪竇的葬禮出了十五盎司的銀子。此外，光是有望得到如此體面葬禮這一點，就大概鼓舞較窮的中國人尋求受洗，以得到非其財力所能辦到的死後哀榮。[27]

羅馬學院的聖母會創立之初，就有傳言和指控說其會員在耶穌會學校裡成為菁英團體，而聖母會的確言明其宗旨在於找出最有前途的年輕子弟，以使他們較快出人頭地。聖母會內存在祕密次級團體一事坐實了這類傳言，因為隨著聖母會人數增加，往往有較小的團體私下聚會，追求自己的目標，或者——就阿布魯齊（Abruzzi）的一群年輕貴族子弟來說——強化虔誠之心。就後一例子來說，總會長阿夸維瓦不只允許這個次級團體繼續集會，而且鼓勵在羅馬成立類似團體。[28]有過這些共同經歷者，把他們由此產生的深厚情誼帶到中國，強化了由共同的希望和危險所催生出的交情。利瑪竇寫到石方西（Francesco de Petris）時，就清楚表露這點。石方西是比利瑪竇年輕十歲的耶穌會神父，與利瑪竇一同在韶州傳教，直至一五九三年十一月去世。石方西進入羅馬學院時年紀特別小，因此，利瑪竇一五七七年離開羅馬之前，兩人可能就認識；後來利瑪竇寫道，石方西「在任何人面前都藏不住其對聖母的虔誠奉獻之心」，這個年輕神父在韶州告訴中國籍見習修士，他當初加入耶穌會，係因為在一次異象中聖母敦促他這麼做。利瑪竇還說，石方西是羅馬聖母會的忠貞會員，臨死時還高聲唱歌讚美聖母。作完最後的告解後，石方西從床上起來，抱住利瑪竇脖子。利瑪竇輕輕把他推開，想讓石方西放心他會好起來，兩人依舊緊挨著，眼中滿是淚水，說不出話。這是利瑪竇筆下最真情流露的一段。[29]

總會長阿夸維瓦本人深深著迷於聖母崇拜，而耶穌會創辦人羅耀拉具有同樣的特質。羅耀拉寫道，耶穌會章程有一部分係在聖母顯靈協助下寫出，據此，《神操》有一部分係由聖母「口授」寫成之說廣為流傳開來。[30]據耶穌會某鑽研靈性的大學者所述，以聖母為對象作冥想，對這些修煉來說「既不扞格，也是根本要求」，而羅耀拉獲授予聖職後，為了「做好自身準備並乞求聖母把他放在她兒子身邊」，等了整整一年才首度做彌撒一事，使上述說法更加受到看重。一五三八年羅耀拉終於做他的第一次彌撒時，係在羅馬的聖母大殿，日期為耶誕節。[31]總會長阿夸維瓦在一五八六年五月十九日寫給耶穌會士的信中，強化了以聖母為耶穌會中心這個根本思想。利瑪竇大概在幾年後，遭赶出肇慶前不久，看了此信。此信直接針對中國傳教團的方方面面而發，因為阿夸維瓦寫此信以告知傳教士教皇西斯篤五世已同意舉辦禧年慶典，以慶祝「明亮的信仰曙光普照（中國）這個遼闊帝國」；可以想像利瑪竇於肇慶跪在祭壇前時，阿夸維瓦這個豪言壯語對他的影響。該祭壇上擺了一幅畫，畫中披著蒙頭斗篷的聖母牽著聖子基督之手（他左手則緊握著聖經）。這幅畫係聖母大殿那幅畫的複製品，利瑪竇把它帶進中國，先是展示於他租的小房子，然後展示於他所建來作教堂之用的較大房間裡。[32]阿夸維瓦在其信寫道：

> 瑪利亞是創造萬物者的母親，因此聖達瑪森（St. Damascene）以天地的主和后這個封號崇敬她，實是非常適切。我希望，無論何時，無論在何種事物裡——不管是在我們個人的需求裡，或在整個社會的需求裡——我們都以特別的尊崇和堅定不移的信心尋求萬福瑪利亞的保護和加持；因為她是所有被勞動負擔重壓之人或靈魂苦惱之人的庇護所。事實上，當我思索諸聖徒對我們的萬福聖母的誠摯奉獻和他們透過對她永遠不減且熱切的愛所達到的神聖境界，我不由得希望我們所有人都以虔誠之心抱持對上帝之母的崇敬。我未忘記我們的聖父把他對社會前途的所有希望寄託在瑪利亞的保護上，因此我懇請你們祈求，透過她的代為祈禱，她的榮耀和她的人格會每日更加與我們親近。上帝的

童貞母被教養成特別高貴，必然讓我們心生愛和讚賞。如果我們想起她賜禮給我們時的慷慨，我們會知道我們的感激絕對及不上她對我們的好；如果我們反省自己的貧困和無助，我們必不由得要請她以最強大的加持幫助我們。

如此奉獻所會得到的回報再清楚不過，他最後說道：「只要我們展現對她的忠心不貳，她會信任我們，會親自保護我們。」[33]

對於聖母在耶穌會裡所扮演的角色，利瑪竇不需要他人提醒。從里斯本出航之後許久，他在莫三比克上岸，待了短短幾天，而在那裡他已見到她以守衛葡萄牙人聖塞巴斯蒂安要塞的「堡壘聖母」（Our Lady of the Bulwark）的形象現身；他見過阿克巴的使節在臥亞的耶穌會教堂裡脫鞋匍伏在聖母像前；他注意到澳門最好的教堂是供奉聖母的教堂。[34]在中國，她的影響力已大到取代威嚴的三位一體在中國老百姓心目中的位置。

或許這有一部分得歸因於在中國以特別寫實的手法呈現聖母形象之美——這一寫實風格使肇慶居民向她叩頭，使知府王泮要求將一幅聖母像送到他位於紹興的年邁父親手中——但中國人慢慢開始相信基督教的神是女人。[35]她的形象和來自中國自身歷史的其他仁慈神祇的形象融合為一，而畫中她的長袍以寫實手法呈現一事，使某些中國學者難以看出她形體的無異於常人。誠如與利瑪竇同時代的學者謝肇淛，在其講述觀察心得和往事的著作裡所說的，

「其天主像乃一女身，形狀甚異，若古所稱人首龍身者」。[36]眼看誤解漸生，利瑪竇立即考慮以成人基督的形象取代作為主要形象的聖母子像。他指出，中國人不由得「有點困惑」（un poco confusi），因為他們到處看到聖母像，與此同時耶穌會士卻教他們只存在一神；事實上他們所翻譯的十誡，一開頭就清楚無誤闡明此一神觀。耶穌會士覺得還沒有準備好該如何向中國人解釋基督透過童貞女瑪利亞取得肉身成人之謎，因此困惑難免，而把聖母像移離顯位未終止上述謠言。十六世紀末，基督教天主是個懷抱嬰兒之女子一說，在南京已是行之有年的認知，後來中國作家繼續在其付梓的著作裡傳播此說。[37]

或許利瑪竇其實未盡其所能去打消這些謠言，因為，在傳教士開始教這則基督教故事的完整要義之前，聖母像所產生的作用，對他們的傳教工作助益極大。一五八五年十月，利瑪竇寫信給阿夸維瓦，請他再送來一些「可掛在脖子上」的小鐘，還有一些宗教畫，但未要求送來「呈現基督受難之細節的畫，他們還不懂基督受難一事」。[38]一五八六年後的某個時候，利瑪竇收到一幅出色的油畫，係在菲律賓服務的某神父所贈。此畫繪於西班牙，呈現聖母、基督和施洗者約翰，先後在南昌、北京展示，影響甚大。利瑪竇快走到人生盡頭時，其他耶穌會士在韶州城外某鄉間別墅的後房，一堆約五十幅畫卷裡，找到一幅此畫的複製品，大為驚訝。畫的主人不知裡面畫的是什麼，但耶穌會士推斷係在該畫原作從澳門走陸路運送時，一名得以看到該畫的當地畫師私下仿畫。[39]這正是利瑪竇所通常樂見其成的那種非正式的宗教資料傳播方式。

一五九九年後期，另一幅羅馬聖母大殿聖母畫的複製品經由澳門送到利瑪竇手上，這一次是與原畫同尺寸的彩色複製畫，而非印刷品。太監馬堂初次看到這幅複製畫和上述油畫時大為讚許，向利瑪竇保證聖母像必「會在皇宮裡有其一席之地」。馬堂說到做到，一六〇一年終於獻給萬曆皇帝的禮品裡，列了兩幅大型聖母畫——一幅採「古風格」，另一幅採「新風格」，而它們很有可能就是上述那兩幅。據向利瑪竇報告情況的太監所述，皇帝「目瞪口呆」，相信這肯定是「活菩薩」，但不悅於這兩幅畫的寫實，把它們送給母后。母后是虔誠佛教徒，也被它們弄得不自在，最終這兩幅畫落腳於宮中庫房裡。[40]

聖母子畫大體上受到中國人誠摯的接納，相較之下，對受釘刑之基督的態度，則有天壤之別，前一年利瑪竇就親身見識到這樣的反差。有尊耶穌受難像，利瑪竇放在私人行李裡隨行，雕像想必不大，但以十六世紀後期的風格生動寫實呈現受難的情景，旨在讓對著它默想的人有親臨其境之感，符合羅耀拉要人把自己置身於基督受難現場的指示。利瑪竇說此像「美麗，以木頭雕成，上面塗了血色顏料，因而栩栩如生」。但找到此像的太監——正是對聖母畫大為讚賞的那個馬堂——懷疑那是巫術法器，大喊「你造這個壞東西要來殺我們的王；行此術的人不可能是好東西」。[41]馬堂叫來士兵，要他們搜查利瑪竇和其同伴的行李，以進一步查明他們的不良居心，利瑪竇等人還被威脅不聽話就毒打。誠如利瑪竇所老實記載的，主要癥結在於這個太監「真的認為它是邪物」，面對敵意鮮明的一群人，利瑪竇覺得難以好好解釋基督受釘刑的意涵。誠如他後來所寫道（一如他常有的做法，以第三人稱表述此事）：「一方面他不想說那是我們的上帝，置身於這些無知之人之間，他覺得這不好辦，而另一方面，在眼下這樣的情況下，他不想談這些玄之又玄的事……因為他看出所有人都與他反目，為在他們看來他對待那個男子（即基督）的殘酷，滿是厭惡之情。」最終他還是解釋了一番，但結果利瑪竇和他的解說對象都不滿意；他告訴他們：「他們不會懂得這是怎麼一回事；此人是來自我們那邊想要為我們在十字架上受此苦的著名聖徒；因此我們畫他的像，雕塑他的像，以便我們時時看到他，以向他表達對他的偉大善行的感謝之意。」誠如某中國友人向利瑪竇說的，「如此呈現人不好」；還有一人建議耶穌會士「把他們所攜帶的其他耶穌受難像全都碾碎，如此一來就不會記得他」。[42]

眼見中國人無法理解，儘管難以好好說明基督透過童貞女瑪利亞降世一事，較明智的做法還是繼續把聖母子擺在形象呈現的首位，不過基督受難像仍以幾種方式繼續流通，或化為戴在信徒脖子上的小銅牌，或化為可應要求送給入教者的小版畫，或把它擺在用來裝飾教堂屋頂的素淨十字架上，乃至只是單純展示念珠來證明虔誠奉獻之心。在其他時候，則完全不讓基督像曝光。[43]因此，利瑪竇繼續複製聖母像，有些呈現在紙上，有些刻在石頭上，而且繼續請他所能找到且畫藝堪此重任的耶穌會畫家替他畫新的聖母像，精美的聖母像隨之慢慢增多，它們所發揮的作用也慢慢增強。一六〇二年，神父郭居靜結束病假從澳門回來時，帶來另一幅聖母子像，畫中聖母子位在由鍍金屋簷和柱子構成的美麗背景裡。徐光啟看過此畫，深受觸動，此畫係促使他入教的催化劑。南部的耶穌會神父開始於講道時隨身帶著小幅聖母畫，會把祭壇布鋪在一張小桌上，把聖母畫像擺在桌上，兩邊擺蠟燭和香。慢慢的，入教的中國人開始自行印製聖母像，把聖母像印在色紙上，新年和其他宗教場合或民俗節慶時掛在房門外。其他人則開始在驅邪時搬出聖母之名。[44]

由於這些畫像的存在，還有福音書裡關於瑪利亞的故事流傳開來，中國人開始夢見聖母。至少，有個生病的入教者夢見瑪利亞一身白袍，抱著嬰兒，站在他床邊，建議他發汗退燒，他照做，果然痊癒。[45]有個掌管大運河漕運的官員之妻，夢見一女子和兩個很小的孩子，後來——從已和利瑪竇見過面的丈夫那兒聽了聖母畫的事——她意會到夢中所見是聖母、基督、施洗者約翰。她請求利瑪竇允許她找中國畫家複製此畫，利瑪竇擔心畫得不夠忠實，要一位畫藝出色的耶穌會修士替她畫。[46]

還有一樁更為曲折離奇。有個中國孩子病重，夢見一個女人，懷裡抱著一個嬰兒，向他走來，叫他的名字，說會保護他。這小孩康復，把此夢告訴父母，他的父母於是去找七年前為他們兒子施洗的神父若昂·索埃羅（João Soero）致謝。在耶穌會禮拜堂裡，這個小孩看到波隆納聖路加聖母堂的聖母畫像，認出畫中女人就是說會保護他的人。但此時神父索埃羅神情尷尬，解釋說他當初懷疑這對父母的誠意，並未施洗這個小孩，而只對小孩灑了聖水。但此刻，確信他們的誠意和上天的認可，他照規矩施洗了這個男孩。[47]

耶穌會士散播自己版本的聖像時，也慢慢開始透過幾種宗教勸說方式，來擊退其宗教對手所用的偶像，有時走火入魔，祭出公開打破偶像的手段。利瑪竇竭力阻止這種較粗魯的搗壞偶像做法——有些過度狂熱的入教者在韶州附近「打掉（寺廟神像的）手或腳或他們所能打掉的部位」，有人偷走寺廟裡的神像以便燒掉或埋掉——因為這類行徑必然激起當地人強烈反感。[48]但他在筆下頻頻稱讚神父在新入教的中國人全力配合下執行的其他清除偶像的舉動：稱讚一位商人把他要賣的幾尊共值四十達克特的他教銅像交給利瑪竇，以便利瑪竇將其熔掉；或稱讚另一位入教的中國人在其北京自宅的院子裡蓋了爐子，以便熔掉其他人不敢傷害的神像；或稱讚一位七十八歲的老漢，不顧其兒子反對，找耶穌會士燒掉他的佛像（因為他的家人不讓他親自燒掉）。[49]偶爾，如果塑像巨大，利瑪竇即把它們當成他所謂的「戰利品」送到澳門，但現地搗毀更加普見，而且擴及畫在木頭上、紙上的神像和印出的白紙黑字。有個年輕畫家專精於畫神像，但燒掉他所收藏的所有神像畫。瞿汝夔入教時，帶來三箱他的鍊金書、宗教書、他所擁有的印版、一些手寫原稿以便燒掉，只留下一些具有「特別精妙之處」的原稿。他和耶穌會士共同研究這些留下的原稿，以更清楚知道如何駁斥這些論點。在朝鮮戰場與豐臣秀吉交過手的武官李應時，燒掉他多年來花了不少錢收藏的占卜術手稿。[50]

瞿汝夔和李應時都留下他們受洗時用心寫下的信仰告白。瞿汝夔的信仰告白，虔信聖母之情尤其濃烈。在此文中，他主要表達其對自己曾花了那麼多錢和心力宣揚佛教的懊悔之意，文末則以發自肺腑之情表達一個新加入反宗教改革陣營的中國人，對聖母的虔信之心：

至於那些基督教信條，我雖無法理解每個微言大義，我全心服從它們，相信其中的所有道理。我祈求聖靈（Spirito Sancto，瞿汝夔以漢語將此詞音譯為「Sanbilido Sando」）使我更清楚認識它們。我要開始有新的信仰，我的心猶如一顆脆弱且柔軟的玉米穗。因此，我乞求天主之母屈尊賜予我精神勇氣和力量，代我向上帝祈求，我的決心依舊強固且堅定，從不動搖，為我打開我靈魂的所有潛力，使我的靈純淨清明。如此一來，我心一片光明，堅守真理和理智，我會開口說出聖語，將它傳播於全中國，以使所有人認識上帝的聖法，使他們都順服於它。[51]

瞿汝夔以依納爵為其教名，以利瑪竇為其十四歲兒子的教名，由此可見他和利瑪竇交情的非比尋常。[52]

耶穌會士和因他們入教者不可避免把許多——說不定大半——心力用於抨擊中國佛教，

因為佛教聲稱其符合良善風俗且博施濟眾，係他們的主要對手。佛教慈善組織投身於改善窮人處境，為此，往往捐建老人醫院和收容所，時局動亂時發放食物或低利貸款，蓋澡堂，植樹，修橋；利瑪竇住在北京時，有機構發放食物和藥給窮人，為死時一貧如洗者提供棺木。李路加在創立其聖母會之前是數個佛教慈善組織的成員和至少其中一家的會長。[53]因此，皈依基督教的中國人燒掉觀音像和其他神像，而且說不定特別急於燒掉觀音像，因為就連基督教傳教士初見觀音像，都誤以為那是聖母瑪利亞像。[54]

為了駁斥那些一心吃齋過活的佛教徒，利瑪竇花了不少時間，儘管他——一如他之前的沙勿略——坦承這些人往往是得道高僧，造就出最虔誠的佛教徒弟子，其中許多高僧特別精於道德論證。[55]從某個角度看，利瑪竇和他們差不多，因為在基督教齋戒日他恪守只吃蔬菜和麵包或米飯的佛教飲食方式，在這些時候不碰魚、肉、蛋或奶製品，「遵守中國多神教徒的齋戒模式」。但他完全無法接受佛教針對為何必須禁食肉製品所提出的解釋——例如眾生一體，或靈魂轉世說。利瑪竇欲讓佛教徒相信，只有為了悔罪而吃齋，為了提醒自己的罪過，為了使自己時時警醒肉身的脆弱，吃齋才說得通。為了保住一物而戒食該物，本身就荒謬不通：「西虜懼食豕，而一國無豕。天下而皆西虜，則豕之種類滅矣。故愛之而反以害之。」利瑪竇問，用這方法來保護一物種，行得通嗎？[56]利瑪竇稍稍拐彎抹角，透過他所選用的漢語名利瑪竇裡的第三個漢字，就目的和方法提出類似的立論。「利」字是意指獲利或收穫的常用字，「瑪」字象徵騎馬的國王，而與這兩個字不同的，利瑪竇係從《三字經》找到「竇」字。《三字經》是中國孩童開始學習自己語言時要熟記的基本讀物，大概也是利瑪竇所讀的第一本中文書。據這本古老的中文教科書，竇燕山是好深思的學者，把自家孩子教得非常成材，因為「有義方」，係中國傳統所能提供的有德行且兢兢業業之人的最佳典範之一。[57]

根據利瑪竇的信可知，早在一五八五年，利瑪竇就判定中國的下層人民往往是把飲食習慣和轉世信仰聯繫在一塊的「畢達哥拉斯學派的信奉者」，而且始終如此描述他們。利瑪竇相信六道輪迴說盛行一事，說明了為何在中國殺嬰頻傳，因為窮人殺掉自家嬰兒時，抱著嬰兒死後會很快投胎於較富裕人家的希望。這份信念使他認定，出於道德考量，批評六道輪迴說，更加刻不容緩。他在其《天主實義》裡用畢達哥拉斯的學說闡述輪迴說的源起（甚至以漢語音譯這位西哲之名——譯為「閉他臥剌」——以讓中國讀者更容易記住他），說在歐洲風俗人心特別敗壞的時期，畢達哥拉斯創立了人變為數種動物的靈魂轉世說，以教諭世人。這個誤導人心的學說從歐洲傳到印度，中國人再從印度引進國內。[58]利瑪竇主張，此說之所以荒謬，出於數個理由：它否認了人是萬物之主和「天主生萬物以為人用」，以及人作為某些特質之榜樣一事；如果乖乖照六道輪迴說行事，婚姻會變得不可能，因為人不可能知道自己所嫁娶的對象會不會是自己已故的祖先，乃至如果父母已逝的話，會不會是自己的父母；

此說會毀掉家中主僕結構，因為人所恣意使喚的男僕或女僕也可能曾是自己的親人或父母；將無牲畜可用於農業，也不會有役畜，因為這些牲畜說不定是自己父母所投胎；如果真有轉世投胎之事，我們每個人都會承繼了些許前世的記憶，而事實顯然不是如此。[59]在一六〇八年出版的《畸人十篇》中，利瑪竇闡述這些看法，以好似利瑪竇在已齋戒後和入教者李之藻對話的形式，表述他的思想。在此，他為基督教的悔罪觀擬了更有力的辯護，據此能證明在某些時候吃齋正當合理，同時又重申其對佛教所據以支持吃齋之前提的反對之意。[60]

中國學者虞淳熙花了番心思透過書信回應利瑪竇的觀點，問他為何未花工夫好好讀過佛經就詆毀佛教，為何他自覺有權利譴責已受佛教影響的歷代傑出儒士；他指出，利瑪竇已出版的著作顯示，佛教和基督教在其他道德領域有不少相通之處。虞淳熙送給利瑪竇一份佛教基本典籍書單，認為那會使利瑪竇有更清楚的認識。利瑪竇寫了長文回覆，解釋他傳教的性質、他為了傳教而運用西方科學、他相信佛教違反了十誡的第一誡、他覺得佛教已在中國傳揚了兩千年，卻未提升中國人的道德水平。[61]利瑪竇很得意的寫了這封信，一六〇八年八月二十二日寫信告訴總會長阿夸維瓦，他已回應了虞淳熙，而「我如此回應之後，我認為他不會再以那種方式回應我，我們打算把這兩封信都付梓，因為如此一來，我們會能解釋我們所信之教的許多層面」。利瑪竇還說，另有些學者想趁三年一次的進士考試散發某些出版品來宣揚他們對利瑪竇的批評，對此，主考官插手，代利瑪竇審查這些著作，「更改某些字，使原本針對我們的批評全都變成針對其他宗教的偶像」。[62]

利瑪竇以為他已用其有力的論點和尖銳的反駁使虞淳熙自此噤聲，但事實不然，因為我們知道虞淳熙把他的原信和利瑪竇的回信都送去給虞淳熙的前恩師袾宏過目。袾宏是晚明佛教高僧之一，主持杭州附近的雲棲寺，在整飭僧團清規和提振在家居士修行運動上貢獻甚大。他覺得利瑪竇的回信無甚高論，告訴虞淳熙，利瑪竇的說法不值一駁，因為立論太淺薄。至於利瑪竇此信的文筆遠優於他已出版的著作，那是因為此信大概請中國學者為他捉刀。數年後，袾宏闡述其對利瑪竇的批評：禁殺生是世間至理，不容置疑，但利瑪竇口中惡待父母之事，係把真實情況和可能發生之事混為一談。這兩個領域之間有根本上的差異：

> 夫男女之嫁娶，以至車馬僮僕，皆人世之常法，非殺生之慘毒比也。故經止云一切有命者不得殺，未嘗云一切有命者不得嫁娶、不得使令也。如斯設難，是謂騁小巧之迂談，而欲破大道之明訓也，胡可得也？[63]

利瑪竇大概未看過袾宏的原信，因為更完整的批評文刊出時，他已去世，但他很清楚針對他發出的另一套詳細的批評，批評者是黃輝。黃輝是望重士林的翰林院學者，也是虔誠佛教徒，不知用什麼方法拿到利瑪竇《天主實義》的草稿，在其上寫下密密麻麻的眉批，拿給他的朋友傳閱。有人拿了一份抄本給利瑪竇看，但利瑪竇決意不直接回應黃輝，因為無意「挑起官位如此高且在朝中有權有勢者更深的敵意」。[64]

利瑪竇留下一份頗詳細的記述，說明他如何處理這類爭辯。他說一五九九年初在南京一場晚宴上，他與著名高僧三淮就宗教有過一場辯論。在場其他賓客傾聽，偶爾插嘴，而利瑪竇和三淮和尚就創世的意義和人心在此過程中的角色各抒己見。辯論非常激烈，許多時候兩人對吼，辯得面紅耳赤。三淮主張心有十足的創造力，利瑪竇則分析心在碰到超自然事物時的儲存能力和反映能力作為反駁。他告訴三淮，畢竟鏡子反射陽光，但未創造太陽。隨著更多菜餚上桌，在場所有賓客都加入對話，話題則是人性固有的善；在這點上，為回應佛僧模稜兩可的立場和其他賓客雜亂無章的論點，利瑪竇在對話過了一小時後，發揮其記憶力，概述了至當時為止眾人所發出的所有論點。然後他利用其原罪觀和神恩觀，提出其對上帝固有之善的詮釋，說此善自然而然滲入上帝的本性裡，一如光亮是太陽所固有之性；他欲利用推理能力讓三淮知道，萬物的創造者不可能與人屬同一物，但三淮依舊不信。後來利瑪竇寫道，他原本無意涉入這種辯論，已推辭多次。但最終這樣的辯論很有用，他們辯論的內容構成他《天主實義》修訂版的一部分。事實上，在該著作中，我們仍可見到此對話的痕跡：第一章談上帝存在的理由，第二章談固有的現象，第七章談本有的善。[65]

就在與三淮辯論前不久，利瑪竇遇到一個遠更難對付的人，極為聰穎但性情暴躁的李贄。那時已七十二歲的李贄，未等利瑪竇上門就親自登門拜訪，為利瑪竇寫了兩首詩，看似接受利瑪竇對佛教的許多批評（在辯論中李贄於利瑪竇提出這些批評時不置一詞，因而讓利瑪竇有此感想），甚為喜愛利瑪竇的《交友論》，把該書分送給他省的友人，這種種作為使利瑪竇受寵若驚。[66]在寫給友人的信中，李贄寫到利瑪竇來華之前就已在印度對佛教有所了解，爾後在肇慶潛心研讀儒家典籍，在當地學者協助下持續鑽研經典著作。李贄還說：

> 今盡能言我此間之言，作此間之文字，行此間之儀禮，是一極標致人也。中極玲瓏，外極樸實，數十人群聚喧雜、讎對各得，傍不得以其間鬥之使亂。我所見人未有其比，非過亢則過諂，非露聰明則太悶悶瞶瞶者，皆讓之矣。[67]

利瑪竇在其《中國札記》裡承認，他偶爾不得不扯開嗓門以壓倒對方（與三淮辯論就是一例），因此，李贄對利瑪竇的自我克制可能有點言過其實；但無論如何，利瑪竇投桃報李，指出李贄——當時其他許多人眼中言行怪誕、固執己見且粗魯不文之人——在為了替耶穌會士爭取到北京居住許可而必須從事那種談判時，作風「謹慎且老練」。一六〇〇年春兩人於山東濟寧再度碰面，當下情景想必激動且溫馨。利瑪竇寫道，李贄和其友人「一整天待他極親切，讓這位神父覺得自己並非置身世上最偏遠之地，與異教徒為伍，而是置身歐洲，與最友善、最虔誠的基督徒為伍」。[68]

李贄把利瑪竇介紹給數個北京友人認識，這些人，加上利瑪竇已在南昌、南京等地結識的友人，使他在終於定居於京城時，能和當時一部分最能予人啟發且最有才華的知識分子交遊，其中某些人景仰他，某些人則尖銳批評他。[69]一六〇五年利瑪竇仍希望使李贄入教，或至少希望使他所認為他在北京所察覺到的當地人對基督教的興趣更為濃厚，就在這時，他收到驚人噩耗，李贄遭與其為敵的當地學者詆毀、入獄後，已在獄中割喉自盡。利瑪竇在真情流露的訃文中寫道，「他以刀割喉」：

因為有個官員寫了份奏摺痛斥李贄和其著作，國王要該官員查扣並燒毀李贄的所有著作。李贄眼見自己被捕，遭其敵人嘲弄，不想死在朝廷手裡，或者——更令他（利瑪竇）動容的——想讓他的弟子、敵人、全天下人知道他不怕死，於是以此方式自殺，藉此使其敵人的陰謀無法得逞。[70]

利瑪竇這段話間接表示他已讀過李贄談死的文章，或至少和李贄討論過這些文章。誠如李贄在〈五死篇〉裡所言，為崇高的目標而死是「天下第一等好死，其次臨陣而死，其次不屈而死……又其次則為盡忠被讒而死……又其次則為功成名遂而死」：

> 故智者欲審處死，不可不選擇於五者之間也。縱有優劣，均為善死。若夫臥病房榻之間，徘徊妻孥之側，滔滔者天下皆是也……豈丈夫之所甘死乎？……丈夫之生，原非無故而生，則其死也又豈容無故而死乎？其生有由，則其死也必有所為……第余老矣，欲如以前五者，又不可得矣……然則將何以死乎？……既無知己可死，吾將死於不知己者以洩怒也。[71]

利瑪竇再怎麼喜歡李贄，現實利害使利瑪竇在他死後不得不與那些批評李贄敗壞風俗人心的人站在同一邊，尤其是那些在反佛的框架下發出批評的人。於是，在《中國札記》中，他以如此令人感動之語寫了李贄後，隔了約六十頁，他也語帶肯定的引用了禮部尚書馮琦對李贄和所有欲綜合儒釋義理的人所發出的有力批判。[72]

禮部尚書馮琦支持官方審查新書出版，欲查禁學生文章中不符傳統儒家思想詮釋的思想，裁定凡是在文章裡引用佛教經文的學生，其官方津貼一律暫停發放一個月，以上述作為聞名於明朝學界。[73]這樣一個抱持此種正統觀且官居此部尚書之職的人，的確不可能真的對基督教感興趣，甚至不可能考慮皈依之事，但在《畸人十篇》裡，利瑪竇卻寫道，馮琦「大有志於天主正道」，但「大志將遂，忽感疾而卒」。馮琦其實死於一六〇三年，即利瑪竇寫下上述文字的五年前。但使這段文字更令人起疑者，係此對話的整段開頭，即《畸人十篇》

中利瑪竇說是出自馮琦之口的那段開頭，先前已出現在別處，即出現在一五九三年開始撰寫、一六〇三年出版的《天主實義》裡。[74]在《天主實義》裡，利瑪竇說這段重要話語出自一位「中士」，在《畸人十篇》中則說出自馮琦之口。而這位與利瑪竇對話者，在此段中先是談到禽獸，談到牠們成長甚速，比人更能「自適」，能忻然養活自己和自衛。他拿這點和令人沮喪的人類遭遇相對比：

> 人之生也，母嘗痛苦；出胎赤身，開口先哭，似已自知生世之難。初生而弱，步不能移。三春之後，方免懷抱。壯則各有所役，無不苦勞：農夫四時反土於畎畝，客旅經年徧渡於山海，百工無時不勤動手足，士人晝夜劇神殫思焉，所謂「君子勞心，小人勞力」者也。
>
> 五旬之壽，五旬之苦。至如一身疾病，何啻百端？嘗觀醫家之書，一目之病，三百餘名，況罄此全體，又可勝計乎？其治病之藥，大都苦口。即宇宙之間，不拘大小蟲畜，肆其毒具，往為人害，如相盟詛；不過一寸之蟲，足殘七尺之軀。[75]

這一絕望的吶喊，在《天主實義》中由一位不知名姓的中國學者道出，已令人感觸良多，當此吶喊被說成出自馮琦這位激烈排佛者之口，感觸更是倍增。因為利瑪竇說，如果他一生所學的儒家義理只讓他對人世如此悲觀，那麼，除了基督教，沒有東西幫得了他，除了透澈體悟人生在世的短暫和信教者有機會在來世過上永遠歡喜的日子，他無法脫離此苦海。

為使此道理廣為人知，技巧、訓練、記憶所能提供的各種辦法，都要用上：稜鏡、鐘、畫、歐幾里德學說、小冊子、晚餐、教會神父、古希臘羅馬哲學家，全都在天主之母的高明指導下派上用場。難怪利瑪竇有時向中國人誇說他生於洛雷托附近，離聖母所住過且基督透過童貞女瑪利亞取得肉身的那間房子不遠；說他在聖母的指導下工作且會在她的指導下使他們走出絕望。因為如果瑪利亞如魯道爾弗斯所說是花園和太陽，是噴泉和大地，她也是塔樓，是基督所走入的那座城堡，而流經那座城堡的水是世人之淚的泉源。[76]

要如何才能體會這些玄妙的道理？據某些人的解釋，隱居於修院的僧侶可自認象徵聖母子宮中的基督，但利瑪竇未隱居修行，而是日日奔波，一有機會能冥想，就緊抓住。[77]但在利瑪竇所誓言投入的永不停休的出世服務裡，存在著某種答案。為了造福其所創修會裡的所有成員，羅耀拉似已憑藉深入幽微的洞察力，看到服務的某個層面並予以善加利用。在《神操》第二週頭一天，在修煉者已徹底思索過基督道成肉身一事後，羅耀拉帶領修煉者展開第二次的冥想，冥想基督誕生一事。他寫道：

> 第一序幕，冥想這個玄妙之事的來龍去脈。在此階段，會冥想到已懷胎約九月的聖

母，如虔信者所認為的，騎著驢子，從拿撒勒動身出發。約瑟和一名女僕陪著她，女僕牽著一頭牛。他們要去伯利恆，以繳交凱撒在那些地方所強徵的貢稅。

第二序幕，在腦海裡呈現此地。在此階段，會憑想像在腦海裡看到從拿撒勒至伯利恆之路。思考其長度、其寬度；是否平坦，或是否穿過山谷，翻過山丘。也觀察基督出生的此地或那個洞穴；大還是小，高還是低，內部布局如何……

第一點，會看到這些人，也就是聖母、聖約瑟、女僕、已出生的嬰兒耶穌。我會讓自己成為一個可憐卑微無用的奴隸，並且好似身歷其境般看著他們，思索他們，以最高的敬意和尊崇滿足他們的需要。[78]

這個女僕，在羅耀拉的想像情景裡，始終於聖母出門在外時、分娩時、生下兒子後，隨侍在側，但四福音書未提到她。在數部偽福音書裡，往往有幾名親人或兩名跟班（一男一女），但讓聖母身邊只有這個女僕，似乎係羅耀拉的想法。[79] 一五七〇年代，幾名耶穌會士反對將這個女僕擺在聖母身邊，說她未見於聖經記載，她的存在與他們所認知的基督出生時聖母貧窮一事相牴觸。他們能從克里索斯托姆（John Chrysostom）和魯道爾弗斯那兒為此立場得到加持，前者堅稱聖母身邊沒有僕人，後者指出聖母的孤單，說她因為只有丈夫約瑟陪伴，不得不「遊走於男人之間，尋找休息之所，未能如願」，為此感到羞恥。但總會長阿夸維瓦堅稱必須留住這個女僕；堅稱羅耀拉親手把她擺在那裡，以協助神父以最虔誠之心冥想，她是這段文字的最重要部分，絕不可拿掉。[80]透過這位女僕在場直擊但並無不當的目光，利瑪竇和其同僚可以憑記憶親臨他們教會的禮拜儀式裡最神祕、最美的時刻。

就在一五九一年農曆新年前夕，利瑪竇在韶州傳教時唯一的洋人同伴麥安東（Antonio Almeida）病重，不得不讓人護送回澳門醫治。於是，在中國人開始過他們一年最重要的節日時，利瑪竇在韶州只有一或兩個中國籍修士作伴。他為當地中國人對他和他的宗教的「冷淡」而悶悶不樂，而隨著過節氣氛來到頂點，房屋、街道、寺廟掛了成千上萬盞燈籠而把城裡照得明晃晃，他心情更是抑鬱。當世界各地的城市入夜後通常一片漆黑時，這些節慶活動具有特殊意涵，具體改變了日與夜原有的格局。利瑪竇寫到中國家家戶戶如何得意於新年節慶最熱鬧時自家所掛的燈籠，過年前幾天市場上擠滿兜售燈籠的販子和急欲買燈籠的顧客。[81]蒙田在羅馬見過這樣的場景，那時他覺得「猶如一萬兩千把火把通過，街道上到處是蠟燭」。[82]羅馬城的燈火輝煌，令格列高里．馬丁更加著迷。他寫道，沒有比濯足節更加精彩的日子，平信徒慈善團體共聚一地，穿著自家會服，列隊走向聖彼得大教堂，各捧著一個經裝飾美化的大型耶穌受難像，而非通常會拿的會旗，而且高舉玻璃材質或半透明獸角材質的燈籠和長蠟燭，因此，隊伍遊街的三小時期間，街上「燈光點點，猶如繁星點點的天空」。隊伍裡還有鞭笞派教徒，罩頭，露背，以顯示帶血的條狀鞭痕。在聖彼得大教堂，出現一座明晃晃的大十字架，通體由許多閃爍的小玻璃燈組成，玻璃燈閃耀如珍珠。[83]

一五九一年那個夜晚，利瑪竇心血來潮，把不久前所收到、從菲律賓送來的那幅聖母油畫拿出來，擺在韶州小教堂的祭壇上，然後拿出他所能找到的所有蠟燭，還有形狀、大小不一的多個燈，任何會反射燈光的玻璃製物品，把它們掛在各面牆上，擺在祭壇上此畫兩側。隨著燈籠一一點亮，許多中國人聚攏過來，先是滿心好奇，接著嘲笑，最後丟起石頭。燈籠亮著時，群眾扯掉欲把他們趕走的利瑪竇僕人後背的衣服，利瑪竇跑過去，要拯救他的僕人。眼見群眾敵意依舊，他退回教堂裡，此時燈籠想必還亮著，照亮聖母像周邊，照亮韶州城夜裡這個小角落，直到燈油和蠟燭都燒盡為止，或利瑪竇將它們一一熄滅為止。[84]

✦ ✦ ✦

針對要擺在他記憶宮殿接待廳裡的第四個圖，利瑪竇選擇了漢字「好」。他把此漢字從中間左右分開，得出兩個漢字「女」和「子」。

為創造他所想要的意為「好」的形象，他把這兩個元素組成女僕懷抱小孩的合成形象，凸顯她的年輕，說她的頭髮仍如中國家庭年輕女僕所慣有的結成兩個髮髻，藉此表明她是女僕。他指出她正和懷裡的小孩玩。[85]

他把這個抱著小孩的女僕擺在接待廳裡最後一個空角落，即西南角。她對面是扭打在一塊的兩名武士；斜對面是回回女子；左邊是在收成的穀物上方等待，代表「利」的農民。

針對要擺在《程氏墨苑》裡的第四幅圖，利瑪竇同樣選了懷抱著小孩的女人。這是日本耶穌會神父所製作的聖母子版畫，複製自韋里克斯以掛在塞維爾主教座堂側邊禮拜堂裡的一幅畫為本所製的版畫。聖母左手抱著嬰兒基督，右手拿著一朵玫瑰。基督左手握著一串葡萄，大腿上有隻張開雙翅的紅額金翅雀；這兩樣東西是他受難、死亡的象徵。他的右手舉起作賜福狀。三名天使在披著蒙頭斗篷的聖母頭頂上捧著一頂冠冕，聖母的頭頂光環上有拉丁語銘文：「萬福瑪利亞，充滿聖寵。」[86]

針對其他三幅圖，利瑪竇都寫了題辭，但對

AVE MARIA GRATIA
Domina nostra S MARIA
Antigua

此圖不然。在此圖上方，他只寫了兩個漢字「天主」。

他要製作此版畫的藝術家把原畫下方的銘文照樣附上，銘文裡記載，此像是為紀念卡斯提爾國王斐迪南三世從摩爾人手裡拿下塞維爾一事，因此它代表了在十三世紀的西班牙境內打擊伊斯蘭勢力的一連串偉大戰役的高潮。自那之後，塞維爾已成為代表西班牙海外帝國之聲名和財富的城市，從「新世界」運過來的大量銀塊就在這裡卸下。[87]此畫右下方的注解提到，此版本一五九七年製於日本，係為遠東地區任何會想起該年在長崎城外遭釘刑處死的二十六名基督徒的天主教徒而製——盛怒的豐田秀吉將軍下令處死這些基督徒。

程大約的藝術家根據日本原畫雕出木刻印版，手藝精湛。他們把金翅雀擺在基督大腿上，肯定出於利瑪竇的指示，在日本版裡不可能看到這隻鳥；這隻鳥和這串葡萄，若得到正確解讀，能使人在交談裡，一如在人的記憶裡，思索關於基督和聖母的更深奧聖蹟。但刻在聖母光環上的拉丁文出現印刷錯誤，大概是鑿刻時不小心出錯，而非出於利瑪竇的指示。「萬福瑪利亞，充滿聖寵」的原文為 Ave Maria Gratia Plena，但在利瑪竇此畫裡呈現為 Ave Maria Gratia Lena。Plena 是形容詞，意為「充滿的」；Lena 是陰性名詞，意為迷人或誘人的女人。如果說利瑪竇察覺到此差錯，他未要人更正。

第九章——

# 宮門之內

他穿著繡了圖案的鞋子站在記憶宮殿門口，許久以前跳窗弄傷的腳陣陣作痛。隨著想像力馳騁，他面前出現閃閃發亮的宮牆和柱廊、門廊和雕刻了圖案的大門，門後存放了源自他所讀過的書、他的經驗、他的信仰的諸多形象。

他看到太監馬堂滿腔怒火一把抓住木雕十字架，上頭刻了被釘住、流著血的基督。他聽到船翻覆，把他和若昂·巴拉達斯都甩進贛江水裡時，眾人大喊小心和風的呼號。他聞到他在句容的華麗園林寺廟裡，把他的三聯畫恭敬擺在異教神壇上時，在三聯畫邊裊裊升起的香煙。他嘗到在肇慶附近貧窮農民的鄉間房子裡，他們為他奉上的家常飯菜。他感受到即將告別人世的石方西張開雙臂摟住他脖子時，臉頰相碰的觸感。

他走進他不知的地域，足跡之遠超乎他的預期，但若決定返鄉，他又不確定會碰到多大的難關。在給昔日同窗友人朱利奧·富利加蒂的信中，他引用了他們一起學會的詩句：「Facilis descensus averni, sed revocare gradum superasque evadere ad auras」（下地獄的路好走，但要原路返回高高的天國，費事而且艱辛）。這行詩出自維吉爾《埃涅伊特》（*Aeneid*）第六卷，原文為「下地獄的路好走，黑冥王的大門日夜開著，但要原路返回高高的天國，費事而且艱辛」。[1]他因時間倉促，在此把小時候吟唱過的詩句稍稍濃縮，憑記憶寫下。這是埃涅阿斯（Aeneas）希望得到允許，下地獄找他死去的父親時，庫邁的西比爾（Cumaean Sybil）向他發出的告誡。

在利瑪竇那四幅線條分明的版畫裡，使徒彼得在浪濤中掙扎，兩名使徒在以馬忤斯留下基督，所多瑪城的人跌落地上。在接待廳裡，諸形象各居其位：扭打的武士、回回女子、代表他的漢語「利」姓的農民。

他寫道：「後世之人無法理解當世之偉大事業或行動的根源，係常有的事。而我，不斷尋找此現象的原因，認為答案只有一個，亦即所有事（包括最終大功告成的事）一開始都微小且輪廓含糊，因而人無法遽爾相信它們會成為重大之事。」[2]

粗壯、蓄著濃鬍的利瑪竇，穿著鑲著藍邊的紫色絲袍，站在門口。記憶宮殿靜默無聲。他身後有兩個女人在等著，懷裡各抱著一個小孩。其中一個女人穿著格外漂亮的繡花長連身裙，飄垂的披巾蓋住她的頭髮和肩膀，手上握著一朵玫瑰。另一個女人穿著素色女僕服，頭上結了兩個髮髻，以表明她的年輕和地位卑下。

他寫信告訴他的友人，為基督教世界的擴張歷程寫下編年史的吉安・皮耶特羅・馬斐，「雖然還年輕，我已出現老人的特性，老是讚美過去的事」。[3]

那兩個小孩看著他。其中一人舉起他小小的右手作賜福狀；另一人伸出雙臂要找他玩。一片靜寂之際，從北京街頭傳來低語聲。

他關上門。

# 縮略語

***DMB:*** *Dictionary of Ming Biography*（《明代名人傳》）. L. Carrington Goodrich and Chaoying Fang, eds. 2 vol. Columbia University Press, 1976.

***Doc Ind:*** *Document Indica.* Joseph Wicki, S. J., ed. *Monumenta Missionum Societatis Jesu, Missones Orientales,* vol. 10 (1575-1577), Rome, 1968; vol. 11 (1577-1580), Rome, 1970; vol. 12 (1580-1583), Rome, 1972.

***FR:*** *Fonti Ricciane*（《利瑪竇史料》），德禮賢神父（Plasquale M. D'Elia, S. J.）編，《基督教傳入中國史》（*Storia dell'Introduzione del Cristianesimo in Cina*，附上注釋的利瑪竇《中國札記》原稿），三卷，羅馬，1942-1949。

***OS:*** 利瑪竇書信，收於汾屠立（Pietro Tacchi Venturi, S. J.）編《耶穌會士利瑪竇神父歷史著作集》（*Opere Storiche*）第二卷，《中國來信》（*Le Lettere dalla China*）。Macerata, 1913。

| | |
|---|---|
| 1601 年 1 月 24 日 | 二度進入北京。 |
| 2 月 | 為皇廷編了八首歌。 |
| 5 月 28 日 | 獲准在北京住下。 |
| 1602 年 8 月 | 出版修訂過的世界地圖。 |
| 1603 年秋至冬 | 出版《天主實義》。 |
| 1604 年 8 月中旬 | 普朗坦多語種聖經送抵北京。 |
| 1606 年 1 月 | 為墨刻家程大約的《程氏墨苑》提供了四幅版畫和題辭。 |
| 1607 年 5 月 | 出版歐幾里德《幾何原本》前六卷的中譯本。 |
| 1608 年 1 月～ 2 月 | 出版《畸人十篇》。 |
| 秋至冬 | 開始寫他的《利瑪竇中國札記》（*Historia*）。 |
| 1609 年 9 月 8 日 | 第一個聖母會創立於北京。 |
| 1610 年 5 月 11 日 | 死於北京。 |

| | |
|---|---|
| 1582 年 4 月 26 日 | 搭船離開臥亞。 |
| 6 月 | 在麻六甲。 |
| 8 月 7 日 | 抵澳門。 |
| 1583 年 9 月 10 日 | 與羅明堅一同落腳於中國肇慶。 |
| 1584 年 10 月 | 在肇慶，他的世界地圖在未經許可下印出。 |
| 1589 年 8 月 3 日 | 遭懷有敵意的官員逐出肇慶。 |
| 8 月 26 日 | 落腳於韶州。 |
| 1591 年 12 月 | 開始草譯四書。 |
| 1592 年 7 月 | 韶州住所遭攻擊。利瑪竇腳受傷。 |
| 1594 年 11 月 | 耶穌會士改穿中國儒服。 |
| 1595 年 4 月 18 日 | 離開韶州前往南京。 |
| 5 月中旬 | 船難，若昂・巴拉達斯溺死。 |
| 6 月 28 日 | 落腳南昌。 |
| 11 月 | 編出《交友論》。 |
| 1596 年春 | 完成《西國記法》草稿。 |
| 1597 年 8 月 | 被任命為中國傳教團團長。 |
| 1598 年 9 月 7 日～ 11 月 5 日 | 第一次去北京；未獲准住下。 |
| 1599 年 2 月 6 日 | 落腳南京。 |
| 1600 年 11 月 | 太監馬堂沒收了耶穌受難十字架苦像。 |

# 利瑪竇生平年表

| | |
|---|---|
| 1552 年 10 月 6 日 | 生於義大利教皇領地裡的馬切拉塔。 |
| 1561 年 | 入讀馬切拉塔的耶穌會學校。 |
| 1568 年 | 赴羅馬攻讀法律。 |
| 1571 年 8 月 15 日 | 以耶穌會見習修士的身分進入羅馬奎里納爾的聖安德魯教堂。 |
| 1572 ～ 1573 年 | 就讀佛羅倫斯的耶穌會學院。 |
| 1573 年 9 月～ 1577 年 5 月 | 就讀羅馬的耶穌會學院。 |
| 1577 年夏 | 赴葡萄牙的科英布拉。學葡萄牙語。 |
| 1578 年 3 月 | 晉見國王塞巴斯蒂安。 |
| 3 月 24 日 | 搭聖路易號離開里斯本。 |
| 9 月 13 日 | 抵臥亞。讀神學，教拉丁語和希臘語。 |
| 1580 年 | 住在科欽。七月下旬獲授以司鐸之職。 |
| 1581 年 | 回臥亞。 |

Kong: Hong Kong University Press, 1983.

——. *East-West Synthesis: Matteo Ricci and Confucianism*. Hong Kong: University of Hong Kong, 1980.

YÜ CHÜN-FANG. *The Renewal of Buddhism in China: Chu-hung and the Late Ming Synthesis*. New York: Columbia University Press, 1981.

YUAN TSING. "Urban Riots and Disturbances." In Jonathan D. Spence and John E. Wills, eds., *From Ming to Ch'ing: Conquest, Region and Continuity in Seventeenth-Century China*. New Haven: Yale University Press, 1979.

ZANTA, LÉONTINE. *La renaissance du stoïcisme au XVIe siècle*. Paris, 1914.

張燮，《東西洋考》，12 卷，1617-18，台北，1962 年重印本。

張萱，《西園聞見錄》，1627、1632 年序，106 卷，北京，1940。

《肇慶府志》，22 卷，1833；1967 重印本。

ZHUANGZI. *The Complete Works of Chuang Tzu*. Tr. Burton Watson. New York: Columbia University Press, 1968.

鄒元標，〈答西國利瑪竇〉，收於《願學集》，四庫全書編，第 3 卷，頁 39。

WALKER, D. P. *The Ancient Theology: Studies in Christian Platonism from the Fifteenth to the Eighteenth Century*. London, 1972.

——. *Spiritual and Demonic Magic, from Ficino to Campanella*. London: Warburg Institute, 1958.

——. *Studies in Musical Science in the Late Renaissance*. Leiden: Brill, 1978.

WICKI, JOSEF, S.J. "The Spanish Language in XVI-Century Portuguese India," *Indica* 14:1 (March 1977): 13-19.

WIEGER, LÉON, S.J. "Notes sur la première catéchèse écrite en chinois 1582-1584," *Archivum Historicum Societatis Iesu* 1 (1932): 72-84.

WILHELM, RICHARD. *The I Ching or Book of Changes*. Tr. Cary F. Baynes. Princeton: Princeton University Press, 1967.

WINN, JAMES ANDERSON. *Unsuspected Eloquence: A History of the Relations Between Poetry and Music*. New Haven: Yale University Press, 1981.

WRIGHT, A. D. *The Counter-Reformation: Catholic Europe and the Non-Christian World*. New York, 1982.

謝肇淛，《五雜俎》，16 卷，1795 年編，1959 年北京重印本。

徐朔方，〈湯顯祖和利瑪竇〉，《文史》第 12 期（1981 年 9 月）：273-81。

YANG LIEN-SHENG. "Historical Notes on the Chinese World Order." In John K. Fairbank, ed., *The Chinese World Order*. Cambridge: Harvard University Press, 1968.

YATES, FRANCES A. *The Art of Memory*. Penguin Books, 1969.

YERUSHALMI, YOSEF HAYIM. *Zakhor, Jewish History and Jewish Memory*. Seattle: University of Washington Press, 1982.

陰法魯，〈利瑪竇與歐洲教會音樂的東傳〉，《音樂研究》，第 2 期，1982，頁 87-90、103。

YOUNG, JOHN D. *Confucianism and Christianity, the First Encounter*. Hong

TAKASE K ICHIR . "Unauthorized Commercial Activities by Jesuit Missionaries in Japan," *Acta Asiatica* 30 (1976): 19-33.

陶穀，《清異錄》，兩卷，惜陰軒叢書編，1840。

THIERSANT, P. DABRY DE. *Le Mahométisme en Chine et dans le Turkestan Oriental*. 2 vols. Paris, 1878.

THOMAS, KEITH. *Religion and the Decline of Magic*. New York, 1974.

THORNDIKE, LYNN. *History of Magic and Experimental Science*. Vols. 5 and 6, *The Sixteenth Century*. New York: Columbia University Press, 1941.

《天學初函》，李之藻編，台北，1965，6 卷重印本。

TRIGAULT, NICOLA（金尼閣）, S.J. *China in the Sixteenth Century: The Journals of Matthew Ricci, 1583-1610*. Tr. Louis J. Gallagher, S.J. New York, 1953.

UBELHÖR, MONIKA. "Hsü Kuang-ch'i (1562-1633) und seine Einstellung zum Christentum," *Oriens Extremus* 15:2 (December 1968): 191-257 and 16:1 (June 1969): 41-74.

VERBEEK, J. and ILJA M. VELDMAN, comps. *Hollstein's Dutch and Flemish Etchings, Engravings and Woodcuts, ca. 1450-1700*. Vol. 16, "De Passe (Continued)." Amsterdam: Van Gendt, 1974.

VILLARET, EMILE, S.J. *Les Congrégations Mariales*. Vol. 1, *Des origines à la suppression de la compagnie de Jésus* (*1540-1773*). Paris, 1947.

——. "Les premières origines des congrégations Mariales dans la compagnie de Jésus," *Archivum Historicum Societatis Iesu* 6 (1937): 25-57.

VILLOSLADA, RICCARDO G. *Storia del Collegio Romano dal suo inizio* (*1551*) *alla soppressione della Compagnia di Gesù* (*1773*). Rome: Gregorian University, 1954.

VOET, LEON. *The Golden Compasses: A History and Evaluation of the Printing and Publishing Activities of the Officina Plantiniana at Antwerp*. 2 vols. Amsterdam and London, 1969.

*Viewed in the Light of Modern Educational Problems*. St. Louis, 1903.

SENECA. *The Controversiae*. Tr. M. Winterbottom. New York: Loeb Classical Library, 1974.

《韶州府志》，40 卷（1874），1966 年重印本。

沈德符，《敝帚齋餘談（譚）》，1880。

——.《萬曆野獲編》（34 卷，1619），北京重印本，1959。

SMALLEY, BERYL. *English Friars and Antiquity in the Early Fourteenth Century*. New York, 1960.

SMITH, VINCENT EDWARD. *St. Thomas on the Object of Geometry*. Milwaukee: Marquette University Press, 1954.

SO, KWAN-WAI. *Japanese Piracy in Ming China During the 16th century*. Lansing: Michigan State University Press, 1975.

SOAREZ, CYPRIANO. *De Arte Rhetorica*. Paris, 1573.

SORABJI, RICHARD. *Aristotle on Memory*. London: Duckworth, 1972.

SPALATIN, CHRISTOPHER, S.J. "Matteo Ricci's Use of Epictetus' Encheiridion," *Gregorianum* 56:3 (1975): 551-57.

SPATE, O. H. K. *The Spanish Lake*. Vol. 1 of *The Pacific since Magellan*. London: Croom Helm, 1979.

STAHL, WILLIAM HARRIS, and RICHARD JOHNSON, with E. L. BURGE. *Martianus Capella and the Seven Liberal Arts*. 2 vols. Vol. 1, *The Quadrivium of Martianus Capella*; vol. 2, *The Marriage of Philology and Mercury*. New York: Columbia University Press, 1971, 1977.

STEVENS, THOMAS. "Voyage to Goa in 1579, in the Portuguese Fleet." In Kerr, *General History*, vol. 7, pp. 462-70.

*Storia di Macerata* [The History of Macerata]. Eds. Aldo Adversi, Dante Cecchi, and Libero Paci. 5 vols. Comune di Macerata, 1971-77.

TACCHI VENTURI, PIETRO S.J.. *Opere Storiche*. See *OS*.

——. *Storia della compagnia di Gesù in Italia*. 3 vols. Rome, 1922-38.

ROMBERCH, JOHANN HOST VON. *Longestorium Artificiose Memorie. Venice*: Melchior Sessa, 1533.

ROOSES, MAX. *Christophe Plantin, Imprimeur Anversois*. Antwerp, 1883.

ROOVER, RAYMOND DE. "The Business Organization of the Plantin Press in the Setting of Sixteenth Century Antwerp." In *Gedenkboek der Plantin-Dagen*, pp. 230-46. Antwerp, 1956.

ROSSABI, MORRIS. "Muslim and Central Asian Revolts." In Jonathan Spence and John E. Wills, Jr., eds., *From Ming to Ch'ing*, New Haven: Yale University Press, 1979.

ROSSI, PAOLO. *Francis Bacon, from Magic to Science*. Tr. Sacha Rabinovitch. London, 1968.

ROTH, CECIL. *The House of Nasi: Doña Gracia*. Philadelphia, 1948.

坂本滿，〈しパント戰鬥圖屏風について〉（關於勒班陀之役屏風畫——對日本境內早期西方風格畫和其在歐洲之背景的研究），《美術研究》246（1966 年 5 月）：30-44, plates 3-6。

SASSETTI, FILIPPO. *Lettere edite e inedite*. Ed. Ettore Marcucci. Florence, 1855.

SCHILLING, DOROTHEUS, O.F.M. "Zur Geschichte des Martyrerberichtes des P. Luis Frois, S.I.," *Archivum Historicum Societatis Iesu* 6 (1937): 107-13.

SCHIMBERG, ANDRÉ. *L'Education Morale dans les collèges de la Compagnie de Jésus en France* (16*e*, 17*e*, 18*e siècles*). Paris, 1913.

SCHURZ, WILLIAM LYTLE. *The Manila Galleon*. New York, 1939, 1959.

SCHÜTTE, JOSEF FRA Z S.J. *Valignano's Mission Principles for Japan*. Tr. John J. Coyne, S.J. Vol. 1, *From His Appointment as Visitor until His First Departure from Japan* (*1573-1582*), pt. I, *The Problem* (*1573-1580*). St. Louis: Institute of Jesuit Sources, 1980.

SCHWICKERATH, ROBERT. *Jesuit Education, Its History and Principles,*

Classical Library, 1936.

RABELAIS, FRANCOIS. *The Histories of Gargantua and Pantagruel*. Tr. J. M. Cohen. Penguin Books, 1970.

RAHNER, HUGO, S.J. *Ignatius the Theologian*. London: Chapman, 1968.

RANKE, LEOPOLD. *The History of the Popes, Their Church and State, in the Sixteenth and Seventeenth Centuries*. Tr. Walter Keating Kelly. New York: Colyer, 1845.

RENICK, M. S. "Akbar's First Embassy to Goa: Its Diplomatic and Religious Aspects," *Indica* 7 (1970): 33-47.

RICCI, MATTEO, S.J. *Collected Letters*. See *OS*.

——.《二十五言》，收於《天學初函》，第 1 卷，頁 331-49。

——. *Historia*《利瑪竇中國札記》，參見 *FR*。

——.《交友論》，收於《天學初函》，第 1 卷，頁 299-320。

——.《記法 》，朱鼎瀚修訂，收於吳相湘編，《天主教東傳文獻》，台北，1964。

——.《畸人十篇》（1608），收於《天學初函》，第 1 卷，頁 117-281。

——.《利瑪竇題寶像圖》,8 + 6 ，收於陶湘編，《涉園墨萃》（1929）。

——.《天主實義》，收於《天學初函》，第 1 卷，頁 351-635。

——. *Tianzhu shiyi*, ch. 1, "The True Meaning of the Lord of Heaven." Tr. Douglas Lancashire. *China Mission Studies* (*1550-1800*) *Bulletin 4* (1982): 1-11.

——. *Entretiens d'un lettré chinois et d'un docteur européen, sur la vraie idée de Dieu*. (Anon. tr. into French of *Tianzhu shiyi*.) In *Lettres* édifiantes *et curieuses*, vol. 25, pp. 143-385. Toulouse, 1811.

——.《西琴曲意八章》，收於《天學初函》，第 1 卷，頁 283-291。

——. 與徐光啟合著，《幾何原本》，收於《天學初函》，第 4 卷，頁 1921-2522。

——.《辨學遺牘》，收於《天學初函》，第 2 卷，頁 637-87。

Kegan, Paul, 1924, 1929.

PELLIOT, PAUL. "Les Franciscains en Chine au XVI*e* et au XVII*e* siècle," *T'oung Pao*, n.s. 34 (1938): 191-222.

PFISTER, LOUIS, S.J. *Notices Biographiques et Bibliographiques sur les Jésuites de l'ancienne mission de Chine, 1552-1773. Variétés Sinologiques*, 59. 2 vols. Shanghai, 1932.

PHILLIPS, EDWARD C., S.J. "The Correspondence of Father Christopher Clavius S.I. preserved in the archives of the Pont. Gregorian University," *Archivum Historicum Societatis Iesu* 8 (1939): 193-222.

PILLSBURY, BARBARA. "Muslim History in China: A 1300-year Chronology," *Journal of the Institute of Muslim Minority Affairs* 3:2 (1981): 10-29.

《平湖縣志》，26 卷，1886；1975 年重印本。

PIRRI, PIETRO, S.J. "Sultan Yahya e il P. Acquaviva," *Archivum Historicum Societatis Iesu* 13 (1944): 62-76.

PLANCIUS, PETRUS. *A Plaine and Full Description of Petrus Plancius his Universall Map*. Tr. M. Blundevile. London: John Winder, 1594.

PLANTIN, CHRISTOPHE. *Correspondance de Christophe Plantin*. Ed. J. Denucé Vols. 8 and 9. Antwerp, 1918.

PLINY. *Natural History*. Tr. H. Rackham. New York: Loeb Classical Library, 1942.

PTAK, RODERICK. "The Demography of Old Macao, 1555-1640," in *Ming Studies*, 15 (Fall 1982): 27-35.

PYRARD DE LAVAL, FRANÇOIS. *The Voyage of François Pyrard of Laval to the East Indies, the Maldives, the Moluccas and Brazil* (*1601-1611*). Tr. Albert Gray and H. C. P. Bell. 2 vols. in 3. Hakluyt Society, 1888; reprinted New York: Burt Franklin, n.d.

QUINTILIAN. *Institutio Oratoria*, vol. 4. Tr. H. E. Butler. New York: Loeb

*New Cambridge Modern History*. Vol. 3, *The Counter-Reformation and the Price Revolution, 1559-1610*. Ed. R. B. Wernham. Cambridge: Cambridge University Press, 1971.

NEWBERY, JOHN. *Letters*. In Kerr, *General History*, vol. 7, pp. 505-13.

西村貞，〈日本耶穌會板銅版聖母圖に就いて〉，《美術研究》，69（1937 年 9 月）：371-82。

O'CONNELL, MARVIN. *The Counter Reformation, 1559-1610*. New York, 1974.

O'MALLEY, JOHN W. *Praise and Blame in Renaissance Rome: Rhetoric, Doctrine, and Reform in the Sacred Orators of the Papal Court, c. 1450-1521*. Durham, N.C.: Duke University Press, 1979.

*OS*. The Letters of Matteo Ricci, in *Opere Storiche*. Ed. Pietro Tacchi Venturi, S.J. Vol. 2, *Le Lettere dalla China*. Macerata, 1913.

PACHTLER, G. M., S.J. *Ratio Studiorum et Institutiones Scholasticae Societatis Jesu*. Vol. 1, *1541-1599*. Berlin, 1887.

PACI, LIBERO. "La Decadenza Religiosa e la Controriforma." In *Storia di Macerata*, vol. 5, pp. 108-246. Comune di Macerata, 1977.

——. "Le Vicende Politiche." In *Storia di Macerata*, vol. 1, pp. 27-419. Comune di Macerata, 1971.

PALMER, ROBERT E. A. "Martial." In T. J. Luce, ed., *Ancient Writers: Greece and Rome*. 2 vols. New York, 1982.

PANIGAROLA, FRANCESCO. *Trattato della Memoria Locale*. Approx. 1572. *MS* no. 137 in Biblioteca Communale, Macerata.

PARRY, J. H. *The Age of Reconnaissance: Discovery, Exploration and Settlement, 1450 to 1650*. Berkeley: University of California Press, 1981.

PASTOR, LUDWIG, FREIHERR VON. *The History of the Popes from the Close of the Middle Ages*. Tr. Ralph Francis Kerr. Vol. 14, *Marcellus II (1555) and Paul IV (1555-1559)*; vol. 18, *Pius V (1566-1572)*. London:

METLITZKI, DOROTHEE. *The Matter of Araby in Medieval England.* New Haven: Yale University Press, 1977.

MILLER, JOSEF, S.J. "Die Marianischen Kongregationen vor der Bulle 'Omnipotentis Dei': Ein Beitrag zu ihrer Charakteristik," *Archivum Historicum Societatis Iesu* 4 (1935): 252-67.

MILLINGER, JAMES. "Ch'i Chi-kuang–A Military Official as Viewed by his Contemporary Civil Officials," *Oriens Extremus* 20 (1973): 103-17.

MOCQUET, JEAN. *Voyages en Afrique, Asie, Indes Orientales et Occidentales*. Paris: Jean de Heuqueville, 1617.

MONTAIGNE, MICHEL DE. *Journal de Voyage en Italie, par la Suisse et l'Allemagne en 1580 et 1581*. Ed. Charles Dédéyan. Paris: Société des belles lettres, 1946.

*Monumenta Paedagogica Societatis Iesu quae primam rationem studiorum anno 1586 editam praecessere*. Ed. Caecilius Gomes Rodeles et al. Madrid, 1901.

MOULE, G. E. "The Obligations of China to Europe in the Matter of Physical Science Acknowledged by Eminent Chinese," *Journal of the North-China Branch of the Royal Asiatic Society*, n.s. 7 (-1871): 147-64.

MULLAN, ELDER, S.J., and FRANCIS BERINGER, S.J. *The Sodality of Our Lady Studied in the Documents*. New York, 1912.

NADAL, JERONIMO (Hieronymo Natali). *Adnotationes et Meditationes in Evangelia quae in sacrosancto missae sacrificio toto anno leguntur*. Antwerp: Martinus Nutius, 1595.

——. *Evangelicae Historiae Imagines, ex ordine Evangeliorum*. Antwerp, 1596.

永山時英，《對外史料美術大觀》，長崎，1919。

NEEDHAM, JOSEPH. *Science and Civilisation in China*. Cambridge: Cambridge University Press, 1954-.

LUBAC, HENRI DE. *La rencontre du Bouddisme et de l'Occident*. Paris: Aubier, 1952.

LUDOLFUS OF SAXONY. *The Hours of the Passion from The Life of Christ*. Tr. H. J. C [oleridge]. Quarterly Series, vol. 59. London: Burns & Oates, 1887.

——. *Vita Jesu Christi*. Ed. A.-C. Bolard, L.-M. Rigollot, and J. Carnandet. Paris and Rome, 1865.

LULL, RAMON. *Le Livre du Gentil et des trois Sages*. Ed. and part tr. Armand Llinarès. Paris: Presses Universitaires de France, 1966.

LUTHER, MARTIN. *Letters of Spiritual Counsel*. Tr. and ed. Theodore Tappert. Library of Christian Classics, vol. 18. Philadelphia, 1955.

*Lyra Graeca*. Tr. J. M. Edmonds. New York: Loeb Classical Library, 1931.

MAFFEI, GIAN PIETRO. *L'Histoire des Indes Orientales et Occidentales*. Tr. M. M. D. P. Paris, 1665.

MARGIOTTI, FORTUNATO, O.F.M. "Congregazioni laiche gesuitiche della antica missione cinese," *Neue Zeitschrift* für *Missionwissenschaft* 18 (1962): 255-74 and 19 (1963): 50-65.

——. "Congregazioni Mariane della antica missione cinese." In Johann Specker and P. Walbert Bühlmann, eds., *Das Laienapostolat in den Missionen* (Supplement 10 to the *Neue Zeitschrift* für *Missionwissenschaft*). Schöneck-Beckenried, Switzerland, 1961.

MARTIN, GREGORY. *Roma Sancta* (1581). Ed. George Bruner Parks. Rome, 1969.

MATHEW, C. P., and M. M. THOMAS. *The Indian Churches of Saint Thomas*. Delhi, 1967.

MAUQUOY-HENDRICKX. *Les estampes des Wierix conservées au cabinet des estampes de la bibliothèque royale Albert 1er*. 3 vols. Brussels: Bibliothèque Royale Albert 1er, 1978.

1544). [Attr. to António Galvão]. St. Louis, Mo., 1971.
《絳州志》，20 卷，1766 年編。
焦竑，《澹園集》，吉林叢書編，1916。
《嘉興府志》，88 卷（1879）；成文重印本，1970。
KERR, ROBERT, cemp. *General History and Collection of Voyages and Travels, Arranged in Systematic Order*, vol. 7. Edinburgh, 1812.
KOBATA A [TSUSHI]. "The Production and Uses of Gold and Silver in Sixteenth- and Seventeenth-Century Japan," *Economic History Review*, 2d ser. 18 (1965): 245-66.
KU, JOSEPH KING-HAP. "Hsü Kuang-ch'i: Chinese Scientist and Christian (1562-1633)." Ph.D. thesis, St. John's University, New York, 1973.
LACH, DONALD. *Asia in the Making of Europe*. Vol. 1 (in two books), *The Century of Discovery*. Chicago: University of Chicago Press, 1965.
LANCASHIRE, D[OUGLAS]. "Buddhist Reaction to Christianity in Late Ming China," *Journal of the Oriental Society of Australia* 6:1, 2 (1968-69): 82-103.
LANDES, DAVID S. *Revolution in Time: Clocks and the Making of the Modern World*. Cambridge: Harvard University Press, 1983.
LAUFER, BERTHOLD. "Christian Art in China," *Mitteilungen des Seminars für Orientalische Sprachen*, 1910, pp. 100-118 plus plates.
李贄，《焚書》和《續焚書》，兩卷，北京，1975。
LIEBMAN, SEYMOUR. "The Jews of Colonial Mexico," *Hispanic American Historical Review* 43 (1963): 95-108.
林金水，〈利瑪竇在中國的活動與影響〉，《歷史研究》1983，第 1 期：25-36。
LINSCHOTEN, JOHN HUIGHEN VON. "Report… concerning the imprisonment of Newbery and Fitch." In Kerr, *General History*, vol. 7, pp. 515-20.

——. "Military Expenditures in Sixteenth Century Ming China," *Oriens Extremus* 17 (1970): 39-62.

HUCKER, CHARLES O. *The Censorial System of Ming China*. Stanford: Stanford University Press, 1966.

HUNG MING-SHUI. "Yüan Hung-tao and the Late Ming Literary and Intellectual Movement." Ph.D. dissertation, University of Wisconsin at Madison, 1974.

洪業（William Hung），〈考利瑪竇的世界地圖〉，初刊於《禹貢》，1936 年 4 月 11 日，重刊於《洪業論學集》，北京，1981，頁 150-92。

IGNATIUS OF LOYOLA. *The Constitutions of the Society of Jesus*. Translation and Commentary by George E. Ganss, S. J. St. Louis: Institute of Jesuit Sources, 1970.

——. *Exercitia Spiritualia Sancti Ignatii de Loyola et eorum directoria–ex autographis vel ex antiquioribus exemplis collecta*. Madrid, 1919.

——. *Exercitia Spiritualia: Textum Antiquissimorum nova editio lexicon textus hispani*. Monumenta Historica Societatis Iesu, vol. 100. Rome, 1969.

——. *The Spiritual Exercises*. Tr. Thomas Corbishley, S.J. London: Burns & Oates, 1963.

——. *The Spiritual Exercises*. Tr. Louis J. Puhl, S.J. Chicago: Loyola University Press, 1952.

IPARRAGUIRRE, IGNACIO, S.J. "Para la Historia de la Oración en el Collegio Romano durante la secunda mitad del siglo XVI," *Archivum Historicum Societatis Iesu* 15 (1946): 77-126.

ISRAELI, RAPHAEL. *Muslims in China: A Study in Cultural Confrontation*. Copenhagen: Scandinavian Institute of Asian Studies, 1980.

IWAO SEIICHI. "Japanese Foreign Trade in the 16th and 17th Centuries," *Acta Asiatica* 30 (1976): 1-18.

JACOBS, HUBERT TH. TH. M., S.J., ed. *A Treatise on the Moluccas* (*c.*

*Voyages, Traffiques and Discoveries of the English Nation*. London, 1599. *The Third and Last Volume* ... London, 1600.

HANSON, CARL A. *Economy and Society in Baroque Portugal, 1668-1703*. Minneapolis: Minnesota University Press, 1981.

HARRIS, GEORGE, S.J. "The Mission of Matteo Ricci, S.J.: A Case Study of an Effort at Guided Cultural Change in the Sixteenth Century," *Monumenta Serica* 25 (1966): 1-168.

HEATH, THOMAS L. *The Thirteen Books of Euclid's Elements*. 3 vols. Cambridge: Cambridge University Press, 1926.

HEAWOOD, E. "The Relationships of the Ricci Maps," *Geographical Journal* 50:4 (October 1917): 271-76.

HERSEY, G. L. *Pythagorean Palaces: Magic and Architecture in the Italian Renaissance*. Ithaca: Cornell University Press, 1976.

HICKS, LEO, S.J. "The English College, Rome and Vocations to the Society of Jesus, March, 1579-July, 1595," *Archivum Historicum Societatis Iesu* 3 (1934): 1-36.

HILLGARTH, J. N. *Ramon Lull and Lullism in Fourteenth-Century France*. London: Oxford University Press, 1971.

HO PENG-YOKE and ANG TIAN-SE. "Chinese Astronomical Records on Comets and 'Guest Stars,'" *Oriens Extremus* 17 (1970): 63-99.

HODGSON, MARSHALL G. *The Venture of Islam*, vol. 3, *The Gunpowder Empires and Modern Times*. Chicago: University of Chicago Press, 1974.

HOSHI AYAO. "Transportation in the Ming Period," *Acta Asiatica* 38 (1980): 1-30.

胡國禎（Peter Hu），〈簡介天主實義〉，《神學論集》第 56 期（1983 年夏）：255-66。

HUANG, RAY. *1587, a Year of No Significance: The Ming Dynasty in Decline*. New Haven: Yale University Press, 1981.

Ed. and tr. C. R. Boxer. Cambridge: Hakluyt Society, 1968.

——. *The Tragic History of the Sea: 1589-1622*. Ed. and tr. C. R. Boxer. Cambridge: Hakluyt Society, 1959.

GOMEZ, DUARTE. *Discursos sobre los comercios de las dos Indias*. Madrid, 1622.

GRATAROLI, GUGLIELMO (Medico Bergomante). *De Memoria Reparanda, Augenda, Servandaque, liber unus; De locali vel artificiosa memoria, liber alter*. Rome, 1555.

——. *The Castel of Memorie*. Tr. William Fulwood. London: William How, 1573.

GREENBLATT, STEPHEN. *Renaissance Self-Fashioning: From More to Shakespeare*. Chicago: University of Chicago Press, 1980.

GREENE, THOMAS M. *The Light in Troy: Imitation and Discovery in Renaissance Poetry*. New Haven: Yale University Press, 1982.

GROTO, LUIGI. *Troffeo della Vittoria Sacra Ottenuta dalla Christianiss. Lega contra Turchi nell' anno MDLXXI*. Venice: Sigismondo Bordogna, 1572.

顧保鵠（Ignatius Ku, S.J.），〈利瑪竇的中文著述〉，刊於《神學論集》第 56 期（1983 年夏）：239-54。

GUIBERT, JOSEPH DE, S.J. "Le Généralat de Claude Acquaviva (1581-1615)," *Archivum Historicum Societatis Iesu* 10 (1941): 59-93.

——. *The Jesuits: Their Spiritual Doctrine and Practice*. Tr. William J. Young, S.J. St. Louis: Institute of Jesuit Sources, 1972.

《古今圖書集成》，陳夢雷等編，800 卷，上海：中華書局，1934。

GULIK, ROBERT H. VAN. *Erotic Colour Prints of the Ming Period*. 3 vols. Tokyo: privately printed, 1951.

過庭訓編，《國朝京省分郡人物考》，115 卷，台灣，1971 年重印本。

HAKLUYT, RICHARD. *The Second Volume of the Principal Navigations,*

FRANKE, OTTO. "Li Tschi und Matteo Ricci." In *Abhandlungen der Preussischen Akademie der Wissenschaften*, Jahrgang 1938, Phil-Hist, no. 5. Berlin, 1939.

FRANKEN, DANIEL. *L'Oeuvre gravé des van de Passe*. Amsterdam and Paris, 1881.

FRECCERO, JOHN. "Dante's Firm Foot and the Journey without a Guide," *Harvard Theological Review* 52.(1959): 245-81.

FROIS, LUIS. *Tratado dos Embaixadores Japões que forão de Japão à Roma no anno de 1582*. Ed. J. A. Abranches Pinto, Yoshitomo Okamoto, and Henri Bernard, S.J. Tokyo: Sophia University, 1942.

FURBER, HOLDEN. *Rival Empires of Trade in the Orient, 1600-1800*. Minneapolis: University of Minnesota Press, 1976.

GANSS, GEORGE E., S.J. "The Christian Life Communities as Sprung from the Sodalities of Our Lady," *Studies in the Spirituality of Jesus*, 7:2 (March 1975): 46-58.

——. *Saint Ignatius' Idea of a Jesuit University*. Milwaukee, Wis.: Marquette University Press, 1954.

GEISS, JAMES PETER. "Peking under the Ming (1368-1644)." Ph.D. dissertation, Princeton University, 1979.

GENTILI, OTELLO, and ALDO ADVERSI. "La Religione." In Aldo Adversi et al., eds., *Storia di Macerata*, vol. 5, pp. 5-107.

GILES, LIONEL. "Translations from the Chinese World Map of Father Ricci," *Geographical Journal* 52 (July-December 1918): 367-85, and 53 (January-June 1919): 19-30.

GINZBURG, CARLO. *The Cheese and the Worms: The Cosmos of a Sixteenth-Century Miller*. Tr. John and Anne Tedeschi. Baltimore: Johns Hopkins University Press, 1980.

GOMES DE BRITO, BERNADO. *The Tragic History of the Sea: 1559-1565*.

Brussels, 1934-35.

ESTOILE, PIERRE DE L'. *The Paris of Henry of Navarre*. Ed. and tr. Nancy L. Roelker. Cambridge: Harvard University Press, 1958.

方豪，〈利瑪竇交友論新研〉，收於方豪《方豪六十自定稿》，頁1847-70。

——.《六十自定稿》，兩卷，台北，1969。

——. "Notes on Matteo Ricci's *De Amicitia*," *Monumenta Serica* 14 (1949-55); 574-83.

——.〈天主實義之改竄〉，收於《方豪六十自定稿》，頁 1593-1603。

FEDRICI, CESARE (Cesar Frederick). *Voyages and Travels (1563-1581)*. In Hakluyt, *Second Volume*, pp. 339-375, and in Kerr, *General History*, vol. 7, pp. 142-211.

FITCH, RALPH. "Journey to India over-land in 1583." In Kerr, *General History*, vol. 7, pp. 470-505.

——. *Letters*. In Kerr, *General History*, vol. 7, pp. 513-515.

FITZPATRICK, MERRILYN. "Local Interests and the Anti-Pirate Administration in China's Southeast, 1555-1565," *Ch'ing-shih wen-t'i* 4:2 (December 1979): 1-50.

FLORUS, LUCIUS ANNAEUS. *Epitome of Roman History*. Tr. E. S. Forster. New York: Loeb Classical Library, 1929.

FOK KAI CHEONG. "The Macao Formula: A Study of Chinese Management of Westerners from the Mid-Sixteenth Century to the Opium War Period." Ph.D. dissertation, University of Hawaii, 1978.

FORKE, A. "Ein islamitisches Traktat aus Turkistan: Chinesisch in Arabischer Schrift," *T'oung Pao*, n.s. 8 (1907): 1-76.

FR, *Fonti Ricciane*. Pasquale M. d'Elia, S.J., ed., *Storia dell' Introduzione del Christianesimo in Cina*. [The annotated version of Ricci's original manuscript of the Historia.] 3 vols. Rome, 1942-49.

DELUMEAU, JEAN. *Vie* économique *et sociale de Rome dans la seconde moitié du XVIe siècle*. 2 vols. Paris: E. de Boccard, 1957.

*Dictionary of Mnemonics*. London: Eyre Methuen, 1972.

DIFFIE, BAILEY W., and GEORGE D. WINIUS. *Foundations of the Portuguese Empire, 1415-1580*. Minneapolis: University of Minnesota Press, 1977.

*DMB, Dictionary of Ming Biography*. Ed. L. Carrington Goodrich and Chaoying Fang. 2 vols. New York: Columbia University Press, 1976.

*Doc. Ind., Documenta Indica*. Ed. Joseph Wicki, S.J. *Monumenta Missionum Societatis Jesu, Missiones Orientales*, vol. 10 (1575-1577), Rome, 1968; vol. 11 (1577-1580), Rome, 1970; vol. 12 (1580-1583), Rome, 1972.

DUFFY, JAMES. *Shipwreck and Empire, Being an Account of Portuguese Maritime Disasters in a Century of Decline*. Cambridge: Harvard University Press, 1955.

DUNNE, GEORGE H., S.J. *Generation of Giants: The Story of the Jesuits in China in the Last Decades of the Ming Dynasty*. London, 1962.

DURUY, GEORGE. *Le Cardinal Carlo Carafa (1519-1561): Etude sur le pontificat de Paul IV*. Paris: Hachette, 1882.

DUYVENDAK, J. J. L. "Review of Pasquale d'Elia, *Le Origini Dell'Arte Christiana Cinese (1583-1640),*" *Toung Pao* 35 (1940): 385-98.

ELISON, GEORGE. *Deus Destroyed: The Image of Christianity in Early Modern Japan*. Cambridge: Harvard University Press, 1973.

*Eminent Chinese of the Ch'ing Period*. Ed. Arthur W. Hummel. 2 vols. Washington, D.C., 1944.

EPICTETUS. *Encheiridion, in The Discourses as Reported by Arrian, the Manual and Fragments*. Ed. and tr. W. A. Oldfather. 2 vols. New York: Loeb Classical Library, 1926.

ESSEN, L. VAN DER. *Alexandre Farnèse, Prince de Parme*. Vols. 3 and 4.

View of Clerical Involvement in the Galleon Trade," *Hispanic American Historical Review* 47 (1967): 360-69.

DAINVILLE, FRANÇOIS DE, S.J. *La Géographie des humanistes*. Paris: Beauchesne, 1940.

——. *L'Education des Jésuites* (*XVIe-XVIIIe siècles*). Comp. Marie-Madeleine Compère. Paris: Editions de Minuit, 1978.

DANIEL, NORMAN. *Islam and the West: The Making of an Image*. Edinburgh: University of Edinburgh Press, 1960.

DAVIS, NATALIE ZEMON. *The Return of Martin Guerre*. Cambridge: Harvard University Press, 1983.

DEE, JOHN. "Mathematicall Praeface," in H. Billingsley, tr., *The Elements of Geometrie of the most auncient Philosopher Euclide of Megara*. London: John Daye, 1570.

DEHERGNE, JOSEPH, S.J. *Répertoire des Jésuites de Chine, de 1552 à 1800*. Rome and Paris, 1973.

——, and DONALD LESLIE. *Juifs de Chine, à travers la correspondance inédite des Jésuites du dix-huitième siècle*. Rome and Paris, 1980.

D'ELIA, PASQUALE M.（德禮賢）, S.J. *Fonti Ricciane*. See *FR*.

——. "Further Notes on Matteo Ricci's *De Amicitia*," *Monumenta Serica* 15:2 (1956): 356-77.

——. *Il Mappamondo Cinese del P. Matteo Ricci S.I.* (*Terza Edizione, Pechino, 1602*) *Conservato presso la Biblioteca Vaticana*. Rome: Vatican City, 1938.

——. "Il trattato sull'Amicizia, Primo Libro Scritto in Cinese de Matteo Ricci S.I. (1595)," *Studia Missionalia* 7 (1952): 425-515.

——. "Musica e canti Italiani a Pechino," *Revista degli Studi Orientali* 30 (1955): 131-45.

——. "Presentazione della prima traduzione Cinese di Euclide," *Monumenta Serica* 15:1 (1956): 161-202.

CICERO, TULLIUS. *De Senectute*. Tr. W. A. Falconer. New York: Loeb Classical Library, 1923.

CIPOLLA, CARLO M., ed. *The Fontana Economic History of Europe: The Sixteenth and Seventeenth Centuries*. Glasgow: Collins, 1981.

CLAIR, COLIN. *Christopher Plantin*. London: Cassell, 1960.

CLAVIUS, CHRISTOPHER. *Astrolabium*. Rome: Bartholomo Grasso, 1593.

CLERCQ, CARLO DE. "Les éditions bibliques, liturgiques et canoniques de Plantin," in *Gedenkboek der Plantin-Dagen*, pp. 283-318. Antwerp, 1956.

CONWAY, CHARLES ABBOTT, JR. *The Vita Christi of Ludolph of Saxony and Late Medieval Devotion Centred on the Incarnation: A Descriptive Analysis*. Salzburg: Analecta Cartusiana, 1976.

COOPER, MICHAEL, S.J. "The Mechanics of the Macao-Nagasaki Silk Trade," *Monumenta Nipponica* 27 (1972): 423-33.

CORREIA-AFONSO, JOHN, S.J. *Jesuit Letters and Indian History, 1542-1773*, 2d ed. London: Oxford University Press, 1969.

——. *Letters from the Mughal Court: The First Jesuit Mission to Akbar (1580-1583)*. St. Louis: Institute of Jesuit Sources, 1981.

——. "More about Akbar and the Jesuits," *Indica* 14:1 (March 1977): 57-62.

COSTA, ANTHONY D'. *The Christianisation of the Goa Islands, 1510-1567*. Bombay, 1965.

COUTO, DIOGO DO. *Decada Decima da Asia*. Lisbon, 1788.

CRONIN, VINCENT. *The Wise Man from the West*. London, 1955.

CROS, JOSEPH-MARIE, S.J. *Saint François de Xavier, sa vie et ses lettres*. 2 vols. Toulouse and Paris, 1900.

CULLEY, THOMAS, S.J., and CLEMENT MCNASPY, S.J. "Music and the Early Jesuits (1540-1565)," *Archivum Historicum Societatis Iesu* 40 (1971): 213-45.

CUSHNER, NICHOLAS P. "Merchants and Missionaries: A Theologian's

*Cambridge History of Islam*. Ed. P. M. Holt, Ann Lambton, Bernard Lewis. Vol. 1A, *The Central Islamic Lands*; vol. 2A, *The Indian Sub-Continent*. Cambridge: Cambridge University Press, 1977.

CANISIUS, PETER. *Ane Cathechisme, 1588*. English Recusant Literature, vol. 32. Menston, Yorkshire: Scolar Press, 1970.

CARLETTI, FRANCESCO. *My Voyage around the World: A 16th Century Florentine Merchant*. Tr. Herbert Weinstock. London: Methuen, 1963.

CARRUTHERS, DOUGLAS. "The Great Desert Caravan Route, Aleppo to Basra," *Geographical Journal* 52 (July-December 1918): 157-84, map facing p. 204.

CASTELLANI, GIUSEPPE, S.J. "La Tipografia del Collegio Romano," *Archivum Historicum Societatis Iesu* 2 (1933): 11-16.

CERVANTES, MIGUEL. *Don Quixote*. Tr. J. M. Cohen. Penguin Books, 1982.

CHAN, ALBERT, S.J. "Chinese-Philippine Relations in the Late Sixteenth Century and to 1603," *Philippine Studies* 26 (1978): 51-82.

——. *The Glory and Fall of the Ming Dynasty*. Norman: University of Oklahoma Press, 1982.

——. "Peking at the Time of the Wanli Emperor (1572-1619)," in *Proceedings of the International Association of Historians of Asia*, Second Biennial Conference, Taipei, Taiwan, 1962, pp. 119-47.

CHAUNU, PIERRE. *Les Philippines et le Pacifique des Ibériques* (*XVIe, XVIIe, XVIIIe siècles*). Paris: S.E.V.P.E.N., 1960.

CH'EN, KENNETH. "A Possible Source for Ricci's Notices on Regions near China," *T'oung Pao* 34 (1938): 179-90.

程大約，《程氏墨苑》13 + 9 卷，1609。

CHENG PEI-KAI. "Reality and Imagination: Li Chih and T'ang Hsien-tsu in Search of Authenticity." Ph.D. dissertation, Yale University, 1980.

University of California Press, 1967.

——. *Fidalgos in the Far East, 1550-1770*. London: Oxford University Press, 1968.

——. "Macao as a Religious and Commercial Entrepôt in the sixteenth and Seventeenth Centuries," *Acta Asiatica* 26 (1974): 64-90.

——. Moçambique Island as a Way-station for Portuguese East-Indiamen, *Mariners' Mirror* 48 (1962): 3-18.

——. *Portuguese Society in the Tropics: The Municipal Councils of Goa, Macao, Bahia and Luanda, 1510-1800*. Madison: University of Wisconsin Press, 1965.

——, ed. *South China in the Sixteenth Century: Being the narratives of Galeote Pereira, Fr. Gaspar da Cruz, O.P., Fr. Martín de Rada, O.E.S.A. (1550-1575)*. London: Hakluyt Society, 1953.

——. *The Great Ship from Amacon: Annals of Macao and the Old Japan Trade, 1555-1640*. Lisbon, 1959.

BRADING, D. A., and HARRY E. CROSS. "Colonial Silver Mining: Mexico and Peru," *Hispanic American Historical Review* 52 (1972): 545-79.

BRAUDEL, FERNAND. *The Wheels of Commerce* (*Civilization and Capitalism, 15th-18th Century*, vol. 2). Tr. Siân Reynolds. New York, 1982.

BROOK, TIMOTHY. "The Merchant Network in 16th Century China," *Journal of the Economic and Social History of the Orient* 24:2 (May 1981): 165-214.

BROOKS, MARY ELIZABETH. *A King for Portugal: The Madrigal Conspiracy, 1594-95*. Madison and Milwaukee: University of Wisconsin Press, 1964.

BROWN, L. W. *The Indian Christians of St. Thomas: An Account of the Ancient Syrian Church of Malabar*. Cambridge: Cambridge University Press, 1956.

Columbia University Press, 1980.

BERNARD, HENRI, S.J. *Aux Portes de la Chine: Les Missionaires du Seizième Siècle, 1514-1588*. Tientsin, 1933.

——. *La Découverte de Nestoriens Mongols aux Ordos et l'histoire ancienne du Christianisme en Extrême-Orient*. Tientsin, 1935.

——. *Le Frère Bento de Goes chez les Musulmans de la Haute Asie* (*1603-1651*). Tientsin, 1934.

——. *Le Père Matthieu Ricci et la Société Chinoise de son temps* (*1552-1610*). 2 vols. Tientsin, 1937.

——. *Les Iles Philippines du Grand Archipel de la Chine: Un essai de la conquête spirituelle de l'Extrême-Orient, 1571-1641*. Tientsin, 1936.

——. *Matteo Ricci's Scientific Contribution to China*. Tr. E. C. Werner. Peiping, 1935.

BERTUCCIOLI, GIULIANO. *A Florentine in Manila*. Manila: Philippine-Italian Association, 1979.

BETTRAY, JOHANNES, S.V.D. *Die Akkommodationsmethode des P. Matteo Ricci S.I. in China*. Rome: Analecta Gregoriana, 1955.

BOCCACCIO, GIOVANNI. *The Decameron*. Tr. G. H. McWilliam. Harmondsworth: Penguin Books, 1972.

BODENSTEDT, MARY IMMACULATE. *The Vita Christi of Ludolphus the Carthusian*. Washington, D.C.: Catholic University of America Press, 1944.

BORTONE, FERNANDO, S.J. *P. Matteo Ricci S.J.: Il "Saggio d'Occidente."* Rome: Editori Pontifici, 1965.

BOSWELL, JOHN. *Christianity, Social Tolerance and Homosexuality*. Chicago: University of Chicago Press, 1980.

BOVILL, E. W. *The Battle of Alcazar: An Account of the Defeat of Don Sebastian of Portugal at El-Ksar el-Kebir*. London: Batchworth, 1952.

BOXER, C. R. *The Christian Century in Japan, 1549-1650*. Berkeley:

(1908): 194-224; 26 (1909): 52-80, 189-220, 301-24.

ANGELES, F. DELOR. "The Philippine Inquisition: A Survey," *Philippine Studies* 28 (1980): 253-83.

AQUINAS, THOMAS. *The Pocket Aquinas*. Ed. and intro. Vernon J. Bourke. New York, 1960.

——, comp. *Catena Aurea: Commentary on the Four Gospels Collected out of the Works of the Fathers by S. Thomas Aquinas*. Tr. M. Pattison et al. 6 vols. Oxford: Parker, 1874.

ATWELL, WILLIAM S. "International Bullion Flows and the Chinese Economy circa 1530-1650," *Past and Present* 95 (1982): 68-90.

AUGUSTINE. *The Confessions of St. Augustine*. Tr. E. B. Pusey. London: Everyman's Library, 1957.

AZEVEDO, J. LUCIO D'. *Historia dos Christãos Novos Portugueses*. Lisbon, 1921.

BACON, FRANCIS. *Selected Writings*. Ed. Hugh G. Dick. New York: Modern Library, 1955.

BAIÃO, ANTÓNIO. *A Inquisição de Goa*. 2 vols. Lisbon, 1930, 1945.

BARTHES, ROLAND. *Sade, Fourier, Loyola*. Tr. Richard Miller. New York, 1976.

BAXANDALL, MICHAEL. *Painting and Experience in Fifteenth Century Italy*. Oxford: Clarendon Press, 1972.

BECKMANN, JOHANNES. *China im Blickfeld der mexikanischen Bettelorden im 16. Jahrhundert*. Schöneck/Beckenried, Schweiz, 1964.

BEISSEL, STEPHAN, S.J. *Geschichte der Verehrung Marias im 16. und 17. Jahrhundert*. Freiburg, 1910.

BELLAY, JOACHIM DU. *Les Regrets et autres oeuvres poëtiques, suivis de Antiquitez de Rome*. Geneva: Droz, 1966.

BERLING, JUDITH A. *The Syncretic Religion of Lin Chao-en*. New York:

# 參考書目

ACQUAVIVA, CLAUDIO. *The Directory to the Spiritual Exercises* (1599), in *The Spiritual Exercises of Saint Ignatius of Loyola*. Tr. W. H. Longridge. London: A. R. Mowbray, 1950, pp. 273-351.

——. *Letters* (*29 Sept. 1583*), in *Renovation Reading*, pp. 47-69. Woodstock College, 1886.

——. *Letters* (*19 May 1586*), in *Renovation Reading*, pp. 78-95. Woodstock College, 1886.

——. *Letters* (*12 Jan. 1590*), in *Lettres choisies des Généraux aux pères et frères de la compagnie de Jésus*, vol. 1, pp. 109-13. Lyon, 1878.

——. *Letters* (*1 Aug. 1594*), in *Lettres choisies des Généraux aux pères et frères de la compagnie de Jésus*, vol. 1, pp. 118-30. Lyon, 1878.

——. *Letters* (*14 Aug. 1601*), in *Select Letters of Our Very Reverend Fathers General to the Fathers and Brothers of the Society of Jesus*, pp. 47-49. Woodstock College, 1900.

*Ad Herennium*. Tr. Harry Caplan. New York: Loeb Classical Library, 1968.

ADVERSI, ALDO. "Ricci, Matteo," in Vincenzo Brocco, comp., *Dizionario Bio-Bibliografico dei Maceratesi*, pp. 357-95, vol. 2 of *Storia di Macerata*. Macerata, 1972.

AGRIPPA, CORNELIUS. *Of the Vanitie and Uncertaintie of Artes and Sciences*. Tr. James Sanford. London: Henry Wykes, 1569.

ANCEL, RENÉ. "La disgrâce et le procès des Carafa, d'après des documents inédits (1559-1567)," *Revue Bénédictine* 24 (1907): 224-53, 479-509; 25

[Harvard University Press, 1930], 3/298）。永山時英的《對外史料美術大觀》，以及西村貞的翔實探討文〈日本耶穌會〉，都確認此畫來自長崎，以及其與中國版的差異：但這兩位學者都無法提供這個傳播鏈裡將兩個版本連在一塊的環節。使情況更加棘手的，北京珍本圖書館裡的那本程大約《程氏墨苑》（在哈佛、耶穌兩大學圖書館可取得此書的微捲），完全不見此畫，而由該書第六卷（下）頁 43 不整齊的頁邊可看出，這顯然是遭人裁掉：聖母畫本應位在羅得、所多瑪畫的對面，一如以馬忤斯畫位在掙扎於波濤中的彼得那幅畫對面（同上，頁 38a and b）。由該卷目錄，可看出這幅聖母版畫本應位在那裡（令人困惑的，在此目錄頁上，把該卷印為第十二卷）。在此卷，前三幅圖都搭配了文字解說，接下來這幅，則有圖而無文。因此，我只能使用印在利瑪竇《利瑪竇題寶像圖》裡的那個版畫。

87 Huguette and Pierre Chaunu, *Seville et l'Atlantique* (*1504-1650*), 8 vols. (Paris, 1955)，尤其第三卷，"Le trafic de 1561 à 1595"，對塞維爾於此時海外貿易裡所扮演的角色，有極詳細的說明。

## 第九章

1 *OS*, p. 214，一五九六年十月十二日信，引文由汾屠立鑑定出來。譯文出自 Robert Fitzgerald 之手，*The Aeneid* (Random House, 1983), p. 164。

2 *FR*, 1/5。這段文字是利瑪竇為他的《中國札記》所寫之自序的開頭。

3 *OS*, p. 26，一五八一年十二月一日信："*mas ja em mansebo tenho a naturesa dos velhos que sempre louvo o tempo passado*"。*Mansebo*,（「年輕」），用標準葡萄牙語，會寫成 *mancebo*。

斂心默禱。同上，頁 94-95，介紹了阿夸維瓦對「靈魂之純粹慈愛與平和」的想法。

78 Ignatius of Loyola, *Spiritual Exercises*, tr. Puhl, p. 52, nos. 111-114。Barthes, *Sade, Fourier, Loyola*, p. 64，對這段文字有精闢評論。

79 Ignatius of Loyola, *Exercitia Spiritualia* (Madrid, 1919), annotated ed., pp. 65-66，有類似的原文例子。關於偽馬太福音書，參見 *New Testament Apocrypha*, ed. Wilson and Schneemelcher, 1/406-408。

80 Ignatius, *Exercitia Spiritualia* (Madrid, 1919)，（對此手冊裡的問題作更進一步的注解），p. 109 n. 17。Ludolfus, *Vita*, ed. Bolard, p. 39 (pt. 1, ch. 9)，引述了克里索斯托姆的話。對「耶穌誕生時的接生婆之類的杜撰之事」所提出的其他批評，參見 Baxandall, *Painting and Experience*, p. 43。

81 *FR*, 1/87.

82 Montaigne, *Journal de Voyage*, p. 237.

83 Martin, *Roma Sancta*, pp. 90-91.

84 利瑪竇在 *FR*, 1/305 描述了此事。關於麥安東不在身邊，參見 ibid., and Dehergne, *Répertoire*, p. 8；關於作為重要禮物的蠟和燈油，參見 *FR*, 1/195, 2/482。

85 利瑪竇，《記法》，頁 5（重印本，頁 17）。

86 利瑪竇，《利瑪竇題寶像圖》，頁 6b。Berthold Laufer 一九一〇年鑑定出韋里克斯版畫以塞維爾教堂的畫為本製成，並將此研究成果發表在他的 "Christian Art in China," pp. 110-111，但仍有一些令人不解的問題。根據此版畫的圖說，似乎明顯可認定此版畫和 Louis Alvin, *Catalogue raisonné de l'oeuvre des trois frères Jean, Jérome et Antoine Wierix* (Brussels, 1866) 頁 98 編號 546 的韋里克斯版畫是同一幅，但利瑪竇版和日本版只有局部類似那幅韋里克斯版畫（複製於 Mauquoy-Hendrickx, *Les Estampes de Wierix*, 1/114）或位於塞維爾的那幅原畫（複製於 C. R. Post, *A History of Spanish Painting*

落來自 *DMB*, p. 1140。

68　*FR*, 2/104-105。李贄的極端三教合一論，可能使他親近於利瑪竇，誠如李贄所寫的，探討三教者，不能帶著狹隘之心去探討（Berling, *Syncretic Religion*, p. 53）。

69　洪明水，〈袁宏濤〉，頁 214-216，對這個文人圈有深入的介紹。

70　*FR*, 2/106.

71　*DMB*, p. 814 的英譯文。

72　*FR*, 2/184-186.

73　*DMB*, p. 444.

74　利瑪竇在《畸人十篇》1/9（重印本，頁 133）如此說。關於同一段落更早時就出現於他處，請拿《天主實義》頁 422 和《畸人十篇》重印本頁 125-126 比較。

75　比較利瑪竇《畸人十篇》頁 125-126 和《天主實義》頁 422-423。唯一更改之處，係後者的「九尺之軀」，在前者裡改為「七尺之軀」。*Lettres*，頁 189-190 頗為信實。透過 John Young, *Confucianism and Christianity*, pp. 28-39，可以探究這個段落在《天主實義》整個學說裡的地位；也參見胡國楨（Peter Hu）〈簡介天主實義〉頁 255-256 的細解。胡國楨和 Douglas Lancashire 正準備把整部《天主實義》譯為英文。

76　Conway, *Vita Christi*, pp. 83 and 90；關於道成肉身這個文藝復興時期的神學主題的影響力，參見 O'Malley, *Praise and Blame*, pp. 140-142。

77　Conway, *Vita Christi*, p. 83 談僧侶。利瑪竇的老師接受並諒解利瑪竇沒多少時間斂心默禱，認為斂心默禱雖是好事，對講究實際作為的繁忙耶穌會士來說，花太多時間在斂心默禱上並無必要；誠如他們所說，「*Vita mixta, tanto nobilior est et utilior*」。根據 Iparraguirre, "Para la historia de la oración," pp. 83 and 124. Ibid., p. 88，常收到利瑪竇從中國來信的 Fabio de Fabi，寫了一份兩百頁的手稿談祈禱和

*Akkomodationsmethode*, pp. 256-266，概述了他的反佛論點。

57 《三字經》，標準本第十三、十四句。

58 基本論點位在利瑪竇《天主實義》頁 492-493、*Lettres Edifiantes*，頁 255-256；把下層人民說成畢達哥拉斯學派的信奉者，*OS*, p. 57，一五八五年十月二十日給阿夸維瓦的信；關於殺嬰的論點，*FR*, 1/99。方豪，〈天主實義之改竄〉，考察了《天主實義》的幾個版本和其序。

59 利瑪竇《天主實義》頁 495-507；*Lettres Edifiantes*, pp. 258-270。

60 利瑪竇，《畸人十篇》，第六章。

61 Lancashire, "Buddhist Reaction," pp. 83-85（把虞淳熙之名拼寫為 Yü Shun-hsi）：信件原文位於利瑪竇《辨學遺牘》頁 637-650（佛教創立至此時已兩千年，但西元五世紀後才盛行於中國）。

62 引文位於 *OS*, p. 360。關於利瑪竇在他處更簡短提及類似批評，參見 *OS*, pp. 277, 345。

63 被引用於 Yü, *Renewal*, pp. 88-89；關於更早那封信，參見 Lancashire, "Buddhist Reaction," p. 86。

64 *FR*, 2/180-181.

65 *FR*, 2/75-79，以及三淮傳，2/75 n. 5。

66 頭幾次會面，參見 *FR*, 2/66-68。李贄當時和焦竑住在一起。率先探討這些詩和利瑪竇—李贄關係的著作，係 Otto Franke, "Li Tschi und Matteo Ricci"：他對第一首詩的分析和翻譯，參見頁 14-17；此詩似乎出現在李贄的《焚書》頁 247。如今學界探討李贄的新著作甚多，我無意在此扼要重述；值得一讀的生平簡介，參見 *DMB*, pp. 807-818。W. T. de Bary 所編的 *Self and Society in Ming Thought* (Columbia University Press, 1970)，頁 188-225，探討了李贄與當時主流哲學流派的關係，Cheng Pei-kai, "Reality and Imagination" 一文，則探究了他在經濟、政治領域的地位。

67 李贄寫給一不知名友人的信，收於李贄《焚書》頁 35。英譯的段曝光，2/455。Bettray, *Akkomodationsmethode*, pp. 365-382，充分探討了十字架在當時的作用。

44 找畫家，*OS*, pp. 159, 254；郭居靜聖母像，*FR*, 2/247, 254；關於祭壇，*FR*, 2/330；入教者自印聖母像；2/339；驅邪，2/335。

45 Ibid., 2/349.

46 Ibid., 2/105 n. 6。此畫家是 Emmanuel Pereira (*FR*, 2/9 n. 7)，一五七五年出生的澳門中國人，當時在南京當見習修士。

47 *FR*, 2/333-34; Dehergne, *Répertoire*, p. 257.

48 *FR*, 1/318 and 319.

49 四十達克特（原文作 *scudi*），*FR*, 2/349-350；自家火爐，2/480；七十八歲老漢，2/248。

50 「戰利品」，*FR*, 2/94；畫作，*OS*, p. 63、*FR*, 2/330；畫家的全部收藏，2/261；瞿汝夔，*FR*, 2/342、*OS*, p. 269, "*tre cassoni*" of books；李應時，*FR*, 1/69 n. 2 and 2/261。

51 *FR*, 2/345. Trigault, tr. Gallagher, p. 470，更改了這段話的意思，淡化瞿汝夔乞求聖母之舉的意義。

52 *FR*, 2/341 and 342.

53 關於佛教的善行，參見 Yü Chün-fang, *Renewal of Buddhism in China*, and Geiss, "Peking," p. 40。關於李路加信佛一事，參見 *FR*, 2/48；他棄佛改信基督教時，組織成員曾欲以不當取財的罪名把他告上官府。

54 燒神像，*FR*, 2/243，把觀音像誤認為聖母，見 2/398 n. 3。沈德符在《萬曆野獲編》頁 785 說利瑪竇堅決反佛，但在辯論時稱讚他立論公允。

55 關於沙勿略，參見 Cros, *Saint François*, 2/28；關於利瑪竇，*OS*, p. 55, and *FR*, 1/314-315, 357。

56 利瑪竇的飲食，*FR*, 2/535 n. 1；關於豬，利瑪竇，《天主實義》，頁 510，514；*Lettres Edifiantes*, pp. 273-275。Bettray,

29 *FR*, 1/328-30; Pfister, p. 45。關於石方西其實死於一五九三年十一月（而非如利瑪竇所寫的一五九四年），參見 d'Elia, *FR*, 1/328 n. 1。同上，頁 328，利瑪竇說石方西來此學院就讀時是個「男孩」（*fanciullo*），因此，若說他在一五七七年他十五歲之前就在那裡，的確有可能。

30 Ignatius of Loyola, *Exercitia Spiritualia*, pp. 62-64，尤其 n. 17。關於阿夸維瓦，Villaret, *Les Congrégations*, pp. 78-79。

31 Guibert, Jesuits, pp. 137 and 37.

32 關於利瑪竇和其圖畫，參見 *FR*, 1/188, 189, 193，以及面對 2/126、128 的插圖 14、15。注意 Ranke 對阿夸維瓦的以下評論：「年輕人充滿熱忱緊跟著他」（*History of the Popes*, p. 198）。

33 Acquaviva, *Letters* (*19 May, 1586*), pp. 94-95，（標點符號稍有更動）。

34 莫三比克，Gomes, *Tragic History of the Sea*, 1589-1622, tr. Boxer, pp. 186, 271；阿克巴，*OS*, p. 5；*FR*, 1/153 nn. 1 and 5 談澳門教堂。

35 王泮的要求，*FR*, 1/188 n. 2 and 1/193。

36 謝肇淛，《五雜俎》，頁 120。

37 利瑪竇談困惑，*FR*, 1/194。參見同上，1/194 n. 2 談張耕（Zhang Geng / Chang Keng，*Eminent Chinese*, p. 99），以及 *FR*, 2/85n. 談南京。

38 *OS*, p. 60，一五八五年十月二十日信。要從全局的角度思考此事，請參見對即使是當時的西斯汀禮拜堂也沒有基督受難像一事的探討，O'Malley, *Praise and Blame*, p. 140。

39 畫位於 *FR*, 1/232, 274, 2/29；再複製，2/330。

40 *FR*, 2/110 談馬堂；*FR*, 2/123 n. 5 談禮物，2/125 談皇后。

41 *FR*, 2/115，把利瑪竇筆下的「*fatticio*」改為「*fattaccio*」（犯罪）。

42 Ibid., 2/116, 118.

43 銅牌，*FR*, 1/302；版畫，*FR*, 2/461, 512；教堂屋頂，1/200n.；不讓

14 Martin, *Roma Sancta*, pp. 29-38，列出許多聖徒遺物，這裡所述只是其中一小部分。

15 Ibid., pp. 39-40，拼寫方式經現代化；頁 48。

16 利瑪竇所擁有的聖徒遺物，*FR*, 2/121 and 116 n. 7；送給他人的禮物和李路加的書，*FR*, 2/481-482 and 1/261。

17 Villaret, "Les premières origines," pp. 28-37, 44-49.

18 Gentili and Adversi, "La Religione," p. 43.

19 Miller, "Marianischen Kongregationen," p. 253; *FR*, 2/552 n. 3; Ganss, "Christian Life Communities," p. 48.

20 例子來自 from Martin, *Roma Sancta*, pp. 206-209。

21 Miller, "Marianischen Kongregationen," p. 257; Villaret, *Les Congrégations*, pp. 41-45.

22 *Doc. Ind.*, 11/368; Villaret, *Congrégations*, pp. 43 and 478, and Villaret, "Premières origines," p. 35。關於在孟加拉的其他團體，參見 Correia-Afonso, "Akbar and the Jesuits," p. 62。在 Boxer, *South China*, p. 53，加斯帕爾・達・克魯斯列出其他修會在傳播聖母崇拜上的成就。

23 *FR*, 1/160, 166; Margiotti, "Congregazioni," 18/256.

24 Hicks, "English College," p. 25; Mullan and Beringer, *Sodality*, doc. 5; Ganss, "Christian Life Communities," pp. 46-47.

25 Mullan and Beringer, *Sodality*, p. 26 and doc. 9，各處。阿夸維瓦係在文件 7 的一封一五八七年六月十六日信中，提到禁止女人入會的理由（女人「*por no ser esto conforme a la edificacion.*」）。這證實了 Ranke 的以下看法：阿夸維瓦「這個人表面上極溫文謙和，但不為人知的是個性極固執」（*History of the Popes*, p. 198）。

26 *FR*, 2/482; Margiotti, "Congregazioni," pp. 132-133.

27 徐光啟，在 *FR*, 2/361；李之藻，在 *FR*, 2/544 nn. 1 and 3。

28 早期傳言，Hicks, "English College," pp. 3-4；次級團體，Villaret, *Les Congrégations*, pp. 417-419。

的病給治好一事對蒙田的影響。蒙田係在親自走訪此地時遇見他。

5 對神蹟和聖母堂的探討，見 Gentili and Adversi, "La Religione," p. 43（參考書目在注 105）。關於其他二十座教堂的名稱和地點，參見 *Storia di Macerata*，第五卷，插圖 5，面對頁 312，"Macerata alla fine del secolo XVI"。馬切拉塔一地聖母崇拜的背景說明，可見於同一卷，頁 247-293，在 Mons. Elio Gallegati 的兩篇文章，"Note sulla Devozione Mariana nel Basso Medioevo"。對馬切拉塔所持有之早期宗教藝術品的考察，見馬切拉塔觀光局出版品 *Pittura nel Maceratese dal Duecento al Tardo Gotico* (Macerata; Ente Provinciale per il Turismo, 1971)。

6 Ignatius, *Spiritual Exercises*, no. 63，三次交談（triple colloquy）。

7 引自 Charles Conway, *Vita Christi*, p. 13（小幅更動）。

8 他在 *OS*, pp. 99、115 提到她。關於其他小孩，參見 Adversi, "Ricci," pp. 357-358。

9 *OS*, pp. 96, 113, 122, 218, 278, 374。有個例外，係利瑪竇得悉父親未死後，一六〇五年五月十日寫的傷感之信，*OS*, p. 268。

10 *OS*, p. 97，一五九二年十一月十二日寫給父親的信。

11 Tacchi Venturi, *Storia della Compagnia di Gesù*，2/15（圍城）、16-17（醫治）、21（見異象）。

12 羅耀拉寫信給姊姊和去見姊姊，同上，頁 22-24。利瑪竇在一五九二年十一月十二日寫給父親的信中，提到他能下床後作了彌撒（*OS*, p. 97）。關於在澳門醫治和跛腳，參見 *FR*, 1/321-323。Michel de Montaigne, *Oeuvres complètes*, bk. 3, ch. 11，有探討他跛腳的出色文章，"Des Boyteux"。此文係 Natalie Davis, *Return of Martin Guerre* 一書某章的探討焦點。

13 *Inferno*, I, lines 28-30，被引用於 John Freccero, "Dante's Firm Foot," p. 250，分析於同書，pp. 252-255。*FR*, 1/321 and 323 談到一再疼痛的原因。

89 *FR*, 1/155 and 1/155 n. 6; Bernard, *Aux Portes*, pp. 100-101.

90 *FR*, vol. 1，插圖 9，頁 194 對面，提供了這個中文版十誡的原文——第六誡為「莫行淫邪穢等事」。

91 亦即，〈哥林多前書〉：7:32-33；〈提摩太後書〉：2:3；Epictetus, *Discourses*, bk. 3, ch. 22, pp. 155-159。

92 《天主實義》，頁 608-614（引文來自頁 612、613）：*Lettres édifiantes*, pp. 361-366。

93 《天主實義》，頁 615；法文版，頁 366，得到恰如其分的刪節。

94 Ignatius of Loyola, *Spiritual Exercises*, tr. Puhl, sec. 58, pt. 5; sec. 60.

95 Claudio Acquaviva, *Letters* (*Sept. 29, 1583*), p. 69; *Letters* (*May 19, 1586*), p. 82; and *Letters* (*Aug. 1, 1594*), p. 130.

96 Acquaviva, *Directory*, tr. Longridge, pp. 277-279; Acquaviva, *Letters* (*Aug. 14, 1601*), p. 48.

97 See *FR*, 1/315 and 2/490.

98 Acquaviva, *Directory*, pp. 304-305.

99 利瑪竇的話來自論所多瑪城的第一段，《利瑪竇題寶像圖》，頁 7。

## 第八章

1 引文，*OS*, p. 245。關於科斯塔生平，參見汾屠立在 *OS*, p. 119 n. 1 的評論。利瑪竇在此寫到「Nicola Bencivenni」，但在更早的一封信中（*OS*, p. 122）正確拼寫出他的姓名。

2 Beissel, *Verehrung Marias*, pp. 424-428, 435-437。Tasso 致敬此聖祠的詩，位於同書，頁 440-442。Ignatius of Loyola, *Spiritual Exercises*, tr. Puhl, no. 103。

3 Montaigne, *Journal de Voyage*, pp. 258-260.

4 Beissel, *Verehrung Marias*, p. 483，引述了 Adam von Einsiedeln 一五七四年到訪之事，至於馬切拉塔的某些早期出版品，見同書頁 484 注 2。Montaigne, *Journal de Voyage*, p. 261，探討了 Michel Marteau

75 Joseph-Marie Cros, *Saint François*, 2/12。類似段落，見 Boxer, *Christian Century in Japan*, pp. 35 and 66; and Elison, *Deus Destroyed*, p.35。

76 Cros, *Saint François*, 2/13 談墮胎，2/100 談公開指控。

77 被引用於 Schütte, *Valignano's Mission*, p. 257。

78 Ibid.，頁 279 和 284 談不偏不倚的立場，頁 350 談睡覺規定。Elison, *Deus Destroyed*, p. 41，提供了范禮安對雞姦的看法。

79 被引用於 Schütte, *Valignano's Mission*, p. 245。

80 Fedrici, *Voyages and Travels*, pp. 210-211.

81 Jacobs, *Treatise*（被認定 António Galvão 所作），頁 119-121。其他例子，見 Lach, *Asia in the Making of Europe*, vol. 1, pt. 2, pp. 553-554，包含林斯霍滕同樣意思的陳述（n. 301）。

82 謝肇淛，《五雜俎》，8/4b-5（重印本，頁 209）；謝肇淛生平，參見 *DMB*, pp. 546-550，Hsieh Chao-che 條。陶穀的評論，可見於他的《清異錄》，第一卷，頁 11。Chan, "Chinese-Philippine Relations," p. 71，讓我找到這些段落。

83 謝肇淛，《五雜俎》，第八卷，頁 2（1795 年版）；出於某種原因，這段談異性裝扮癖的文字，在一九五九年北京重印本中刪掉。

84 Montaigne, *Journal de Voyage*, p. 231, and p. 481 n. 515.

85 沈德符，《敝帚齋餘談》，頁 31b-32。我同樣因 Albert Chan 的 "Chinese-Philippine Relations" 一文頁 71，注意到這個段落。

86 關於這個「翰林風」，參見 Robert van Gulik, *Erotic Colour Prints of the Ming Period*, 1/211-212, 222，以及第三卷，插圖 4、19。同上，第一卷，插圖 4、17，以及頁 147，有同性戀人圖。

87 張燮，《東西洋考》，12/11（一九六二年重印本，頁 537）；Chan, "Chinese-Philippine Relations," p. 71。Spate, *Spanish Lake*, p. 159，把菲律賓華人的雞姦行為擺在當時的大環境裡探討。

88 *FR*, 1/204. Henri Bernard, *Aux Portes de la Chine*, p. 101，闡述了中國人把耶穌會士視為「誘姦孩童者」的看法。

61 Ibid., 1/33; Chan, "Peking," p. 128，指出當時這些男孩使歌妓乏人問津。

62 *FR*, 1/98.

63 被德禮賢引用於 *FR*, 1/98 n. 3。

64 Boxer, *South China in the Sixteenth Century*, pp. 16-17.

65 Ibid., p. 223.

66 Ibid., pp. 225-227.

67 Aquinas, ed. Bourke, pp. 220-222，引文在頁 222。John Boswell, *Christianity, Social Tolerance, and Homosexuality*, pp. 319-326，指出阿奎那在此前後文裡使用「自然的」一詞前後不一致。

68 Daniel, *Islam and the West*, pp. 132, 144 (for parallel to Ricci in *FR*, 1/98) and appendix E. Boswell, *Christianity, Social Tolerance, and Homosexuality*, p. 281 and pp. 367-369，談耶路撒冷王國的法律和違法之事。

69 Luther, *Letters of Spiritual Counsel*, tr. Tappert, p. 76.

70 Canisius, *Ane Cathechisme*, ch. 149，拼寫方式經過現代化；Luther, *Letters*, p. 236，一種也可見於路德的 *Lectures on the Epistle to the Hebrews*, ch. 13, v. 2 或其 *Lectures on Romans*, ch. 12, v. 13 裡的詮釋；Boswell, *Christianity*, pp. 97-101，探討了友好款待觀（idea of hospitality）在許多早期注釋裡的獨大地位。

71 Paci, "La Decadenza," p. 195，談馬切拉塔；Jacques de Vitry 對此看法的早期陳述，參見 Boswell, *Christianity*, p. 279 n. 32；也參見 Pyrard, *Voyage*, 1/195 and 307 ，對馬爾地夫群島之雞姦行為的看法。

72 引自 Spinola 一五七八年十月二十六日信，*Doc. Ind.*, 11/320；斷了執行規定的念頭，*Doc. Ind.*, 10/282。

73 引自 Carletti, *My Voyage*, pp. 209 and 212。同樣生動的描述，見法國商人 Pyrard, *Voyage*, 2/112-113。

74 Baião, *Inquisição*, 1/43-45. Costa, *Christianisation*, p. 195.

583。

48 *FR*, 2/30.

49 Ibid., 1/125，談佛教徒的腐敗；1/98 談「沒有男子氣概的人」（*gente effeminata*）。

50 Ibid., 1/76, 79，酒醉之事討論於 1/101。

51 Geiss, "Peking," p. 185.

52 Ibid., pp. 41 and 191.

53 徐光啟之言被引用於 Geiss, "Peking," pp. 175 and 177。關於乞丐冬季時避寒於禾草堆，參見 Chan, "Peking at the Time of the Wanli Emperor," pp. 141-142, and Geiss, "Peking," p. 172。Galeote Pereira (Boxer, *South China*, p. 31) 表示在華南看不到乞丐，令他驚訝。Martin de Rada (ibid., p. 294)，後來看到許多乞丐，尤其是盲人乞丐。

54 *FR*, 2/25 談面罩和旅行方式；關於沙塵暴和居民的面罩，參見 Chan, "Peking," p. 124, and Geiss, "Peking," pp. 33-34, 45-48。

55 *FR*, 1/98-99，把斯庫多換算為達克特；這個要價三錢的男孩，參見 *FR*, 2/111 n. 2。

56 把 *FR*, 1/98 裡的這些段落與 Gallagher 譯的金尼閣著作頁 86 刪掉的部分相比較。有個女人小時候就被賣入娼寮，參見 Boxer, *South China*, pp. 150, 152，加斯帕爾．達．克魯斯的說法。

57 摘要的記述，位於 Chan, "Peking," p. 141。加斯帕爾．達．克魯斯（Boxer, *South China*, p. 122）指出，在南部，瞎眼女人往往是妓女，由與其結伴的「照料者」幫她們穿著打扮，賣身收入一部分歸「照料者」。

58 *FR*, 1/241; in ibid., 1/242 n. 6，德禮賢添加了關於此事的其他罕有資料。

59 Ibid., 2/381-382.

60 Prints and plays, ibid., 2/234-235.

36 Ray Huang, *1587*, pp. 125-128, and 246 nn，精彩描述了此陵墓的興建過程。Ann Paludan, *The Imperial Ming Tombs* (Yale University Press, 1981)，把此陵——定陵——說成十號陵。這是第一部讓我們得以從萬曆皇帝的先祖和其後代的陵墓建築風格的角度了解定陵建造的專題論著。

37 *FR*, 2/174 n. 4.

38 Ibid., 2/131.

39 Ibid.

40 Ibid., 2/541，以及本書第五章的結尾。

41 *FR*, 2/471-472 談地圖和造訪；2/126-128 談鐘的外殼，令利瑪竇驚愕的，鐘殼花掉一千三百達克特。

42 Ibid., 1/100，稱他們「平民百姓」（"*gente plebeia*"）。Charles Hucker, *Censorial System of Ming Ching*, pp. 44-45，對此時太監政治權力之大，提出了甚有見地的看法。

43 馮保，*FR*, 2/65，但利瑪竇對這次登門拜訪，語甚挖苦；提醒勿怠慢馬堂，2/109；雜技表演，2/112，利瑪竇覺得「*garbata*」。Albert Chan, "Peking at the Time of the Wanli Emperor," p. 136，提供了更多這類雜技表演的例子。

44 *DMB*, p. 331 和 Wang Ying-chiao（王應橋）條下提及之處；Yuan, "Urban Riots," pp. 287-292；*FR*, 2/81-82 談屋下的假「礦」，2/107 談臨清。

45 *FR*, 2/93.

46 *DMB*，頁 210，Cheng Kuei-fei（程奎飛）條，頁 142-143，Chen-k'o (Zhenke)（沈真可）條。利瑪竇不留情的評論，在 *FR*, 2/190。徐朔方，〈湯顯祖和利瑪竇〉，考察了湯顯祖和利瑪竇可能有往來一事；就這件事來說，真可顯然不是他們的共同友人。

47 *OS*, p. 259，汾屠立的信，日期注明為一六〇五年二月，但後來德禮賢修正為一六〇五年五月十二日。大屠殺背景說明，在 *DMB*, p.

19 臥亞詳情，在 Pyrard, *Voyage*, 2/102-104（稍後時期的情況），以及 Costa, *Christianisation*, p. 24；關於澳門數據，Boxer, “Macao,” pp. 65-67, and Ptak, “Demography of Old Macao,” p. 30；根據 *FR*, 2/433，神父鄂本篤帶著他在途中所買的兩個男童奴抵達徐州。

20 *FR*, 1/246。關於逃掉的奴隸，參見 *FR*, 1/262 和本書第五章。

21 *FR*, 1/204，談到利瑪竇得自「*un putto Indiano que sapeva parlare meglio que lui un puoco la lingua cinese*」的幫助；*FR*, 1/246, “*i cinese hanno grande paura*”。

22 *FR*, 1/99；我推斷他所謂的「*altri christiani*」意指葡萄牙人。

23 關於價格，參見 Pantoja, *FR*, 1/99 n. 1 and Mocquet, *Voyages*, p. 342——以「兩」計是十二、十五兩。關於以奴隸為祕書，參見 “Ioan Pay” in Mocquet, *Voyages*, p. 333, and Boxer, *Fidalgos*, pp. 224-225。Boxer, loc. cit.，說明了罰金（以克魯札多計）。

24 *FR*, 1/98-99. Maffei, *L'Histoire*, p. 253，重述這些批評。

25 作物，*FR*, 1/17；瓷器，1/22；鑑賞能力，1/91；印刷技術：1/31。

26 引文，*FR*, 1/120；也參見同上，1/39-40, 118-119。

27 *FR*, 1/56 and 60。關於明朝都察院，參見 Charles Hucker 的精闢之作，*The Censorial System of Ming China*。

28 *FR*, 1/108-109，「不得體的行為」原文為「*sconcie*」。

29 Ibid., 1/281.

30 Ibid., 1/282.

31 利瑪竇的評論，在同上，1/93, 110，引文 1/101。

32 *OS*, p. 70.

33 *FR*, 1/59 and 79, 1/101-102.

34 Ibid., 2/144.

35 一六〇八年八月二十三日給 Fabio de Fabi 的信，*OS*, p. 372；*FR*, 1/23 and 2/20，把斯庫多代換為達克特。關於一：十一的金銀兌換率，參見 Delumeau, *Vie économique et sociale*, 2/665-666。

4 Pastor, *History of the Popes*, 14/152-167 談此戰爭；頁 233 談過不完的大齋節。

5 Ibid., 14/265 and 272-275 談猶太人和土地；頁 238-239, 266-268 談懲罰感官享受。

6 Ibid., 14/214-226; du Bellay, *Les Regrets*, poem no. 103; Ancel, "La disgrâce," 24/238-244；洛林樞機主教提出的其他同性戀指控，見 Duruy, *Carafa*, pp. 296-297 n. 4。死法記述，參見 Ancel, "La disgrâce," 26/216-217。

7 引文來自〈以賽亞書〉39: 7。也參見〈以賽亞書〉1:6, 1:9, 3:9, 3:16, 10:6, 13:19, 19:14。D. P. Walker, *Ancient Theology*, p. 8，根據保羅的〈羅馬書〉1:22-27，提出令人心寒的理由來支持雞姦在這個連鎖懲罰裡所起的作用。

8 Paci, "La Decadenza," p. 204 n. 402 and p. 206 n. 410. Ibid., p. 145，有一首有趣的十五世紀流行歌曲以馬切拉塔的風俗敗壞為題。

9 Ibid., p. 174 n. 139.

10 Martin, *Roma Sancta*, pp. 49, 132, 189.

11 Delumeau, *Vie économique et sociale*, 1/404-408.

12 Martin, *Roma Sancta*, pp. 85 and 185；關於羅耀拉的關心，參見 Tacchi Venturi, *Storia della Compagnia*, 1/390。

13 Delumeau, *Vie économique et sociale*, 1/416-427.

14 Martin, *Roma Sancta*, pp. 145-146.

15 Montaigne, *Journal de voyage*, pp. 234-235。同上，頁 348，蒙田拿佛羅倫斯的妓女與威尼斯、羅馬的妓女相比較。

16 參見以下著作裡的生動描述：Duarte Gomez, *Discursos*, pp. 130-131, 156, 186; and Boxer, *Fidalgos*, pp. 227-229。

17 Sassetti, *Lettere*, pp. 125-127.

18 Mocquet, *Voyages*, pp. 285, 307, 343, 351，詳述了一個奴隸出身的中國女人嫁給印度籍基督徒醫生的有趣例子。

右），參見Delumeau, *Vie économique et sociale de Rome*, 2/660-665。

111 *OS*, p. 386.

112 *OS*. p. 246，一五九九年八月十四日信。

113 *OS*, p. 338，一六〇八年三月六日信。

114 Culley and McNaspy, "Music," pp. 217-226.

115 公開表演，*FR*, 1/268；在儀式裡，2/70；和諧悅耳之音，1/130；四聲部和鍵盤，1/32。

116 *FR*, 2/132。在 *FR*, 2/29，利瑪竇把這個樂器稱作「*gravicembalo*」，在2/39則稱作「*manicordio*」。根據 Dehergne, *Répertoire*, no. 607 (p. 193)，龐迪我生於一五七一年，一六〇〇年三至五月間在南京。關於郭居靜，參見 Dehergne, no. 158 and Pfister, no. 15。利瑪竇借助郭居靜高明的音樂本事分析中國人講話的聲調模式，*FR*, 2/32-33。

117 *FR*, 2/134-135.

118 利瑪竇，《西琴曲意八章》，頁 284-285；d'Elia, "Musica e canti," pp. 137-138。此時中國人對利瑪竇的音樂作品甚感興趣：參見陰法魯，〈利瑪竇與歐洲教會音樂的東傳〉，以及在一九八二年《音樂研究》第 4 期頁 70、105 的反駁文章。

119 在 *FR*, 2/134-135，利瑪竇概述他中國籍友人的看法。

## 第七章

1 這組版畫的一覽表，參見 Verbeek and Veldman, *Hollstein's Dutch and Flemish Etchings*, vol. 16, "De Passe (Continued)," pp. 6 and 7; and Franken, *L'oeuvre gravé*, p. 4, nos. 18-21.

2 利瑪竇，《利瑪竇題寶像圖》，頁 6-8；程大約，《程氏墨苑》，第六卷，第二部分，頁 41-43；Duyvendak, "Review," pp. 393-394。

3 Pastor, *History of the Popes*, 14/414-416; Duruy, *Carafa*, pp. 304-305，諷刺文章的例子，在頁 408（附錄 95）；O'Connell, *Counter-Reformation*, p. 83。

子，*FR*, 1/345, 2/15, 2/426。

94 晚宴給小費，*FR*, 1/370；旅行贈禮，*FR*, 2/100 and 2/104；預付旅行開銷，*FR*, 2/101。

95 *FR*, 1/224, 258.

96 *FR*, 1/334, 2/92.

97 Boxer, "Macao," p. 65 談奴隸；*FR*, 1/246 談利瑪竇的「非常黑的卡菲爾人」（"*cafro assai negro*"）和他的其他「印度黑人」（"*negra dell' India*"）。Bettray, *Akkomodationsmethode*, pp. 148-150，探討了使用奴隸之事。

98 利瑪竇的分析，在 *FR*, 1/262。

99 *FR*, 1/262; So, *Piracy*, p. 57，提到當時當海盜的黑人。

100 *OS*, p. 287，一六〇五年七月二十六日，北京，利瑪竇給阿夸維瓦的信。

101 張燮，《東西洋考》（重印本，頁 183）。張燮在此指葡萄牙人（佛朗機），但也從他所聽到的馬尼拉之事得到材料。

102 *FR*, 1/181, 187, 189.

103 *FR*, 1/264.

104 *FR*, 1/216 n. 1.

105 *FR*, 1/248 n. 1, and 2/7 n. 3.

106 *FR*, 2/91 n. 2.

107 抵達北京，2/123；這些禮物的詳情，位於 *FR*, 2/114, 123 n. 5, 124 n. 1。*FR*, 2/90 提及未能帶上的手風琴。沈德符在其《萬曆野獲編》頁 784 提供了當時中國人對這些禮物的看法。

108 *FR*, 2/139-140.

109 *FR*, 2/151, 153, 156.

110 一六〇二年禮物和稜鏡，在 *FR*, 2/154；早期稜鏡，*FR*, 1/346 and 2/37；只值八枚拜奧科，*FR*, 1/255, 2/142。對拜奧科的細究（拜奧科與達克特的兌換率，一五六七至一五七三年其實在一一五：一左

事詳述於 *FR*, 1/359n, 375; *OS*, p. 175。

82 *FR*, 2/29.

83 *OS*, p. 382，一六〇九年二月十五日信，以及 *FR*, 2/490 n. 4。

84 沈德符，《萬曆野獲編》，頁 785。

85 中國人的這類請求，見 *FR*, 1/225, 163 n. 7。Bernard, *Aux Portes*, p. 129，探討了方濟會禮物。下列文章極詳細且多樣化的提供了此一令人驚嘆之手藝的例子：*Artes de Mexico* 特刊 n. 137, año 17, "Tesoros de Mexico–Arte Plumario y de Mosaico"，尤其 Marita Martínez del Rió de Redo 的文章 "Comentarios sobre el arte plumario durante la colonia"（要感謝 Diana Balmori 提供此參考資料）。旅行家 Mocquet 在臥亞時，也藉由一次幸運的羽毛買賣賺到錢，免於落得一文不名—— *Voyages*, p. 287。

86 關於這個活鴕鳥（*struzzo vivo*），參見 *OS*, p. 449，一五八六年十一月八日信。

87 *FR*, 1/216 n. 1; d'Elia, *Mappamondo*，巴西的地方 5、6，新西班牙的地方 7、8，婆羅洲的地方 15、16。Chan, "Peking," p. 135，提到北京商人送給朝廷價值六千五百兩的鳥羽。

88 *FR*, 1/266-267.

89 *FR*, 1/227。此交易的傳教士一方的背景，位於 *OS*, pp. 59 and 444，利瑪竇給 Almeida 的信；關於晚明浙江絲綢貿易，參見 Brook, "Merchant Network," p. 199。

90 羅明堅收到的施捨物和食物，*OS*, pp. 413 and 416，一五八三年二月七日信；利瑪竇收到的香和油，*FR*, 1/195；澳門中國人借予的錢，*OS*, p. 420，一五八四年一月二十五日信。

91 *FR*, 1/74 and 259, lit. "*scudi*."

92 三聯畫，*FR*, 2/16；統兵官，*OS*, p. 56；科欽使團，*OS*, p. 57；家具，*FR*, 2/48。

93 中式帆船，*FR*, 1/341；士兵護送，*FR*, 1/346；野餐，*FR*, 1/302；轎

70 利瑪竇的解釋，位於 *FR*, 1/104-107。中國鍊金實驗的完整背景說明，見 Needham, *Science and Civilisation*, vol. 5。

71 *FR*, 1/240；大劇作家湯顯祖也是一五九二年深信利瑪竇是鍊金術士的人士之一。參見徐朔方，〈湯顯祖和利瑪竇〉，頁 274, 277-278。Carletti, *Voyage*, p. 146，提出他對當時買水銀一事的看法。

72 *FR*, 2/390 n. 6.

73 D'Elia, *Mappamondo*, plates 9 and 10; Brading and Cross, "Colonial Silver Mining," pp. 553-554; Spate, *Spanish Lake*, pp. 186-194.

74 水銀貿易模式概述，參見 Cipolla, ed., *Fontana Economic History*, p. 395; Brading and Cross, "Colonial Silver Mining," pp. 562-564。Fernand Braudel, *Wheels of Commerce*，說明了此貿易的許多耐人尋味之處；例如頁 323 和 386 談 Hochstetter 十六世紀初欲成立水銀卡特爾未能如願；頁 326-27 談萬卡韋利卡汞礦和 Fugger 家族控制阿爾馬登汞礦之事；頁 174 談塞維爾和伊德里亞的關係；頁 169 和 406，說十七世紀後期有個商人提到把中國水銀運到新西班牙，獲利三倍；頁 379 提到 Greppi 家族十八世紀大量購買水銀。Kerr, *General History*, 7/455，提供了懷特船長對其截獲大量水銀一事的記述。Brading and Cross, op. cit., p. 555，提供了多少水銀可生產多少白銀的確切比率；也參見 Spate, *Spanish Lake*, pp. 189-192。

75 *OS*, pp. 245-246, and 245 n. 5，一五九九年八月十四日給科斯塔的信；*FR*, 1/217-218 有利瑪竇對緊綳關係的看法。

76 *FR*, 1/240，並得到 *DMB*, pp. 318, 905 進一步證實。也參見 Fok, "Macao Formula," pp. 93-95。但在那裡，龍涎香被當成「香料」。

77 *FR*, 1/216-217; Chan, "Chinese-Philippine Relations," pp. 52, 62.

78 *FR*, 1/240-241.

79 《肇慶府志》，22/78a（重印本，頁 3421）。

80 *FR*, 1/313.

81 信位於 *OS*, p. 184，日期注明為一五九五年十月二十八日。南昌之定。*FR*, 2/535 n. 4，說一兩合一克魯札多（cruzado），但 *FR*, 2/352 n. 5 說四百五十兩合八百斯庫多。Schütte, *Valignano's Mission*, p. 314，說在日本兩萬兩合三萬斯庫多。旅行家 Jean Mocquet 發現，在十七世紀初期的臥亞，十二至十五兩約合二十五斯庫多（參見他的 *Voyages*, p. 342）。

58 細節來自 *OS*, pp. 420, and 431-432（Cabral 信）；*FR*, 1/264, 278-279；Takase, "Unauthorized Trade," p. 20，提到耶穌會士在日本類似的房地產問題。也參見 Elison, *Deus Destroyed*, p. 102，提到范禮安煩惱在日本開銷陡增。

59 *FR*, 1/285-286, and 286 n. 4; *OS*, p. 461，價格以披索為單位。

60 *FR*, 1/374 and 378.

61 *FR*, 2/448, 465-466.

62 南京房子，*FR*, 2/83-84, 93；北京，*FR*, 2/352。

63 *FR*, 2/30 and 93.

64 南京，*FR*, 2/346；北京，*FR*, 2/355-56。Geiss, "Peking," p. 74，討論了類似的逃稅行為。

65 *FR*, 1/178 nn. 4 and 6; 1/201.

66 *FR*, 1/201-205.

67 *FR*, 1/190.

68 一五八四年一月二十五日，澳門，羅明堅給阿夸維瓦的信，*OS*, pp. 419-420；也參見 Boxer, *Fidalgos*, pp. 41-42 and *Great Ship*, pp. 45-46。但耶穌會士的「主要支柱」加斯帕爾．維埃加斯，該年前往印度，參見 *OS*, pp. 431-433，一五八四年十二月五日澳門，Francis Cabral 給范禮安的信；Cabral 把維埃加斯拼寫為 "Villegas"。

69 *FR*, 1/230-231，以及一五八五年十月二十日寫給阿夸維瓦的信，要求再送來同樣東西，*OS*, p. 60。Landes, *Revolution in Time*, pp. 87-88，詳細說明了十六世紀鐘的小型化；頁99，他指出鐘的絕妙用途——把好鐘當「貢品」獻給伊斯蘭。

44 *FR*, 1/178 and 178 n. 3; *OS*, p. 396, Ruggieri to Mercurian.

45 *FR*, 1/cx-cxi; *OS*, pp. 55-56；一五八九年達到高峰，有十八人入教，其中數人是女人。

46 *FR*, 1/314-318, 2/94。透過 *FR*, 3/80 裡按地區作「受洗」（Battesimi）分類的分析性索引，可算出較精確的數字。

47 北京地區入教者數目，*FR*, 2/356；一六〇五年中國境內神父所在地點，*FR*, 2/268 n. 3, and 2/276 n. 6。關於北京的入教富人（和針對窮人較不理想的傳教成績），參見 *FR*, 2/160, 310, 354。

48 *FR*, 2/337.

49 *FR*, 2/270。這一最樂觀的心態大概出現於一六〇三年，即范禮安最後一次到澳門時。

50 *OS*（附錄二），頁 398，一五八〇年十一月八日信。

51 *OS*（附錄三），頁 402，404，406，一五八一年十一月十二日羅明堅給麥古里安的信。關於耶穌會士的送禮策略，參見 Bettray, *Akkomodationsmethode*, pp. 25-32。

52 Needham, *Science and Civilisation*, vol. 4, pt. 2, pp. 435-546，詳細介紹了中國人在時計方面的技術沿革。關於歐洲人在這方面的技術沿革，參見 Domenico Sella, "European Industries 1500-1700," pp. 382-384，收錄於 Cipolla 所編，*Fontana Economic History*, and David Landes, *Revolution in Time*, pp. 67-97。關於 Landes 和 Needham 的看法分歧，參見 Landes, ibid., ch. 1。

53 *OS*（附錄六），頁 419，一五八三年二月七日信的附筆。

54 *FR*, 1/161-164。（附錄六），頁 415，羅明堅詳述了他吃的苦頭和眼鏡。

55 *FR*, 1/166 n. 4.

56 *FR*, 1/167-68, 176-179.

57 *FR*, 1/184-188, 192; *OS*, p. 432。耶穌會士花掉的兩百五十「兩」，其價值大概會超過兩百五十「達克特」，但確切的換算數據難以確

202, 205-206。Cheng Pei-kai, "Reason and Imagination," ch. 1，對此時的中國經濟和白銀的作用，有精闢的探究。

34 Cooper, "Mechanics," p. 428.

35 Ibid., pp. 425-426, 430, 432.

36 概述，見Spate, *Spanish Lake*, pp. 151-157；Iwao, "Japanese Trade," p. 7，談豐臣秀吉；Elison, *Deus Destroyed*, pp. 94-98，談捐出長崎；Boxer, *Fidalgos*, pp. 30-38，詳述定期貿易。

37 Boxer, *Great Ship*, pp. 37-38; Boxer, *Fidalgos*, pp. 30-31; Schütte, *Valignano's Mission*, pp. 212 and 218 n. 130.

38 Schütte, *Valignano's Mission*, pp. 184-185, 314，在此把合一百三十三磅重的「piculs」（擔）說成「bales」（大包），把斯庫多換算為達克特。Cooper, "Mechanics," p. 428。范禮安的數據有前後不一致之處。更多詳情，見 Elison, *Deus Destroyed*, pp. 101-105。

39 Cushner, "Merchants," p. 366，探討了 Navarro 和 Molina 的看法。

40 Cushner, "Merchants," pp. 360, 364.

41 Schütte, *Valignano's Mission*, p. 185 n. 388; Takase, "Unauthorized Commercial Activities," pp. 20-22; Boxer, "Macao," pp. 71-72，探討了與耶穌會士一起工作且甚有本事的中間人。

42 Frois, *Tratado*, pp. 17-18。一五八二年利瑪竇初次來到澳門時，不讓中國了解新教歐洲這個想法，尚有人相信可辦到，而這群日本貴族子弟被安排遊歷的歐洲地區，全是西班牙人或教皇國和其義大利盟友所控制的區域，八成不曉得新教徒的勢力範圍（參見 Lach, *Asia in the Making of Europe*, vol. 1, bk. 2, pp. 688-706 的詳述）。但一五八八年英格蘭人打敗西班牙無敵艦隊，而且腓力二世的大將軍帕爾馬王子在安特衛普拿下漂亮勝利後，未能挾其餘威打垮阿姆斯特丹的荷蘭新教勢力，自此，西班牙—葡萄牙將全世界海上航路都掌控在天主教勢力手中的想法，就注定無緣實現。

43 Boxer, *Fidalgos*, p. 40，引用了過境費收入五萬達克特的數據。

20 *Doc. Ind.*, 11/349-351.

21 *OS*, p. 5, Jan. 18, 1580; *Doc. Ind.*, 11/358.

22 *Doc. Ind.*, 11/329，一五七八年十月二十八日，臥亞，給 Petrus Parra 的信。

23 *Doc. Ind.*, 11/319-320, Nicholas Spinola，一五七八年十月二十六日。

24 巴範濟一五七八年十一月三十日信，*Doc. Ind.*, pp. 364-365。

25 Costa, *Christianisation*, p. 34.

26 Schütte, *Valignano's Mission*, pp. 236-237, n. 196.

27 Linschoten, *Report*, p. 517。與斯多里同行的其他三人，分別是 Fitch、珠寶商 William Leedes（又稱 William Bets of Leeds）、John Newbery。參見 Fitch, *Letters*, p. 514; Newbery, *Letters*, p. 512。

28 Linschoten, *Report*, p. 520.

29 關於澳門居民，參見 Boxer, *Portuguese Society*, pp. 12-13, 43; Pyrard, *Voyage*, 2/172-73; Fok, "Macao Formula," pp. 144-147。

30 Boxer, "Macao as Entrepôt," pp. 65-66；利瑪竇對此地居民的概述，見 *FR*, 1/152；中國人對澳門居民的態度，參見 Fok, "Macao Formula," pp. 72-94；Ptak, "The Demography of Old Macao"。

31 教堂，見 Boxer, *Fidalgos*, p. 39；利瑪竇的房子，*OS*, p. 402，附錄三，羅明堅寫給麥古里安的信，澳門，一五八一年十一月十二日。羅明堅要求調利瑪竇過來一事，見 *OS*, p. 398，一五八〇年十一月八日信。

32 關於白銀兌換率，參見 Arwell, "Bullion Flows" 對此的詳述，以及頁 82 的圖表。六成這個數據係 Kobata 在 "Gold and Silver" 一文頁 254 所提出。對此貿易的詳細研究，見 Boxer, *Fidalgos*，以及同作者的 *Great Ship*。Pyrard, *Voyage*, 2/174-177，說明了十七世紀初的臥亞—中國貿易。

33 Iwao, "Japanese Trade," p. 2。當時中國商人對中國東南部貿易和外國人參與該地貿易的記述，參見 Brook, "Merchant Network," pp.

4 Essen, *Farnèse*, 3/222-224. *New Cambridge Modern History*, 3/198-200。奧蘭治的威廉一五八四年七月十日遭暗殺，來不及見到他所示警之事應驗。

5 *FR*, 2/518-520，這是金尼閣的記述。即使真的下了驅逐令，此令似乎也未嚴厲執行。

6 Ignatius of Loyola, *Spiritual Exercises*, tr. Puhl, sec. 93.

7 Ibid., secs. 150, 153-155.

8 Montaigne, *Journal de Voyage*, p. 256.

9 有幅詳細的馬切拉塔鎮平面圖，標出十六世紀後期 Libero Paci 和 Ceresani Giuliano 所設計的所有主要建築和城牆的位置，此圖收於 *Storia di Macerata*，第五卷，頁 312 對面的插圖 5。

10 佛羅倫斯的資料稀少：參見 *FR*, 1/ciii；Bortone, *P. Matteo Ricci*, pp. 35-36。

11 *OS*：南雄，頁 103；贛州，頁 192；南昌是兩倍大，頁 175（見引文）和 202；一樣大，頁 235。

12 *OS*, p. 28, to Fornari.

13 *FR*, 2/553n。在 Bortone, p. 27，有插圖呈現聖安德魯教堂和住所。

14 *OS*, p. 217，一五九六年十月十二日。

15 *OS*, pp. 390-391，一六〇九年二月十七日給 Giovanni Alvarez 的信。

16 O'Connell, *Counter-Reformation*, pp. 272-274, and Villoslada, *Storia*, pp. 148-154，探討了這段大興土木時期。Martin, *Roma Sancta*, p. 58，描述了耶穌堂的模樣。

17 Martin, *Roma Sancta*, pp. 86-88.

18 Angelo Pientini, *Le Pie Narrationi*, cited by Martin, *Roma Sancta*, p. 231.

19 關於聖保羅教堂和此畫，參見 *Doc. Ind.*, 11/358 and nn. 112, 113, 114; Schütte, *Valignano's Mission*, p. 113。儀式和唱詩班，*Doc. Ind.*, 11/359, and Culley and McNaspy, "Music," p. 243。

88 《天主實義》，頁 428；tr. *Lettres édifiantes*, pp. 195-196。

89 《天主實義》，頁 561；tr. *Lettres édifiantes*, pp. 319-320。

90 *FR*, 1/76.

91 *OS*, p. 56，一五八五年十月二十日給阿夸維瓦的信。也參見 *OS*, p. 63。

92 *FR*, 1/314-316，與「朱塞佩」（Giuseppe）在南雄。

93 *FR*, 2/76-79.

94 *FR*, 2/161.

95 沈德符，《萬曆野獲編》，頁 785，說利瑪竇「飲啖甚健」。

96 *FR*, 2/537.

97 生病和死亡，位於 *FR*, 2/538-542。燒信，位於 2/546。關於科東跟著勒尼斯受聖母會訓練，參見 Villaret, *Congrégations*, pp. 92-93；關於他用於祈禱的著作，參見 Guibert, "Le généralat," p. 90。

**第六章**

1 利瑪竇，《記法》，頁 5a（重印本，頁 17）。晚明時期對此「逐利動機」的剖析，參見 Brook, "Merchant Network," p. 186。

2 利瑪竇，《利瑪竇題寶像圖》；在信函和彼得圖上，他署名「Ri」，而在題有「歐邏巴人」的以馬忤斯、所多瑪城那兩幅圖上，他則署名「Ly」。我希望這有助於進一步釐清似乎是利瑪竇在這些圖畫上所固定採用的那個令人困惑的簽名符號。在 *DMB*, p. 215，該書編輯的努力，別出心裁，但未解決此問題，因為在利瑪竇著作的其他地方，利瑪竇以大不相同的音譯法來譯 *Deus*（神），例如在《天主實義》1/3（重印本，頁 381），音譯為「陡斯」。

3 Azevedo, *Historia*, pp. 131-132，以 cruzados 為貨幣。Gomes de Brito, *The Tragic History of the Sea, 1589-1622*, tr. Charles Boxer, p. 55，認為此時 ducats、cruzados 和 reals 三種貨幣可視為等值，都約略相當於英幣四先令。

們的花費和薪餉（《古今圖書集成》，第六〇六冊，頁 35a；《宋史》，頁 8802〔第二四九卷〕），三國時朱桓不只記得其區域裡的所有士兵，甚至還記得他們妻小的名字（《古今圖書集成》，第六〇六冊，頁 32b，《三國志》頁 1314-1317〔第五十六卷〕）。

77 Pliny, *Natural History*, pp. 563-565。Soarez, *De Arte Rhetorica*, p. 59，談到米特里達梯、居魯士，但未談到基尼阿斯。

78 Seneca, *Controversiae*, pp. 3 and 5；Quintilian, *Institutio Oratoria*, 4/243，談狄奧迪克底；Pliny, *Natural History*, p. 565，談查馬達斯。

79 這些中國例子可見於《古今圖書集成》，第六〇六冊，頁 32b，34a，34b，35b。

80 Pliny, *Natural History*, p. 565；《古今圖書集成》，第六〇六冊，頁 34a。

81 Pliny, *Natural History*, p. 563，談西庇阿；Cicero, *De Senectute*, pp. 29 and 31，談第米斯托克利。蘇頌事蹟，見《古今圖書集成》，第六〇六冊，頁 36a，以及四部叢刊本《三朝名臣言行錄》，第十一卷，頁 268-269。

82 Quintilian, *Institutio Oratoria*, 4/225；《古今圖書集成》，第六〇六冊，頁 35a。

83 Quintilian, *Institutio Oratoria*, 4/233；《古今圖書集成》，第六〇六冊，頁 32b。

84 徐光啟的評論，位於 *FR*, 2/253。利瑪竇，《二十五言》，頁 335，第 6 條，採用愛比克泰德《手冊》（*Encheiridion*）第 3 條，頁 487。利瑪竇在其中文版裡以「愛」字取代原文的「吻」字。

85 利瑪竇，《二十五言》，頁 338，第 10 條，顛倒順序，言明「兒女」；Epictetus, no. 11, p. 491。

86 利瑪竇，同上，頁 345，第 19 條，顛倒順序，只以兒子之死結尾；Epictetus, no. 14, p. 493。

87 利瑪竇，《天主實義》，頁 426；tr. *Lettres édifiantes*, p. 194。

徐光啟合著的此作，在中國數學史上的地位，參見 Joseph Needham, *Science and Civilisation in China*, 3/52, 110, 446-451。

61 *FR*, 2/476-477.

62 *Eminent Chinese of the Ch'ing Period*, p. 199; *FR*, 1/296 n. 1.

63 *Eminent Chinese*, p. 452; *FR*, 2/168 n. 3.

64 *Eminent Chinese*, p. 316; Joseph Ku, "Hsü Kuang-ch'i," pp. 25-27, 35-36; Monika Ubelhör, "Hsü Kuang-ch'i," 15:2/217-230，詳述了徐光啟的家庭和其自小的養育。

65 關於此背景，參見 Needham, *Science and Civilisation in China*：化學，vol. 5, pts. 2-5, sec. 33；地圖繪製，vol. 3, sec. 22；幾何學，vol. 3, sec. 19。

66 利瑪竇，《幾何原本》，徐光啟序，頁 1b（重印本，頁 1922），採用 Moule, "Obligations," p. 152 的英譯。

67 D'Elia, *Mappamondo*, plates 11 and 12; Giles, "Chinese World Map," pp. 368, 371.

68 *FR*, 2/283.

69 例子來自 *FR*：墨，1/34；中國紙，1/25；洋紙，1/25 n. 5；裝訂，1/283, 1/196。

70 *FR*, 2/11, 46, 112.

71 *FR*, 2/44-46.

72 此為《天主實錄》，後來遭耶穌會士以其風格和內容太簡陋為由棄用，討論於 *FR*, 1/31 and 197。

73 *FR*, 1/31.

74 *FR*, 1/38, 2/314.

75 例子參見利瑪竇，《記法》，頁 3b（重印本，頁 14）。在 *FR*, 2/283，他小篇幅探討了中國人的記憶法。

76 就中國軍人來說，還是有些人具有過人的記憶本事，例如根據中國早期史料，五代時魏仁浦記得每個駐地之將領和士兵的名字、他到接納和其流通，參見 *OS*, p. 51 and *FR* 1/207-210。皇帝和地圖，*FR*, 2/472-474。

52 *OS*, pp. 241-242，給克拉維烏斯的信，南昌，一五九七年十二月二十五日。

53 *FR*, 1/368-369; *DMB*, pp. 1139-1140；參見焦竑，《澹園集》（1603）頁 48/9b，對《交友論》某段的讚賞。關於焦竑，參見 *Eminent Chinese of the Ch'ing Period*, pp. 145-146。

54 參見 d'Elia, "Il trattato sull' Amicizia," items 1-3, 5 and 9。

55 關於這些段落，參見 d'Elia 在 "Il trattato" 一文裡鑑定的出處：Seneca, item 15; Cicero, item 28; Martial, item 47; Plutarch, item 67。

56 Ibid., item 24；關於羅耀拉和伊拉斯謨斯，參閱 Guibert, *Jesuits*, pp. 163-166 and n. 36。顧保鵠，〈利瑪竇的中文著述〉，頁 243，表示利瑪竇也引用了蒙田之語：顧保鵠提出證據支持這個看法，但證據薄弱。

57 鄒元標，〈答西國利瑪竇〉，收於《願學集》，3/39。關於鄒元標，參見 *DMB*，頁 1312-1314；關於郭正域，參見 *DMB*, pp. 768-770。根據 *FR*, 2/43 n. 1 裡的證據，我認為中間人就是郭正域。

58 Richard Wilhelm, *The I Ching*, tr. Cary Baynes, pp. 4, 370-371。Bettray, *Akkommodationsmethode*，第五部分，以及 Harris, "The Mission of Matteo Ricci"，詳述了利瑪竇將基督教價值觀「遷就」於儒家價值觀所引發的微妙問題。Young, *Confucianism and Christianity*, pp. 59, 73, 94, 126-128，強調基督教其實威脅最根本的儒家價值觀這個根本但常遭忽略的重點。Paul Rule 以一九七二年澳洲國立大學博士論文為本，即將出版的談基督教對儒家思想之態度的著作，會更深入探究這種相互關係。

59 *FR*, 1/298, 2/342。關於這份初稿一五八九、一五九〇年在韶州的吸引力，參見 *FR*, 2/55。

60 *FR*, 2/357-358; Joseph Ku, "Hsü Kuang-ch'i," pp. 90-93。關於利瑪竇、

42 中國人對這些觀察結果的探討，參見 Ho and Ang, "Astronomical records"，頁 77。

43 利瑪竇和徐光啟，《幾何原本》，序，頁 5a（重印本，頁 1937）；Moule, "Obligations," p. 162。

44 利瑪竇和徐光啟，《幾何原本》，序，頁 1a（重印本，頁 1929）；Moule, "Obligations," p. 154; d'Elia, "Presentazione," pp. 177-178。

45 利瑪竇和徐光啟，《幾何原本》，序，頁 2（重印本，頁 1931-1932）；Moule, "Obligations," pp. 155-157; d'Elia, "Presentazione," pp. 179-181。

46 利瑪竇和克拉維烏斯和皮科洛米尼，*OS, p.* 72。關於他使用奧特利烏斯的地圖，參見 Ch'en, "A Possible Source," p. 179。關於黃道十二宮圖裡的太陽，參見 Clavius, *Astrolabium*, pp. 572-579 裡的圖表，也參見 "tabula sinuum," pp. 195-227。

47 Clavius, *Astrolabium*, p. 43，說明了使用克拉維烏斯所提供的工具、木工手藝、儀器建造法所能帶來的助益。關於其他好的工作圖例子，參見 Clavius, *Fabrica et Usus Instrumenti ad Horologiorum Descriptionem* (Rome, 1586), pp. 7-12。

48 這本書，約八英寸高、五英寸寬、兩英寸厚，有金屬裝訂扣，共六百八十三頁，既便於攜帶且實用。此書送達後，利瑪竇表示感謝一事，見一五九七年十二月二十五日寫給克拉維烏斯的信（*OS*, p. 241），信中提到前一年發生的事。Dainville, *Géographie des humanistes*，頁 40 談到對這件星盤的讚賞。

49 Dee, *Preface*, A ii (recto) and B iii (recto).

50 Ibid., A iii (recto).

51 關於普朗基厄斯，參見 Heawood, "Relationships of the Ricci Maps" and Plancius, *Universall Map*, tr. Blundevile；關於馬端臨，參見 Kenneth Ch'en, "Possible Source," pp. 182-190。關於此地圖早期得

28 Epictetus，Oldfather 編，第二卷，頁 479-537，刊印了《手冊》（*Encheiridion*）。Christopher Spalatin，在其 “Matteo Ricci's Use of Epictetus' Encheiridion” 一文裡，已拿利瑪竇版的《二十五言》校勘過《手冊》。

29 D'Elia, “Musica e canti”，提供了中文版，並附上義大利譯文。我要感謝 Thomas Greene 指出這些歌曲裡借自 Horace（亦即 *Odes*, II, 4 and 18, III, 24）之處；借自 Petrarch, “Ascent of Mt. Ventoux” 之處；借自 Seneca, *Epistolae Morales*, p. 93 之處。

30 關於克拉維烏斯所編的版本在研究歐幾里德的著作裡所占的地位和重要性，參見 Heath, *Thirteen Books*, 1/105；關於對教授科學一事的抨擊，參見 Dainville, *L'éducation des Jésuites*, pp. 324-325。

31 *Monumenta Paedagogica*, 1586, p. 476。關於和伽利略友誼的開端，參見 Phillips, “Correspondence of Father Clavius,” p. 195；也參見 Villoslada, *Collegio Romano*, pp. 194-199, 335。

32 *Monumenta Paedagogica*, 1586, p. 472.

33 Ibid., pp. 471, 478。克拉維烏斯的同僚 Torres 規劃了類似的課程，但以稍稍不同的措辭表述。同上，頁 477。

34 *FR*, 1/207-208, and *OS*, p. 13.

35 *FR*, 1/167n.

36 利瑪竇和徐光啟，《幾何原本》，序，頁 4-5（重印本，頁 1935-37）。

37 一如 Vincent Smith 在 *St. Thomas on the Object of Geometry*, p. 6 所意譯。

38 Ibid., pp. 43-44.

39 Thomas Aquinas, ed. Bourke, pp. 40, 278-279.

40 Dainville, *La Geógraphie*, pp. 37, 39, 42; Thorndike, *History of Magic*, 6/46.

41 Thorndike, *History of Magic*, 6/73-74.

*correntemente la lingua*"；*OS, p.* 91，一五九二年；*OS, p.* 117-18，一五九三年十二月；*OS, p.* 122，一五九四年十月。

18 *OS*, pp. 155-156。關於孟三德，參見 Pfister, *Notices*, no. 11；Dehergne, *Répertoire*, no. 741，提到他祖母已是「新基督徒」，即猶太裔基督徒。他和利瑪竇同搭聖路易號去臥亞。

19 *OS*, pp. 211.

20 *OS*, pp. 235-236.

21 *OS*, pp. 239-240.

22 利瑪竇，《記法》，頁 18。

23 Bortone, *P. Matteo Ricci*, pp. 35-40.

24 Schwickerath, *Jesuit Education*, p. 494; Schimberg, *L'éducation morale*, pp. 132-133, 139; *Monumenta Paedagogica, 1586*, p. 351; Dainville, *L'éducation des Jésuites*, pp. 168-171. See also Dainville, ibid., pp. 187-188 on the Jesuit "*humanisme de culture et de formation*," and Villoslada, *Collegio Romano*, ch. 5.

25 Zanta, *La renaissance du stoïcisme*, pp. 12-14, 126-127, 203-205.

26 給科斯塔的信，*OS, p.* 336，一六〇八年三月六日。利瑪竇，《畸人十篇》，頁 187-188 談伊索，頁 131 談愛比克泰德。利瑪竇所用的伊索寓言，可見於 Planudes le Grand, *La vie d'Esope*，序和第 13、14 章。我只見過一五六五年的 Rouen 版，但我推斷在利瑪竇當時的版本裡，順序一樣。關於某明朝學者傳播這部分的伊索寓言，參見張萱，《西園聞見錄》，第十五章，頁 39b-40b；張萱生平，見 *DMB*, p. 79（Chang Hsüan）。

27 利瑪竇，《交友論》，書中各處，以及德禮賢，"Il trattato sull' Amicizia"，尤其頁 454, 463-465。因此，德禮賢所認為利瑪竇使用的一五九〇年巴黎版的北堂本，會是後來才輸入；比較利瑪竇的意譯和收在德禮賢 "Il Trattato" 裡出版的雷森德原版，似乎使這個假設更加站得住腳。

Castellani, "Tipografia," pp. 11 and 15, and Palmer, "Martial," p. 913。關於佛魯修斯的音樂表現和其與羅耀拉的友誼，參見 Culley and McNaspy, "Music and the Early Jesuits," p. 218。

7 Castellani, "Tipografia," pp. 11, 14-16.

8 Ganss, *Saint Ignatius' Idea of a Jesuit University*，頁 296-301，以及頁 326-327 談羅耀拉最初的陳述；一五六六年詳情，參見 Pachtler, *Ratio Studiorum*，頁 192-197，包括頁 195 談《給赫倫尼烏姆》。

9 Ganss, *St. Ignatius' Idea of a Jesuit University*, pp. 44-51, 60。對拉丁語交談的指示，參見同上，頁 304。

10 Ibid., pp. 304-305；Ledesma 的指示，位在 *Monumenta Paedagogica, 1586*, p. 361; Schwickerath, *Jesuit Education*, pp. 493-497。

11 *OS*, p. 235，南昌，一五九七年九月九日。

12 Romberch, *Longestorium Artificiose Memorie*, pp. 22-26, 36, 49-51.

13 Grataroli, *De Memoria Reparanda*, pp. 78-82。Thorndike, *History of Magic*, 5/600-616，有格拉塔羅利的生平簡介。這些形象超乎格拉塔羅利著作的一五七三年英語譯者 William Fulwood 所能應付，於是，他在其 *Castel of Memorie* (London: William How, 1573) 裡，簡化它們，把壺裝滿水，未具體交代身體部位。格拉塔羅利的著作，雖然有所刪節，在十七世紀後期的英格蘭，仍流通於大學生之間。參比 Marius d' Assigny, *The Art of Memory* (London, 1699)，尤其頁 72-74。

14 *OS*, p. 27.

15 *OS*, p. 28 and *FR*, 1/36-37。利瑪竇以中文「天」為例作解說，而加斯帕爾．達．克魯斯在其記述裡已提過此例：參見 Boxer, *South China*, p. 162。

16 *OS*, p. 28.

17 關於他學漢語的諸個階段，參見 *OS, p.* 49，一五八四年九月；*OS, p.* 60，一五八四年十月；*OS, p,* 65，一五八五年十一月，"*già parlo*

瑪竇也詳述了鄂本篤的事。*OS*, p. 327 提到首度得知鄂本篤來到中國。

113 Zhuangzi, *Complete Works*, p. 78, and standard Chinese editions, "Da zongshi" section。顧保鵠，〈利瑪竇的中文著述〉，頁 248。

114 在此我一般來講遵照 Watson 所譯之 Zhuangzi, *Complete Works* 的說法，但以不同措辭表達，未照 Watson 將「畸人」譯為「singular man」，而是譯為「paradoxical」。

## 第五章

1 Aquinas, *Catena Aurea*, pp. 772-779。薩克森的魯道爾弗斯在這則故事裡看到可供深思的三大重點：基督在欲理解門徒難過的理由時所表現出的仁慈和友愛；他向這些「較卑下」的門徒講話時的謙遜；他以極大耐心解釋他們所見之事的意義時所抱持的善意（Ludolfus, *Vita Jesu Christi*, p. 716）。在《神操》第四週，以馬忤斯的故事，也會被當成十三件聖蹟裡的第五件——基督在世間向數人顯靈——來默想（Ignatius, *Exercises*, nos. 226 and 303）。

2 利瑪竇，《利瑪竇題寶像圖》，頁 4-5b；程大約，《程氏墨苑》，卷六，第二部分，頁 38b-41；Duyvendak, "Review," pp. 391-392。

3 Nadal, *Evangelicae Historiae Imagines*，圖 141，即是未使用的那幅圖。在紐約大都會美術館，可看到利瑪竇原畫的複製品（Prints, Netherlands, Martin de Vos file, 53.601.18:44）。

4 Castellani, "La Tipografia del Collegio Romano," pp. 12-13，認為斯庫多和達克特等值。

5 Robert Palmer, "Martial"，提供了精闢的概述和剖析，以及一些十分清楚的翻譯。

6 關於大戰略，參見 Dainville, *L'éducation des Jésuites*, pp. 181-184。關於課程中經刪節的馬提亞爾、賀拉斯的著作，參見 *Monumenta Paedagogica*, 1586, p. 435。關於佛魯修斯遵循羅耀拉的指示，參見

95 *FR*, 2/324-25.

96 *FR*, 2/316-318.

97 利瑪竇在一六〇五年五月十二日寫給阿爾瓦雷斯的信中，討論了這段交談和其有意向視察員（范禮安）徵詢意見之事。范禮安一六〇六年一月死於澳門。

98 *FR*, 2/179.

99 給阿夸維瓦的信，位於 *OS*, p. 360；關於南昌文人，*FR*, 2/452。

100 *FR*, 2/141-142, 145.

101 *FR*, 2/130.

102 *OS*, p. 24，一五八一年十二月一日信。

103 Maffei, *L'Histoire*, "Proemio," p. 3。關於馬斐作為歷史學家時所碰到的較早期問題，參見 Correia-Afonso, *Jesuit Letters*, p. 113。關於他的名聲，參見 Martin, *Roma Sancta*, p. 245, and Dainville, *Géographie*, pp. 122-126。

104 Maffei, *L'Histoire*, "Proemio," p. 1.

105 *OS*, p. 24，一五八一年十二月一日信。

106 Acquaviva, *Letters*（一五八三年九月二十九日），頁 47-48。

107 Acquaviva, *Letters*（一五八六年五月十九日），頁 78。

108 Acquaviva, *Letters*（一五九〇年一月十二日），頁 110-111，113。

109 *FR*, 2/398-402, 2/393 n. 1。在 *FR*，第二卷，面對 396 頁的插圖 20，德禮賢提供了他所走路線的詳細地圖。Bernard, *Le Frère Bento de Goes*, pp. 45-47。

110 參見 *FR*, 2/437，鄂本篤以一千兩百達克特的價錢賣掉他的玉，賣價「只有其價值一半」。

111 *FR*, 2/434-438; Bernard, *Le Frère Bento de Goes*, pp. 102-110; Rossabi, "Muslim and Central Asian Revolts," pp. 172-175，談當時喀什噶爾的政局。

112 *OS*, p. 338，一六〇八年五月六日。在 *OS*, pp. 347-350 and 391，利

"Muslim History," pp. 19-20; Morris Rossabi, "Muslim and Central Asian Revolts," passim; Albert Chan, *Glory and Fall*, pp. 118-119。

84 Israeli, *Muslims in China*, p. 29; Thiersant, *Mahométisme*, 1/53，談禁止宣禮塔。

85 關於早期以阿拉伯語標音的漢語文本，參見 Forke, "Islamitisches Traktat"，這是破譯和重建方面的學術性傑作。關於清初多產伊斯蘭教學者劉智的穆斯林著作，參見 Israeli, *Muslims in China*, pp. 145-147, and Thiersant, *Mahométisme*, 2/364-368。Thiersant 在此書裡以頗長篇幅翻譯了劉智、馬注的著作。雍正皇帝針對伊斯蘭發表的重要聲明，位於 Thiersant, 1/55-56。劉智的先知穆罕默德傳，說明十八世紀中國人對伊斯蘭的基本看法，已被 Isaac Mason 英譯為 *Arabian Prophet*（上海，1921）一書，並加上注解。

86 *OS*, p. 290，一六〇五年七月二十六日給阿夸維瓦的信；*OS*, p. 344; *FR*, 2/320。

87 *FR*, 1/336 n. 1.

88 *FR*, 1/112 and 114, 2/320.

89 *FR*, 2/323；在 *OS*, p. 344，利瑪竇也提到這一隱瞞情況。

90 *FR*, 2/141 n. 4.

91 *OS*, p. 290；同上，頁 289 提到更早一封談此主題但已佚失的信。著名的西元七一八年景教碑，一六二五年才發現，那時利瑪竇已死十五年。參見 *Chinese Repository* 14 (May 1845): 201-229 的翻譯和剖析。Henri Bernard, *La découverte de Nestoriens Mongols*, pp. 14-31，審視了直至利瑪竇時代為止他們的早期歷史。

92 *FR*, 2/323.

93 *OS*, p. 290; *FR*, 2/317-324。Dehergne and Leslie, *Juifs de Chine*, pp. 8-12，概述了說明猶太人在華早期歷史的資料；同上，頁 216-218，有簡明的參考書目。

94 *FR*, 1/112, 2/324; *OS*, p. 344.

厲」；同上，頁 195-197，談耶穌會士為何反宗教法庭的理由。

65 *OS*, pp. 8-9.

66 關於利瑪竇的和尚服，參見 *FR*, 1/167 n. 3 and 1/192 n. 3。關於其他主題，參見後面第六、第八章。

67 *OS*, p. 72，一五八五年十一月二十四日信。

68 *FR*, 1/124-125, 1/336-337.

69 *OS*, p. 104，一五九二年十一月十五日信。我把原文裡的「inventioni」譯為「工具」。

70 *OS*, pp. 136-137，一五九五年八月二十九日信；在此我把「roxa escura」譯為「紫色」，因為利瑪竇在 *OS*, pp. 173, 183, 199-200 一再如此描述時（用語稍有變動），總是以這個義大利語詞來指稱紫色（paonazza）；也參見 Young, *East-West Synthesis*, p. 16, and *FR*, 1/358。在 *FR*, 1/358，利瑪竇明智的刪掉較浮誇的細節。

71 一如 Gregory Martin 在 *Roman Sancta*, p. 128 的描述。

72 *OS*, pp. 48-49，一五八四年九月十三日給 Giambattista Roman 的信。

73 Ibid., p. 57，一五八五年十月二十日信。

74 *FR*, 1/128。關於與穆罕默德、阿波羅、Termagant 有關的更早的傳統思想，參見 Metlitzki, *Matter of Araby*, p. 209。

75 參見他在 *FR*, 1/118 and 120 的評論。

76 *FR*, 1/132；晚明三教合一論的最佳入門書，係 Judith Berling, *Syncretic Religion of Lin Chao-en*。

77 Boxer, *South China in the Sixteenth Century*, pp. 36-38, 219-221.

78 *OS*, p. 48，一五八四年九月十三日：“*no sé cómo*”。

79 *OS*, p. 380; *FR*, 1/24.

80 *FR*, 2/27.

81 *FR*, 2/47.

82 *FR*, 1/149.

83 *FR*, 1/110-111。關於明朝後期穆斯林叛亂，參見 Barbara Pillsbury,

52 Ibid., 2/55，一五七八年十一月二十五日信。

53 *OS*, p. 20，利瑪竇一五八〇年十一月二十五日信。Azevedo, *Historia*, p. 232。Pyrard de Laval, *Voyage*, 2/94-95，講述了一六〇八年左右宗教法庭在臥亞濫權迫害的例子。

54 Hanson, *Economy and Society*, pp. 76-79，對訴訟程序和預算有精彩說明；也參見 Baião, *Inquisição*, 1/272 談預算，以及 1/187-188 談豐塞卡精心設計的訴訟程序。Stephen Greenblat, *Renaissance Self-Fashioning*, p. 77，對於被視為「惡魔劇場」的宗教法庭有引人入勝的探討；A. D. Wright, *The Counter-Reformation*, p. 43，探討了這個時期「有學問之人對惡魔執迷般的提防」。

55 Costa, *Christianisation*, p. 197.

56 Schütte, *Valignano's Mission*, pp. 60 and 67; Dehergne, *Répertoire*, no. 741, p. 239，談孟三德的猶太裔祖母。

57 對早期文本的概述，位於 Brown, *Indian Christians*, ch. 2, and Mathew and Thomas, *Indian Churches*, pp. 5-21。利瑪竇的想法位於 *OS*, p. 8。

58 Brown, *Indian Christians*, pp. 12-13, 15.

59 此人是 Mar Joseph；參見 Brown, *Indian Christians*, p. 22。

60 *OS*, p. 8，一五八〇年一月十八日利瑪竇給 Goes 的信。關於他的病和喪命的神父、少年學生名單，參見 *Doc. Ind.*, 11/699。關於西蒙—亞伯拉罕爭議和威皮科塔神學院，參見 Brown, *Indian Christians*, pp. 22-26 and Mathew and Thomas, *Indian Churches*, pp. 27-29。Wright, *The Counter-Reformation*, pp. 140-141，探討了用來處理馬拉巴爾基督徒的機構。

61 引自 Duarte Barbosa, *Description of the Coasts of East Africa* (bk. 2, pp. 600-601), in Brown, *Indian Christians*, p. 283.

62 *OS*, p. 9.

63 *OS*, p. 20，一五八一年十一月二十五日給阿夸維瓦的信。

64 Costa, *Christianisation*, p. 198，認為執行此事時「完全談不上嚴

36 *OS*, p. 25（一五八一年十二月一日）。也參見 Renick, "Akbar's First Embassy," pp. 40, 43-45，談阿克巴的動機，包括他仔細打量臥亞的防禦。

37 被引用於 Correia-Afonso, "More about Akbar," pp. 60 and 61。

38 *OS*, pp. 19-20，一五八一年十一月二十五日信。

39 Brooks, *King for Portugal*, pp. 39-40 and 170 n. 14; Yerushalmi, *Zakhor*, p. 47，談紀念塞巴斯蒂安之死的「第二次解脫日」。

40 Brooks, *King for Portugal*, pp. 25-31。關於法國人在此戰中的無能，參見 Estoile, *Paris of Henry of Navarre*，Roelker 英譯。

41 Paci, "La Decadenza," p. 174 n. 136 and p. 176 n. 153.

42 關於安科納的猶太人，尤其參見 Cecil Roth, *House of Nasi*, pp. 135-139, 149. Also Azevedo, *Historia*, pp. 364-365; Martin, *Roma Sancta*, p. 129; Pastor, *History of the Popes*, 14/274-275.

43 主要細節在 Martin, *Roma Sancta*, pp. 77-82, 126, 205。蒙田也在 *Journal de Voyage*, p. 234 描述了這些儀式；Pastor, *History of the Popes*, 14/272-274，探討了猶太人對自身所受經濟壓力的回應，並列出其他皈依者的姓名。

44 Martin, *Roma Sancta*, pp. 82-83, 96.

45 Delumeau, *Vie économique*, 1/502-507，詳述了這些經濟實驗。Martin, *Roma Sancta*, p. 76，談到成衣市場。

46 Martin, *Roma Sancta*, p. 241; Pastor, *History of the Popes*, 14/274-75.

47 Baião, *A Inquisição de Goa*, 1/263 談狄亞斯。Azevedo, *Historia*, pp. 230-231 談科欽；頁 364 談安科納。

48 Azevedo, *Historia*, p. 230.

49 Baião, *Inquisição*, 1/36.

50 Baião, *Inquisição*, 1/41 and 45，談到白種、黑種猶太人。Azevedo, *Historia*, pp. 230-31，談到科欽一地的改宗和吸引力。

51 Baião, *Inquisição*, 1/185-187, 265.

為柳伊「在此未明言的承認仁厚的必要」。

20 Lubac, *La rencontre du Bouddhisme*, pp. 35-38.

21 Boccaccio, *Decameron*, tr. McWilliam, pp. 86-89, quotation p. 88。Ginzburg 在 *Cheese and the Worms*, p. 49 探討了這個故事。

22 參見 Ginzburg, *Cheese and the Worms*, pp. 9-10, 51, 62 裡的引文。

23 Ibid., pp. 30, 77, 101, 107.

24 Hillgarth, *Lull*, pp. 280-287；關於柳伊和鍊金術，見頁 294；Lubac, *Rencontre*, p. 63。

25 Diffie and Winius, *Foundations of the Portuguese Empire*, pp. 323-334，我根據此書頁 331 注 37 略估出的人口。Boxer, *Portuguese Society*, pp. 12-13。

26 Costa, *Christianisation of the Goa Islands*, pp. 25, 30-32, 59, 96-97；此行會規則的例外情況，參見同上，頁 162-163。

27 科斯塔語，來自他博學但辨惑之作 *Christianisation*, p. 59; also pp. 120-22。

28 *Doc. Ind.*, 11/360-361；關於唱詩班男童歌手，參見 Culley and McNaspy, "Music," pp. 241-242。

29 Costa, *Christianisation*, pp. 14 and 15.

30 *Doc. Ind.*, 11/365; Costa, *Christianisation*, p. 85.

31 *OS,* p.11（一五八〇年一月三十日信）和 p, 4（一五八〇年一月十八日信）。

32 Correia-Afonso, "More about Akbar," p. 58; Renick, "Akbar's First Embassy," pp. 35, 43.

33 *OS*, pp. 4-6，一五八〇年一月十八日信。

34 Correia-Afonso, *Letters from the Mughal Court*, pp. 58, 83, 110, 115 n. 6.

35 Ibid., pp. 77 and 78 n. 13（有小幅更動）；也參見 p. 53 n. 16，談阿克巴據說沉迷於鴉片一事。

提到「二十四國」，或許反映了此地圖更早時的情況。

8 D'Elia, *Mappamondo*，插圖 19 和 20。洪業（William Hung）的〈考利瑪竇的世界地圖〉，仔細研究了利瑪竇的地圖、中國人對該地圖的反應和該地圖的諸多版本。Kenneth Ch'en, "A Possible Source"，也針對利瑪竇製作此地圖之亞洲地區時所利用的中文資料，提供了寶貴資訊。

9 參見 Gregory Martin 在 *Roma Sancta*, pp. 71-74，對其於一五七七、一五七八年在羅馬所聽過講道的傳教士的記述。也參見 Culley and McNaspy, "Music," p. 222。O'Malley, *Praise and Blame in Renaissance Rome*，分析了這種講道方式的根源。

10 Martin, *Roma Sancta*, pp. 68-69, 169，談告解神父和巴普蒂斯塔・羅馬努斯；Delumeau, *Vie économique*, 1/217，談語言的多種。

11 Martin, *Roma Sancta*, p. 175.

12 Montaigne, *Journal de Voyage en Italie*, pp. 223-224; Martin, *Roma Sancta*, p. 240，談開放日。

13 Ignatius of Loyola, *Constitutions*, ed. George Ganss, p. 68；說明阿夸維瓦在君士坦丁堡所採行之「積極」政策的例子，參見 Pirri, "Sultan Yahya"，尤其頁 65-66 談曼奇內利（Mancinelli）在君士坦丁堡創立的耶穌會傳教團。

14 Martin, *Roma Sancta*, p. 170.

15 *OS*, p. 214.

16 關於「辯論」方法，參見 Ignatius, *Constitutions*, pp. 194-195 (par. 378), and Martin, *Roma Sancta*, p. 164。關於此種訓練的形成，參見 Ganss, *St. Ignatius' Idea of a Jesuit University*, pp. 255-260。

17 Martin, *Roma Sancta*, pp. 103, 116。在離羅馬只有十四英里的 St. Basil 修道院，所有儀式都用希臘語吟唱和進行。Martin, p. 152。

18 Hillgarth, *Ramon Lull*, pp. 2, 6, 20; quotation p. 49.

19 Lull, *Le livre du Gentil*, pp. 210-211; Hillgarth, *Ramon Lull*, p. 24，認

或 sapeque」相當於三錢或三個朱利奧幣（*FR*, 2/111）。Albert Chan, *Glory and Fall*, p. 88，提到一五九四年在山東省有人以一錢的價格賣小孩。

106 *OS*, p. 274，一六〇五年五月十日信。

107 *FR*, 1/338-339。德禮賢在 *FR*, 1/339 n. 1，認為這位 Scielou 是兵部尚書石星，顧保鵠在〈利瑪竇的中文著述〉頁 241，也遵循這一說法，但此說與實情不合。不過我無法在已知的廣西官員裡確切判定此人是誰。

108 *FR*, 1/341.

109 景色和旅程，位於 *FR*, 1/343-344，也參見 *OS*, p. 103 談南雄。

110 *FR*, 1/344.

111 關於巴拉達斯，參見利瑪竇在 *OS* 頁 128 和 194 的兩段文字。

112 *OS*, 132，一五九五年八月二十九日寫給澳門孟三德的信；也參見一五九五年十一月四日寫給阿夸維瓦的信（*OS*, 193-94）。

113 *FR*, 1/345.

114 *OS*, p. 193，一五九五年十一月四日信。

**第四章**

1 利瑪竇，《記法》，頁 17。

2 *FR*，卷 1，面對 194 頁的插圖 9，有利瑪竇漢語版的十誡：〈出埃及記〉第 20 章第 2 節。

3 *FR*, 2/289 和注 1、2 談到《天主教要》一書。德禮賢的長注釋 2（延續到頁 291），係探討利瑪竇的寫作方法和寫作情況的佳作。

4 利瑪竇在 *FR*, 1/113 探討了這個詞；〈創世紀〉第 32 章第 32 節。

5 關於肇慶的大小，參見 Bernard, *Aux portes*, p. 196。關於早期地圖，參見 *FR*, 1/208-209 和注釋。

6 D’Elia, *Mappamondo*，插圖 19 和 20；Giles, “World Map,” p. 378。

7 D’Elia, *Mappamondo*，插圖 23 和 24; Giles, “World Map,” p. 377，只

84 *FR*, 2/19, 102.

85 Ibid., 2/20.

86 Hoshi, "Transportation," p. 5.

87 黃仁宇（Ray Huang）對萬曆十五年（一五八七年）的中國有精闢描述。

88 *FR*, 2/21。Hoshi, "Transportation"，欲更加了解私下的買賣，見頁 6，關於太監濫權，見頁 27。

89 *FR*, 2/31 關於船，2/34 關於手推車。

90 Delumeau, *Vie économique et sociale de Rome*, 2/530-35, 605-606.

91 《肇慶府志》，22/34a（重印本，頁 3333）。

92 *FR*, 2/18.

93 《古今圖書集成》，第 498 冊（博物彙編，卷 106，頁 36b）。

94 Ibid., p. 35b.

95 同上，第 498 冊（博物彙編，卷 106，頁 21）。

96 利瑪竇在一五八〇年一月十八日信中（*OS*, p. 6）表達了對這部聖經的看法。

97 參見 *FR*, 2/229-231 裡金尼閣的看法。

98 Voet, *Golden Compasses*, vol. 2, esp. pp. 37-46; Roover, "Business Organization," pp. 237-239; Rooses, *Plantin*, pp. 120-133。蒙田在羅馬見到這些華貴聖經的其中一部：*Journal de Voyage*, p. 223。

99 *FR*, 2/279 and n. 1.

100 *OS*, p. 282.

101 參見利瑪竇寫給阿爾瓦雷斯的兩封信，*OS*, p. 282（一六〇五年五月十二日）和 *OS*, p. 388（一六〇九年二月十七日）。

102 *FR*, 2/282; and *OS*, p. 298.

103 *FR*, 1/245-246.

104 引文位於 *OS*, pp. 364 and 344。

105 根據 *FR*, 2/46 n. 5 and 2/211 n. 2 裡所提供的等價物，「三枚 mace

69 Ibid., 11/350.

70 Ibid., 11/349.

71 他的「重病」，見 *OS*, 27 。在 *FR*, 1/163 n. 9，巴範濟提到他生了「小病」。在此和在 *FR*, 2/562 n. 1，德禮賢說他於六月十四日至七月三日人在麻六甲。

72 *FR*, 1/178 n. 3.

73 *OS*, p. 219，一五九六年十月十三日的信提到「去年」（l'anno passato）。

74 *FR*, 2/11.

75 *FR*, 2/15-16。金尼閣（Gallagher 譯本，頁 304）說這件三聯畫是耶穌釘死在十字架上的苦像，一如他慣有的做法，改變了此情景的意涵。

76 這個版本來自一五九五年十月二十八日寫給科斯塔的信，位於 *OS*, p. 182；科斯塔生平，參見同上，p. 119 n. 1。*FR*, 1/355-356 有經過修潤的版本。

77 〈使徒行傳〉第 9 章第 6 節。在 *FR*, 1/356 n. 1，德禮賢記載了與羅耀拉經歷的契合之處。

78 *FR*, 1/356 n. 3。鍾鳴仁生平，參見 *FR*, 1/290 n. 1。

79 *OS*, p. 48；也參見 So, *Japanese Piracy*, pp. 71-73，中國人涉入海上劫掠的例子。

80 *FR*, 1/19-20。關於西方人認為一半的中國人生活在水上，參見 Plancius, *Universall Map*, p. 256 recto。利瑪竇或許再度局部重述了加斯帕爾·達·克魯斯的看法，一如在 Boxer, *South China*, pp. 111-114 所見。

81 *FR*, 1/348.

82 參見 *FR*, 1/228 n. 3 的詳細說明，或在 *FR*, 1/280，利瑪竇的說法。

83 *OS*, p. 68，一五八五年十一月二十四日信，以及同上，p. 66 n. 1；*FR*, 1/92；*FR*, 2/110 談馬堂的船。

61 Ibid., 11/351.

62 Ibid., 11/313.

63 Ibid., 11/342.

64 *Doc. Ind.*，關於巴範濟，見 11/354；聖盒，見 11/339；關於暴風雨時轉意歸主和聖徒遺物，見 11/312；在納塔爾，暴風雨時的服務，見 11/316；公開告解，見 11/316；鎮靜以對，見 11/337；聖徒頭顱，見 11/338。耶穌號的航行經歷，生動說明了利瑪竇所倖免的那種危機。這艘船一開始狀況甚佳，在佛得角群島外海航行於她的兩艘姊妹船前頭，趁著順風往南快速航行至好望角。但在非洲最南端的外海，此船遇上巨浪和逆風，在領航員未察覺下，在接連兩個暴風雨夜裡被往回吹。領航員完全信任船上的羅盤，天氣放晴時很有自信的要船轉北 —— 在看不到陸地的情況下 —— 持續沿著他所認為的非洲東岸往北航行，以前往要花頗長時間才能抵達的莫三比克。但此船其實沿著非洲西岸往北回頭走，朝葡萄牙航去，而且渾然不察有誤，如此繼續航行了七天，走了整整八百英里。在這期間，有乘客確信出錯，不安的向他詢問，但他未當一回事。最後，經過氣氛火爆且漫長的爭辯，乘客和船員都已累垮且濕透，食物和水都已不足時，領航員終於調轉航向，再度航往好望角（*Doc. Ind.*, 11/313, 345，Spinola 滿腔怒火說「*cosa che mai accadate*」），而這次順利繞過好望角。但獲告知由於先前耽擱太多時間，他們必須直航臥亞，途中不在莫三比克補給食物和水之後，耶穌號上的士兵和水手拿起武器，一度揚言要叛變。這時，眾人的感受，就如神父 Nicholas Spinola 向同船乘客所委婉說道的，「這個領航員腦筋不是很好」（*Doc. Ind.*, 11/317）。

65 *Doc. Ind.*, 11/352.

66 Ibid., 11/341, 352-353.

67 參見 Boxer, “Moçambique Island,” pp. 10-15, and *Doc. Ind.*, 11/341, 346。

68 *Doc. Ind.*, 11/376.

勝任此任務，但最初 Procurator Sabinus 懷疑他的能力，*Doc. Ind.*, 11/625-626。

44 *Doc. Ind.*, 10/17, 21 and 709-713；一五七六年悲劇收場的航行，見 11/353。Couto, *Decada Decima*, bk. 1, ch. 16, p. 147，介紹了這些指揮官，但他筆下一五七七至一五七九年的航行日期錯亂；耶穌會士船隻分派，參見 *Doc. Ind.*, 11/160-162。

45 Duffy, *Shipwreck*, p. 52.

46 *Doc. Ind.*, 11/310-311.

47 耶穌號，見 *Doc. Ind.*, 11/305；補給，見 11/342；在 11/338，想聽到平靜大海上之波濤聲的水手，喜歡登上聖額我略號。

48 一五七八年里斯本碼頭上的情況，參見 Brooks, *King for Portugal*, pp. 14-15, 160n。

49 *Doc. Ind.*, 11/305; Gomes de Brito, *Tragic History* (*1589-1625*)，頁 30，注 2，談教堂的部分；Stevens, "Voyage"，頁 463，談到次年類似的祝福。

50 *Doc. Ind.*, 11/161, 375; *FR*, 2/560，插圖 22。

51 *Doc. Ind.*, 11/307.

52 Ibid., 11/308-310.

53 Ibid., 11/351，談賭博和書。Wicki, "The Spanish Language," p. 16，分析了十六世紀船上的消遣性讀物。

54 *Doc. Ind.*, 11/358.

55 Ibid., 11/308-309; Stevens, "Voyage," p. 466，有類似敘述。

56 *Doc. Ind.*, 11/310, 351-352。Guibert, *Jesuits*, pp. 94-95, 190-193，探討了耶穌會士對「自我省察」的運用。

57 *Doc. Ind.*, 11/351.

58 Ibid., 11/311.

59 Ibid., 11/318.

60 Ibid., 11/347.

Boxer, *Fidalgos*, pp. 50-51; Schurz, *Manila Galleon*, pp. 306-8，認為從聖安娜號原掠奪到的物資，值兩百萬披索，在頁 313 說在倫敦賣掉剩下的掠奪物，得款五十萬克朗。Hakluyt, *Third Volume*, p. 816，說此次掠奪的主要收穫是「十二萬兩千枚金比索」。Spate 在 *Spanish Lake* 一作中認為收穫沒這麼大。

28 Gomes de Brito, *Tragic History* (*1589-1622*), pp. 11-13; Duffy, *Shipwreck*, pp. 70-74.

29 Aquinas, ed. Bourke, p. 70.

30 Stevens, "Voyage," p. 467。關於史蒂文斯後來在臥亞時的看法，參見 Pyrard, *Voyage*, 2/269-270。

31 Gomes de Brito, *Tragic History* (*1559-1565*), pp. 4-6, 59-60.

32 Ibid., pp. 61-67.

33 Ibid., pp. 68-72.

34 Ibid., pp. 8-9.

35 利瑪竇，《天主實義》，頁 383；出處同上，Lancashire 譯，頁 4。

36 D'Elia, *Mappamondo*，插圖 3-4。

37 *Doc. Ind.*, 11/343。利瑪竇對莫三比克僅一筆帶過（*OS*, p. 67）。

38 利瑪竇，《天主實義》，頁 425；法語譯本，頁 193。這些話出自「中士」之口。

39 Cervantes, *Don Quixote*, tr. Cohen, pt. 2, ch. 29, p. 659.

40 Ibid., p. 658。這段引文，我要感謝 Ian Spence。

41 Fitch, "Journey," p. 472; Hakluyt, *Second Volume*, pp. 250-265。對臥亞監獄的生動記述，參見 Pyrard, *Voyages*, 2/18-22。

42 Shakespeare, *Macbeth*, act 1, scene 3, lines 19-29.

43 把 *São João* 和 *São Bento* 兩船的海難（Duffy, *Shipwreck*, pp. 26-27）和馬斐的敘述（*L'histoire*, bk. 4, ch. 3, pp. 266-268）一同參照：關於從里斯本駛往臥亞之卡拉克船的航行詳情，參見 Maffei, bk. 12, ch. 2, pp. 119-120，以及 Pasio 的指示，*Doc. Ind.*, 11/366。馬斐能

9　Gomes de Brito, *Tragic History* (*1589-1622*)，Boxer譯，頁1和地圖。

10　Ibid., pp. 3-5.

11　除了上述的Gomes de Brito的著作，也參見Parry, *Age of Reconnaissance*, pt. 1, and James Duffy, *Shipwreck and Empire*, pp. 49-51。

12　Carletti, *My Voyage*, pp. 102-104.

13　*FR*, 1/290n.

14　*OS*, p. 125，一五九四年十一月十五日給Fabio de Fabi的信。

15　*OS*, p. 113，一五九三年十二月十日信。

16　*OS*, pp. 218 and 230.

17　*OS*, p. 268，一六〇五年五月十日信。

18　根據汾屠立在*OS*, p. 218 n. 1裡的說法，利瑪竇父親死於一六〇四年。

19　參見Gomes de Brito, *Tragic History* (*1589-1622*), pp. 9-10裡的例子。Duffy, *Shipwreck and Empire*, pp. 62-63, 73-74。

20　Gomes de Brito, *Tragic History* (*1589-1622*), pp. 20-21.

21　Ibid., pp. 15-17; Sassetti, *Lettere*, p. 280；Mocquet, *Voyages*, pp. 220-221，在其一六〇九年赴臥亞的旅程中，證實了海上航行最讓人吃不消的苦。

22　Gomes de Brito, *Tragic History* (*1589-1622*)：木頭爛掉，見頁116p。船舵爛掉，見*St. John the Baptis*，頁191；繩子套住船尾，見*Tragic History* (*1559-1565*)，頁31。

23　*FR*, 1/238.

24　*Doc. Ind.*, 11/312.

25　*Doc. Ind.*, 11/306 and 336，Spinola和Pasio的記述。

26　Kerr, *General History*, 7/456-60，船長Downton對這類抵抗的記述；Boxer, *Fidalgos*, pp. 59-62。

27　Parry, *Age of Reconnaissance*, ch. 11, “Atlantic Trade and Piracy”;

*in Evangelia* 在傳教士、神父傳教工作上的用處。納達爾本身的神學觀點正統、博學且清楚，但缺乏能使這些觀點為人所牢記的那種振奮感或身臨其境之感。因此，耶穌會的資深成員多年來致力於出版插圖版的納達爾著作，並要由大印刷商普朗坦出版。普朗坦的印刷機——雖然從未閒置——一五八〇年代時已不如他印刷那部多語版聖經時那麼繁忙。為了要難對付的韋里克斯家三兄弟，根據耶穌會士自己畫的素描，將愈多愈好的聖經故事情景製成雕版，耶穌會士受到許多羞辱，投下大筆錢；韋里克斯家三兄弟，除了被視為歐洲第一流的雕版師，還以貪杯、好色、永不滿足的貪財之心廣為人知。他們的貪財果然名不虛傳，一五八六至一五八七年一再調漲每頁價格，但一五九三年此作完成時，大受好評（在 Plantin, *Correspondance*, vol. 8, letters 1160, 1182, 1188, 1193, 1194，可見到耶穌會士和普朗坦之間漫長且有趣的談判）。完整版的納達爾著作有一百五十幅對開插圖，呈現從出生到受難到復活的整個基督生平，以嵌入圖中的字母標識位於情景裡的情景，再以下方的注釋說明。每幅圖也和納達爾的長文評注搭配，這些評注則供用來協助耶穌會士布道或詮釋聖經。

6 *OS*, p. 260，談和陽瑪諾談定一事；*OS*, p. 283，要求再送來一些納達爾的著作。

7 關於把這個放在整組版畫裡，參見 Mauquoy-Hendrickx, *Estampes*, pp. 17 and 20-21。這些版畫以 Martin de Vos 的原作為本製成。原始版畫有兩個版本，一版出自 Visscher 之手（51.501.1765:20），另一版出自 Eduardus ab Hoeswinc[kel] 之手（53.601.18:43），如今都藏於紐約大都會美術館。利瑪竇所採用者係上述第二個版本，聖傷痕清楚可見。

8 參見 d'Elia, *Mappamondo* 一書各處，或 *FR*, 第二卷卷首插圖裡的略圖。J. H. Parry, *Age of Reconnaissance*, p. 139，認為葡萄牙王約翰二世頭一個更改此角名稱。

96 *FR*, 1/172-73.

97 *FR*, 1/203.

98 *FR*, 1/246-47.

99 Aquinas, cd. Bourke, p. 259.

100 短語來自 *OS*, pp. 67, 70, 90, 234, 279。

101 *OS*, p. 161。關於孟三德，參見 Phister, *Notices*, p. 44。

102 被引用於 Conway, *Vita Christi*, pp. 61 and 96。

103 Maffei, *L'histoire des Indes*，序，頁 3。利瑪竇在一五八一年十二月一日的信裡盛讚此「序」（*OS*, p. 24）。關於馬斐，參見 Villoslada, *Storia del Collegio Romano*, p. 335, and Dainville, *L'éducation*, p. 129。

104 〈哥林多後書〉，第 11 章第 26 節，也見於 *OS*, p. 107。

105 《韶州府志》，11/52b（重印本，頁 242）講述乾旱，以及 24/36b（重印本，頁 481）講述李姓法師（「妖」）。

106 *FR*, 1/320-22。*OS*, p. 108，一五九二年十一月十五日給阿夸維瓦的信，提供了其他細節。

107 根據 *FR*, 1/321 and 323 裡的說法，可推斷他腳痛和看診情況。

**第三章**

1 〈馬太福音〉，第 14 章第 23 至 33 節。

2 利瑪竇在一六〇五年五月十二日寫給阿夸維瓦助手阿爾瓦雷斯的信中，討論了這段聖經譯文和拒絕翻譯聖經一事（*OS*, p. 283）。

3 利瑪竇，《利瑪竇題寶像圖》，頁 1-3b；程大約，《程氏墨苑》，卷六，第二部分，頁 36-38b。關於其他譯文，參見 Laufer, "Christian Art," pp. 107-108 as amended by Duyvendak, "Review," pp. 389-391。

4 *OS*, p. 284.

5 Nadal, *Evangelicae Historiae Imagines*, no. 44。這些插圖係歐洲的耶穌會士請人繪製，旨在提高納達爾名著 *Anotationes et Meditationes*

*Sixteenth Century*，第二部分。Paul Pelliot 在其 *Les Franciscains en Chine* 一作裡，言簡意賅說明了方濟會修士的經歷，也指出 Bernard 和 Wijngaert 之同主題著作的缺陷。利瑪竇稱讚聖方濟和其追隨者一事，見他的《天主實義》頁 541。關於利瑪竇不放心方濟會做法，參見 *FR*，1/179, 232, 2/269。德禮賢引述了范禮安針對其他修會向利瑪竇發出的更強烈示警，*berror y zelo desordenado*"，見 *FR*, 1/187, n. 8。

82 *FR*, 2/372-373; Cooper, "Mechanics of the Macao-Nagasaki Silk Trade," p. 431.

83 *FR*, 2/373.

84 *FR*, 2/388.

85 Furber, *Rival Empires of Trade*, pp. 33-35。關於 Coen 手段的殘酷，參見頁 44-45。

86 參見 Schilling, "Martyrerberichtes," p. 107；關於這些殉教事蹟背後的爭辯，參見 Elison, *Deus Destroyed*, pp. 132-40。Carletti, *My Voyage*，說他一踏上長崎土地，就「立即去看這個奇觀」。Boxer, "Macao as Religious and Commercial Entrepôt" p. 69，提到絲織品和其他織物上的殉教圖案。

87 Stele, cited by Cooper, "Mechanics," p. 424.

88 關於一六〇八年間在澳門涉及日籍基督徒船員和葡萄牙人的凶殘暴亂，參見 Boxer, *Fidalgos*, pp. 53-54。

89 *FR*, 1/324.

90 *FR*, 2/370.

91 I.e., in 1601; see Boxer, *Fidalgos*, p. 49.

92 *FR*, 2/370, "*un puoco di muro et un modo di fortezza*."

93 *OS*, p. 374，一六〇八年八月二十三日信。

94 Ignatius, *Spiritual Exercises*, tr. Puhl, par. 327.

95 Ibid., par. 325.

69 As in *FR*, 1/67 and 104；利瑪竇同伴羅明堅使用了同樣的類比，*OS, p.* 402（附錄三）。

70 *FR*, 1/100。佩雷拉、達・克魯斯的描述，參見 Boxer, *South China*, pp. 18-19, 178-79。

71 *FR*, 1/101.

72 *FR*, 1/205-6, 243.

73 *FR*, 1/289-93。利瑪竇在一五八一年十二月一日寫給馬斐的信裡，對傳教士佛朗切斯科・馬提內斯之死表示悲痛；參見 *OS, p.* 24。

74 利瑪竇的詳述，在 *FR*，2/374-79。

75 在 *FR*, 1/292 的一條長注釋裡，德禮賢討論了一五九三年（或一五九二年底）耶穌會目錄的一個條目，該條目說黃明沙當時二十五歲，亦即生於一五六八年。

76 Ludolfus, *Vita Christi*, ed. Bolard, p. 638， 就 在 最 上 面，H. J. Coleridge 的譯文之後，頁 190。關於整個鞭打過程，參見 Coleridge 的翻譯，頁 188-197，以及魯道爾弗斯筆下令人難忘的對冷、光著身子的詳述，頁 255-256。

77 有則特別精彩的描述，位於羅明堅一五八三年二月七日的一封信裡，*OS, p,* 415。

78 參見 *DMB*，頁 728-733，Konishi Yukinaga（小西行長）條。Elison, *Deus Destroyed*, pp. 112-113，探討了耶穌會士在這些日本軍事計畫裡的同謀角色。

79 *FR*, 2/10-11.

80 利瑪竇的想法，位於 *FR*, 2/373-74; Schurz, *Manila Galleon*, pp. 85-93; *DMB*, “Kao Ts’ai,” p. 583。

81 Henri Bernard 在其著作 *Aux Portes de la Chine*， 尤其頁 59-71、103-114，簡明扼要說明了這其他三個修會在中國的早期情況。道明會修士加斯帕爾・達・克魯斯、奧古斯丁會修士 Martin de Rada 的中國經歷，經翻譯收於 Charles Boxer 所編，*South China in the*

十六世紀中國的資料裡的佩雷拉、達・克魯斯，參見 Donald Lach, *Asia in the Making of Europe*, vol. 1, bk. 2, pp. 747-50。

53 Bernard, *Les Iles Philippines*, pp. 48-50; Lach, *Asia in the Making of Europe*, vol. 1, bk. 2, p. 746; Elison, *Deus Destroyed*, pp. 114-15; Johannes Beckmann, *China im Blickfeld*, pp. 52-65。Alfonso Sanchez 和 Giuseppe de Acosta 的重要信件，見 *OS,* 頁 425、450。John Young, *Confucianism and Christianity*, pp. 141-42 n. 122，探討了其他資料。

54 *FR*, 1/70.

55 *FR*, 1/65 and 68。這時，利瑪竇的看法已不再囿於前文所述佩雷拉、達・克魯斯的解釋。

56 *FR*, 1/343.

57 *FR*, 2/21.

58 *FR*, 1/19.

59 *FR*, 1/28.

60 *FR*, 1/74.

61 *FR*, 1/104 and 67.

62 《肇慶府志》，頁 22/32b and 33b（重印本，頁 3330 and 3332）。

63 So Kwan-wai, *Japanese Piracy*, ch. 5.

64 Huang, "Military Expenditure," p. 49; "Hu Tsung-hsien," in *DMB*, p. 633; Fitzpatrick, "Local Interests," p. 24.

65 Huang, "Military Expenditures," pp. 53-55; compare Cipolla, ed., *Fontana Economic History*, pp. 384-88. *DMB*, p. 1114, "P'ang Shang-p'eng."

66 Huang，1587，頁 168-74，以及來自戚繼光手冊的插圖。Millinger, "Ch'i Chi-kuang," pp. 110-11。

67 被引用於 Millinger, "Ch'i Chi-kuang," p. 104。

68 Schütte, *Valignano's Mission*, p. 286.

頁 8-21，以及 Bovill, *Alcazar*, pp. 114-40。

35 Couto, *Decada Decima*, bk. 1, ch. 16, p. 148; *Documenta Indica*（此後簡稱 *Doc. Ind.*），11/698，談這些儀式。

36 D'Elia, *Mappamondo*, plate 24; Giles, "Chinese World Map," p. 379.

37 *Doc. Ind.*, 11/673 and 698.

38 關於臥亞的大小，參見 Sassetti, *Lettere*, p. 280；引文來自巴範濟一五七八年十月二十八日的信，*Doc. Ind.*, 11/365。

39 利瑪竇的評論，見 d'Elia, *Mappamondo*，插圖 20；鴉片證據來自 Cesare Fedrici, *Voyages*, pp. 202-4; Hakluyt, *Second Volume*, p. 241。

40 他一五八〇年十一月二十五日寫給阿夸維瓦的信（*OS*, p. 20），顯示些許同情，其他信則持中立或冷淡心態。也參見他用中文寫的評論，d'Elia, *Mappamondo*，插圖 19。

41 詳細生平，見 Schütte, *Valignano's Mission*，頁 30-35，尤其注 106 和注 122；頁 39 注 167 談身形；頁 42 注 187 和頁 121 談步行印度。

42 Ibid., pp. 44 and 52.

43 Ibid., p. 61，引用一五七三年十一月十六日的信。

44 Ibid., pp. 104-8.

45 Ibid., pp. 117, 120, 155.

46 Ibid., p. 131.

47 引文，同上，頁 272-73, 279。

48 Ibid., pp. 296-97, 308.

49 Ibid.，范禮安的報告見頁 286-287；阿夸維瓦的回應，見頁 288 和注 61。

50 記載於 d'Elia, *Mappamondo*，插圖 16。

51 *OS,* 頁 48，肇慶，一五八四年九月十三日給 Giambattista Roman 的信。

52 關於這些著作，參見 Boxer, *South China in the Sixteenth Century*，頁 lvi-lvii and lxiii-lxv，達・克魯斯談頭髮，見頁 138、146。關於談

21 *New Cambridge Modern History*, 3/199-200; Essen, *Alexandre Farnèse*, 4/55-62。此橋的圖，位於第三幅插圖，面對頁 22；爆炸圖，位於第四幅插圖，面對頁 60。第二艘船，以類似方式打造成，在岸上燒光，未造成傷害。

22 Paci, "Vicende"，頁 259-61 談馬切拉塔部隊；Gentili and Adversi, "Religione"，頁 51 談 Fra Ruggero 受傷。

23 參見 O'Connell 在 *Counter Reformation*, pp. 195-203 的生動記述；以及 Paci, "Vicende"，頁 259-61，對此役中馬切拉塔人的記述。

24 Groto, *Troffeo*，序言談到他參觀此艦隊，A 部分談到分支艦隊和它們的指揮官，接著是長達一百二十頁讚頌約翰的詩選。也參見在 Pompeo Arnolphini, *Ioan. Austriaco Victori Dicatum* (Bononiae: Ioannis Rossii, 1572) 一書中，類似的希臘、羅馬作品。

25 這類畫作的迷人例子，參見在 Sakamoto, "Lepanto"，插圖 3-6 裡的複製畫；Sakamoto 認為原版畫是 Cornelis Cort 根據 Giulio Romano 的素描雕版印製而成。蒙田注意到在羅馬 St. Sixtus 禮拜堂附近掛了一幅勒班陀大捷畫（*Journal de Voyage*, p. 226）。

26 L. A. Florus, *Epitome of Roman History*, pp. 113-15（修正了印刷錯誤）；*FR*, 2/553n 提到利瑪竇求學時的三本書。

27 Pastor, *History of the Popes*, 18/429-32.

28 Ibid., pp. 433-34, 444.

29 Schütte, *Valignano's Mission*, pp. 76-79，引述了范禮安一五七四年的信。

30 Ibid., p. 75, and Brooks, *King for Portugal*, pp. 9-10.

31 *FR*, 2/559, n. 4.

32 *Cambridge History of Islam*, 2A/241-45；關於天熱和盔甲，參見 Bovill, *Alcazar*, pp. 106, 126。

33 Bovill, *Alcazar*, pp. 101-2.

34 Quoted in Brooks, *King for Portugal*, p. 150。關於此役，參見前書，

的利瑪竇姓氏者，係一五四七年的 Francesco 和一五八八年的 Costanza。頁 205 nn. 404-7 提到維持和平的嘗試。

6 Paci, "Vicende," p. 265 n. 642.

7 Ibid., pp. 264-68.

8 Delumeau, *Vie économique*, 1/40, 44, 94。頁 105，Delumeau 提到一個叫「G. Battista Ricci of Loretto」的人，一五八七年後掌管馬爾凱地區的運輸路線。此人名字和利瑪竇父親同名，但洛雷托的登記簿使我們沒有把握認定是同一人。

9 Paci, "Vicende," pp. 238-39.

10 Ibid., pp. 249-50.

11 Pastor, *History of the Popes*, 14/152-67; Paci, "Vicende," pp. 250-53.

12 Paci, "Vicende," p. 231.

13 *Cambridge History of Islam*, 1A/328; Paci, "Vicende," p. 253.

14 Paci, "Vicende," pp. 257-61.

15 Robert Barret, *The Theorike and Practike of Moderne Warres* (London, 1598), p. 75。J. R. Hale 在 *New Cambridge Modern History*, 3/194，談「陸軍、海軍和兵法」的那一章中，引用了這段文字，並有一兩處小更動。

16 Paci, "Vicende," pp. 256-57.

17 參見 J. R. Hale 在 *New Cambridge Modern History*, 3/196-97 的精闢探討。

18 Paci, "Vicende," p. 250 n. 500.

19 利瑪竇和徐光啟，《幾何原本》，頁 3（重印本，頁 1933-1934）；也英譯於 d'Elia, "Presentazione," pp. 183-84, and Moule, "Obligations," pp. 158-59.

20 這段文字既出現於利瑪竇的《畸人十篇》頁 5b（重印本，頁 126），也出現於他的《天主實義》卷上，頁 24（重印本，頁 423）。

*Worms*, p. 127，注意到布魯諾受異端審判與前述磨坊主人梅諾吉奧（Menocchio）受異端審判恰好同時。

67 Hersey, *Pythagorean Palaces*，頁 84 談「lince occulte」（不可見線條）和頁 96-105 談人形。

68 Winn, *Unsuspected Eloquence*, pp. 51, 58-59; Walker, *Studies in Musical Science*, pp. 1 and 2, 53；以及頁 67 對克卜勒「和諧世界」（Harmonice Mundi）裡之性形象的分析。

69 Winn, *Unsuspected Eloquence*, p. 167, and quotation on pp. 178-79.

70 *OS*, pp. 27-28，一五八三年二月十三日，澳門，給馬提諾·德·佛爾納里（Martin de Fornari）的信。關於 Acosta 一五九〇年把漢字視為「被設計來喚起記憶」這個看法，參見 Lach, *Asia in the Making of Europe*, vol. 1, bk. 2, pp. 806-7。

71 利瑪竇，《利瑪竇題寶像圖》，第二部分，頁 1b-2。也參見 Laufer, "Christian Art in China," pp. 111-12; Duyvendak, "Review," pp. 394-95。

72 Quintilian, *Oratoria*, 4/221 and 229.

73 *Ad Herennium*, p. 211; Yates, *Art of Memory*, p. 23.

74 Ricci, *Jifa*, p. 22.

75 例子見於 *FR*, 1/112 n. 5 and 113 n. 6。

**第二章**

1 利瑪竇，《記法》，頁 16，談此形象。L. S. Yang, "Historical Notes," p. 24，引用了《左傳》對於「武」的組成部分「止」、「戈」的解釋。

2 利瑪竇，《記法》，頁 52-61。

3 Ibid., pp. 23-28.

4 Paci, "Le Vicende," pp. 234-37.

5 Paci, "Decadenza," pp. 204-7，尤其頁 204 詳盡的注 403。喪命

50 Ibid., p. 191.

51 Walker, *Spiritual and Demonic Magic*, p. 36 and pp. 70-71 on Ficinan magic; Thomas, *Decline of Magic*, p. 33.

52 *OS*, p. 223.

53 Thomas, *Decline of Magic*, pp. 178-80.

54 Ginzburg, *Cheese and the Worms*, p. 56.

55 Ibid., pp. 13 and 29.

56 Thomas, *Decline of Magic*, pp. 75-77；例子引自 p. 14; ch. 8; and p. 536。

57 Ginzburg, *Cheese and the Worms*, p. 105.

58 Ibid., pp. 83-84.

59 見本書第三章談海洋和護身符；*FR*, 2/121 談聖徒遺物和用「*molti pezzi della Croce di Cristo benedetto*」構成的十字架。Thomas, *Decline of Magic*, p. 31，指出仍相信「刻有『上帝的羔羊』的小蠟燭」所具有的法力。

60 Thomas, *Decline of Magic*, p. 247.

61 Ibid., pp. 333 and 578.

62 Montaigne, *Journal de Voyage*, p. 349.

63 Davis, *Return of Martin Guerre*, p. 37；參見她對法術和記憶術的其他評論，頁 60, 76, 102, 107。

64 *Hamlet*, act 4, scene 5, lines 173-74；參見 Grataroli, *De Memoria*, p. 58 和 Fulwood 一五七三年英譯本頁 E5 裡的處方。

65 Paci, "Decadenza," pp. 166, 194, and 204 n. 400.

66 Yates, *Art of Memory*，頁 147 的引文；記憶劇場，頁 136；把卡米洛視為「巫術師」，頁 156。也參見 Walker, *Spiritual and Demonic Magic*，頁 141-43，談卡米洛，以及頁 206、236 談 Campanella 和教皇烏爾班八世。Yates, *Art of Memory*，第 11、13、14 章，詳述了布魯諾（Giordano Bruno）的體系。Ginzburg, *Cheese and the*

pp. 210-13，闡述了記憶術對新科學之研究的貢獻。

34 一五八六年版的 *Monumenta Paedagogica*，繼續把該書列為基本教材（頁 350）。一四九一年，首度有人認為此書非出自西塞羅之手（Yates, *Art of Memory*, pp. 132-33）。

35 Yates, *Art of Memory*, pp. 72-104，尤其頁 86 談把「獨處」誤解為「牽掛」的部分和頁 101 談喬托的部分。亞里斯多德談記憶術的原文，已在 Richard Sorabji 的 *Aristotle on Memory* 一書裡譯成英文並附上細心的注解。

36 Guibert, *Jesuits*, pp. 167-68.

37 As translated in Bodenstedt, *Vita Christi*, p. 121.

38 Conway, *Vita*, pp. 38 and 127; Bodenstedt, *Vita Christi*, p. 50.

39 Cited in Conway, *Vita*, p. 125.

40 參見一四五四年 "Garden of Prayer" 一文，被引用於 Baxandall, *Painting and Experience in Fifteenth-Century Italy*, p. 46。

41 Ignatius of Loyola, *Exercises*, par. 47。在此後數頁裡，我盡可能牢記 Guibert 在 *Jesuits* 一書頁 167 所發出的告誡——從他的方法的角度去探討羅耀拉，猶如根據顏色來界定機關車——也注意到 Hugo Rahner 在 *Ignatius the Theologian* 的評論（頁 181-83）。

42 Ignatius, *Exercises*, pars. 192, 201, 220。Rahner, *Ignatius*, p. 189，把這些地點當成象徵來探討。

43 Ignatius, *Exercises*, pars. 107, 108, and 124-25.

44 Ibid., par. 50.

45 Ibid., pars. 56, 140-46。關於針對羅耀拉和感官所發出的立論相左的評論，參見 Barthes, *Sade, Fourier, Loyola*, pp. 58-59。

46 Augustine, *Confessions*, p. 266.

47 Rahner, *Ignatius*, p. 158; Wright, *Counter-Reformation*, p. 16.

48 Rahner, *Ignatius*, p. 159.

49 Ibid., pp. 161-62.

里德瓦爾的詩作有精闢注解。

21 利瑪竇在 *OS*, p. 155 and *FR*, 1/360 n. 1 描述了他的記憶本事，在 *OS*, p. 184 說明了他所記住的漢語字數。目睹過他的本事的中國人，包括在為利瑪竇《畸人十篇》所寫的序中（頁 102）提到此事的李之藻，以及在為利瑪竇《記法》所寫的序中引用徐光啟之言的朱鼎澣。明朝史書索引裡不見朱鼎澣之名，但《絳州志》（1776 年編）8/29 有提到他，說他名列一六四一年歲貢。

22 *FR*, 1/377n. 認為帕尼迦羅拉是利瑪竇記憶術的源頭；參見位於馬切拉塔的帕尼迦羅拉原稿。Frances Yates, *Art of Memory*, p. 241，引用了談帕尼迦羅拉之記憶本事的一五九五年佛羅倫斯一份手稿。

23 利瑪竇，《記法》，頁 22。

24 Yates, *Art of Memory*, pp. 62 and 26.

25 利瑪竇，《記法》，頁 16-17, 22。我把中文字「室」譯為「接待廳」。

26 Ibid., pp. 27-28.

27 Ibid., p. 22; Quintilian, *Oratoria*, 4/223；關於多爾切，參見 Yates, *Art of Memory*, p. 166。

28 *OS*, pp. 260 and 283。關於納達爾的著作，參見 Guibert, *Jesuits*, pp. 204-7 的討論。

29 利瑪竇，《利瑪竇題寶像圖》，第二部分，頁 4；程大約，《程氏墨苑》，第三卷第二部分；Duyvendak, “Review of Pasquale d’Elia,” pp. 396-97。

30 Agrippa, tr. Sanford, p. 25 recto.

31 Yates, *Art of Memory*, p. 133.

32 Rabelais, *Gargantua*, tr. Cohen, ch. 14, pp. 70-72；也參見 Thomas Greene, *Light in Troy*, p. 31 大有助益的討論。

33 Bacon, “Of the Advancement of Learning Divine and Human,” bk. 2, sec. 15, 2, in *Selected Writings*, p. 299。Paolo Rossi 在 *Francis Bacon*,

裡的傳記。關於讓鍊金術士、機工、領航員、天文學家便於記住的押韻歌，參見李約瑟（Joseph Needham），*Science and Civilisation in China*, vol. 5, pt. 4, p. 261; vol. 4, pt. 2, pp. 48, 528; vol. 4, pt. 3, p. 583。敝書第五章列舉了眾多以驚人記憶力聞名於世的中國人。

10 *OS*, p. 224，南昌，一五九六年十月十三日。

11 *OS*, p. 235，給 Lelio Passionei 的信，一五九七年九月十九日。

12 *Monumenta Paedagogica*, p. 350。在此頁，「西普里亞諾修辭術」被推薦「給素質較差的人」。

13 Soarez, *De Arte Rhetorica*, pp. 58-59.

14 拿普林尼《自然史》bk. 7, sect. 24 (Loeb ed., p. 563) 和利瑪竇《記法》頁 14 相比較。根據一五八六年的 *Monumenta Paedagogica* 頁 350，普林尼的《自然史》是耶穌會學校的指定閱讀書（普林尼著作的這個段落，係使 Jorge Borges 得以寫出傑出短篇小說 "Funes the Memorious" 的靈感來源）。

15 *Ad Herennium*, p. 221.

16 Quintilian, *Oratoria*, 4/223。在羅馬，「蓄水池」位在家屋中央。

17 在此，我以文藝復興傳統所盛行的視覺形象用語，闡述在《記憶術辭典》（*Dictionary of Mnemonics*）裡當成例子的三種文字記憶法：頁 18，骨頭，編號 1；頁 21，細胞室，編號 2；頁 57，神經。我把祖魯人和法國妓女以單數呈現，一如文藝復興時期記憶術所偏愛的做法。

18 Stahl and Johnson, *Capella*, 2/7, and n. 18. Yates, *Art of Memory*, pp. 63-65.

19 Stahl and Johnson, *Capella*, 2/156-57 (with minor changes) and p. 156 n. 13.

20 Smalley, *English Friars*, p. 114，引用里德瓦爾的完整詩歌 "*Mulier notata, oculis orbata / Aure mutilata, cornu ventilata,/ Vultu deformata, et morbo vexata*"；Yates, *Art of Memory*, pp. 105-6，對 Smalley 運用

以利瑪竇中國傳教為題的論文集，從中可充分了解當前台灣研究利瑪竇的情況。

5 《交友論》編寫詳情，見汾屠立所編利瑪竇書信，《耶穌會士利瑪竇神父歷史著作集》（*Opere Storiche*）第二卷（此後提及此書，簡稱 *OS*）；參見頁 226，一五九六年十月十三日給總會長阿夸維瓦的信。在此信中，利瑪竇說此書編寫於「去年」（*l'anno passato*），說他把此書「當成習作」（*per esercitio*）來寫。利瑪竇一五九五年十一月四日寫給阿夸維瓦的信（*OS*, p. 210），未提及此書已完成，因此此作想必完成於十一月更晚時或十二月。基本史料雖提供了這個頗為明確的證據，德禮賢的 "Further Notes" 一文（尤其頁 359）和方豪的〈利瑪竇交友論新研〉、"Notes on Matteo Ricci's *De Amicitia*" 兩文，卻針對此書寫作日期激烈交鋒。方豪指德禮賢語言學功力差（〈利瑪竇交友論新研〉，頁 1854），但德禮賢在 "Further Notes" 一文頁 373-377，反指方豪赤裸裸剽竊，反倒更高一籌，甚至壓倒方豪的指控。

6 *OS*, p. 211, Nov. 4, 1595: "*ad alcuni ho cominciato ad insegnare la memoria locale*"（「我已開始向數人教授記憶處所體系」）。

7 *FR*, 1/376。利瑪竇在一五九六年十月十三日寫給阿夸維瓦的信中說（*OS*, p. 224）："*Per la memoria locale ... feci in sua lingua e lettera alcuni avisi e precetti in un libretto, che diedi al vicerè per il suo figliuolo*"（在 FR, 1/363，利瑪竇說其實有三個兒子）。

8 在陸萬垓的平湖同鄉過庭訓的《本朝分省人物考》第 45 卷頁 32b-33b，有陸萬垓生平介紹。《平湖縣志》15/37（重印本，頁 1431-3245），則有其生平和成就的更詳細介紹；該縣志 13/5（重印本頁 1176），說他在一五六八年會試名列二等進士第二十一名。

9 關於這些孩子的科考成績，參見《平湖縣志》13/7（重印本頁 1179），巡撫兒子陸鍵一六〇七年考中進士，以及在該縣志和《嘉興府志》45/75-85，同一代其他陸家子弟的考試成績；也參見卷 58

the younger）授予（Pfister, p. 31），陽瑪諾一六二三年擢升為副省會長，一六五九年死於杭州。

2 《記法》，頁 21-22。

3 這段文字位於《記法》頁 17-18，最後一個短語裡有個漢字難以辨認。這顯然是利瑪竇將西塞羅《論演說家》（*De Oratore*）那個著名段落（2/86）翻譯而成，該段落也被引用於《希臘抒情詩》（*Lyra Graeca*, 2/307）。佛朗西絲・葉茨（Frances Yates）在其《記憶術》（*Art of Memory*）頁 17-18，探討了西塞羅的原文。

4 傅吾康（Wolfgang Franke）在英語著作《明代名人傳》（*Dictionary of Ming Biography*，此後簡稱 DMB）頁 1137-1144，介紹了利瑪竇的生平梗概。更詳盡的探討，見 George Dunne, *Generation of Giants;* Vincent Cronin, *Wise Man from the West;* and George Harris, "The Mission of Matteo Ricci"。Pfister, *Notices*, pp. 22-42 (no. 9)，以法語介紹的利瑪竇生平，仍然有用，裴化行（Henri Bernard）的詳加探討之作，*Le Pére Matthieu Ricci et la Société Chinoise de son temps*，亦然。晚近概述利瑪竇生平且附有完善之參考書目的義大利語著作，係 Aldo Adversi, "Matteo Ricci" in *Dizionario Bio-Bibliografico dei Maceratesi*；最詳盡的義大利語傳記是 Fernando Bortone, *P. Matteo Ricci, S.J.*，附有地圖、照片、素描。這些著作都大量利用主要史料，即利瑪竇自己寫的《中國札記》（*Historia*）。《中國札記》由汾屠立（Tacchi Venturi）首度抄寫下來，後來由德禮賢神父（Pasquale d'Elia）加以校正後重新刊行，書名《利瑪竇史料》（*Fonti Ricciane*），後文提到此書時，簡稱 *FR*。金尼閣（Trigault）版的利瑪竇《中國札記》（由 Louis Gallagher 翻譯），充斥著金尼閣對原文的曲解、刪減、增添，未如實反映利瑪竇本人的看法。晚近林金水的〈利瑪竇與中國〉一文，令人遺憾的大大倚重這個金尼閣—Gallagher 版的《中國札記》，但對基本問題還是有透澈的掌握。《神學論集》特刊（一九八三年夏第 56 期），係

# 注釋

## 第一章

1 利瑪竇，《記法》，頁 20-21。據現存的《記法》版本，此書為利瑪竇所作，朱鼎澣參訂，高一志（Vagnoni, Pfister no. 26）和畢方濟（Sambiasi, Pfister no. 40）編輯（關於地點，見 *Fonti Ricciane*, 1/376 n. 6.）。朱鼎澣是山西人，信了基督教，寫下唯一現存的序，在其中他說「高先生」是利瑪竇談記憶術之著作的主要傳播者。我推測此高就是高一志，即 Vagnoni 於一六二四年回到中國，定居於山西某鎮後，所取的漢語名，當時朱鼎澣也住在該鎮。高一志結束其見習修士期後，在都靈教了五年修辭學，後來成為傑出的漢語學者。他大概在南京時弄到一本利瑪竇的此書，後來在澳門予以修訂，把它帶到山西，在一六二四年後的某個時候把它介紹給朱鼎澣（關於支持此一論點的高一志生平細節，參見 Pfister, pp. 85 and 89）。根據現存內文的情況推測，高一志未更動利瑪竇基本的六章格局，但在第六章末尾，頁 28 至 31（重印本頁 63-69），加上一連串範例以利於進一步說明。高一志或朱鼎澣也很可能在第四至第六章增添了範例，因為朱鼎澣在序中指出，利瑪竇的解說往往不甚清楚。高一志和朱鼎澣同住於晉寧，自然而然合力編訂此書，但依舊難以斷定確切的日期。高一志死於一六四〇年，但一年後朱鼎澣仍活著，因為據記載，他於一六四一年通過鄉試，成為舉人（《絳州志》，8/29）。畢方濟在編輯此書上所扮演的角色不明，但他的確於一六二八年去了山西（Pfister, p. 138），但如果真的在晉寧待過，也待不久。此書的出版許可由陽瑪諾（Emmanuel Diaz

歷史與現場 343

# 利瑪竇的記憶宮殿

## The Memory Palace of Matteo Ricci


| | |
|---|---|
| 作者 | 史景遷（Jonathan D. Spence） |
| 譯者 | 黃中憲 |
| 校對 | 馬文穎 |
| 資深編輯 | 張擎 |
| 封面設計 | 許晉維 |
| 內頁排版 | 張靜怡 |
| 人文線主編 | 王育涵 |
| 總編輯 | 胡金倫 |
| 董事長 | 趙政岷 |
| 出版者 | 時報文化出版企業股份有限公司<br>108019 臺北市和平西路三段 240 號 7 樓<br>發行專線｜02-2306-6842<br>讀者服務專線｜0800-231-705｜02-2304-7103<br>讀者服務傳真｜02-2302-7844<br>郵撥｜1934-4724 時報文化出版公司<br>信箱｜10899 臺北華江橋郵局第 99 信箱 |
| 時報悅讀網 | www.readingtimes.com.tw |
| 人文科學線臉書 | http://www.facebook.com/humanities.science |
| 法律顧問 | 理律法律事務所｜陳長文律師、李念祖律師 |
| 印刷 | 勁達印刷有限公司 |
| 初版一刷 | 2023 年 9 月 1 日 |
| 定價 | 新臺幣 550 元 |




ISBN 978-626-374-106-5｜Printed in Taiwan

時報文化出版公司成立於一九七五年，並於一九九九年股票上櫃公開發行，於二〇〇八年脫離中時集團非屬旺中，以「尊重智慧與創意的文化事業」為信念。

利瑪竇的記憶宮殿／史景遷（Jonathan D. Spence）著；黃中憲譯．
-- 初版．-- 臺北市：時報文化出版企業股份有限公司，2023.09｜416 面；14.8×21 公分．
譯自：The memory palace of Matteo Ricci｜ISBN 978-626-374-106-5（平裝）
1. CST：利瑪竇（Ricci, Matteo, 1552-1610） 2. CST：傳記　3. CST：義大利｜249.945｜112011224